21 世纪高等继续教育精品教材·经济管理类通用系列

市场调查与市场分析

（第三版）

主编　李国强　苗　杰

中国人民大学出版社
·北京·

总 序

21世纪，科学技术发展日新月异，发明创造层出不穷，知识更新日趋频繁，全民学习、终身学习已经成为适应经济与社会发展的基本途径。近年来，我国高等教育取得了跨越式的发展，毛入学率由1998年的8%迅速增长到2008年的23.3%，已经进入到大众化的发展阶段，这其中，高等继续教育发挥了重要的作用。同时，高等继续教育作为“传统学校教育向终身教育发展的一种新型教育制度”，对实现“形成全民学习、终身学习的学习型社会”、“构建终身教育体系”的宏伟目标，发挥着其他教育形式不可替代的作用。

目前，我国高等继续教育的发展规模已占全国高等教育的一半左右。随着我国产业结构的调整、传统产业部门的改造以及新兴产业部门的建立，各种岗位上数以千万计的劳动者，需要通过边工作边学习来调整自己的知识结构、提高自己的知识水平，以适应现代经济与社会发展的要求。可见，我国高等继续教育的发展，既肩负着重大的历史使命又面临着难得的发展机遇。

我国的高等继续教育要抓住机遇发展，完成自己的历史使命，从根本上说就是要全面提高教育教学质量，这涉及多方面的工作，但抓好教材建设是提高教学质量的基础和中心环节。众所周知，高等继续教育的培养对象主要是已经走上各种生产或工作岗位的从业人员，这就决定了高等继续教育的目标是培养能适应新世纪社会发展要求的动手能力强、具有创新能力的应用型人才。因此，高等继续教育教材的编写“要本着学用结合的原则，重视从业人员的知识更新，提高广大从业人员的思想文化素质和职业技能”，体现出高等继续教育的针对性、实用性和职业性特色。

为适应我国高等继续教育发展的新形式、培养应用型人才、满足广大学员的学习需要，中国人民大学出版社邀请了国内知名专家学者对我国高等继续教育的教学改革与教材建设进行专题研讨，成立了教材编审委员会，联合中国人民大学、中国政法大学、东北财经大学、武汉大学、山西财经大学、东北师范大学、华中科技大学、黑龙江大学等30多所高校，共同编撰了“21世纪高等继续教育精品教材”，计划在两三年内陆续推出百门高等继续教育精品系列教材。教材编审委员会对该系列教材的作者进行了严格的遴选，编写教材的专家、教授都有着丰富的继续教育教学经验和较高的专业学术水平。教材的编写严格依据教育部颁布的“全国成人高等教育公共课和经济学、法学、工学主要课程的教学基本要求”；教材内容的选择克服了追求“大而全”的现象，做到了少而精，有针对性，突出了能力的训练和培养；教材体例的安排突出了学习使用的弹性和灵活性，体现“以学为主”的教育理念；教材充分利用现代化的教育手段，形成文字教材和多媒体教材相结合的立体化教材，加强了教师对学生学习过程的指导和帮助，形象生动，灵活方便，易于保存，可反复学习，更能适应学员在职、业余自学，或配合教师讲授时使用，会起到很好的教学效果。

这套“21 世纪高等继续教育精品教材”在策划、编写和出版过程中，得到教育部高教司、中国成人教育协会、北京高校成人高教研究会的大力支持和帮助，在此谨表深切谢意。我们相信，随着我国高等继续教育的发展和教学改革的不断深入，特别是随着教育部“高等学校教学质量和教学改革工程”的实施，这套高等继续教育精品教材必将为促进我国高校教学质量的提高做出贡献。

杨干忠

前　言

市场调查与市场分析是企业了解消费者需求、提高企业竞争力的重要手段，是企业分析市场营销环境、评估市场机会的主要工具。当今世界唯一不变的就是变化，企业要在瞬息万变的市场环境中抓住机会，要在日趋激烈的市场竞争中获得成功，就必须重视和应用市场调查。通过市场调查收集市场的信息，分析顾客的心理，掌握竞争对手动态，并在此基础上制定正确的营销战略和策略。正所谓心中有数才能运筹帷幄，正确决策才能占领市场。

本书较系统地介绍了国内外市场调查与市场分析的基本理论、操作方法和各种分析技术，内容几乎涉及了市场调查与市场分析领域的全部知识，包括明确调查问题、设计调查方案、选择调查方法、处理调查数据、整理调查资料、进行市场分析、开展营销策划、应用 SPSS 软件等。作者撰写本书的目的是希望读者通过系统学习，掌握市场调查与市场分析的理论和方法，能够在实际工作中独立地计划、组织和实施市场调查，并通过市场分析和营销策划，帮助企业解决某一具体的营销问题。需要强调的是，市场调查与市场分析既是一门科学，又是一门艺术，企业应根据自己的实际情况全面理解和灵活运用。

本书在写作过程中参考了大量已出版的市场调查与分析著作，力求做到体系完整、结构清晰、内容丰富，既反映和体现市场调查领域的最新研究成果，又能在观点和结构上有所创新。本书将整体内容分为两大部分，前半部分主要讲述了市场调查的理论和实务，后半部分重点介绍了市场分析和营销策划的知识和方法。这样安排的逻辑思考是，市场调查只是企业决策过程的一部分，为了更好地满足企业的决策需求，还需要进行深入的市场分析，并为企业提供有价值的营销方案。希望这种编排能够符合企业决策者的思维习惯，同时对读者的学习和工作都有所帮助。本书适合作为高等继续教育院校工商管理、市场营销、国际贸易等专业的教材，也可作为企业营销管理人员、市场调查人员的培训和参考用书。

本书作者长期从事市场调查与市场分析的教学工作，也主持和参与过多家企业的市场调查和营销策划项目，理论与实践的双重背景为写好本书提供了可能和前提条件。参加本书编写的有李国强、苗杰、张小雷、成瑾、彭亚，最后由李国强、苗杰总纂定稿。

本次修订主要是在每章之后增加了最新的实例，用于说明各章节观点和内容，同时对书中有关数据资料进行了更新和补充。由于时间仓促，疏漏之处在所难免，恳请读者批评指正。

李国强

2017 年 9 月

目录

第一章

市场调查概述

本章要点

1. 市场调查是企业为了特定的市场营销决策，采用科学的方法对有关信息进行系统的计划、收集、整理、分析和研究活动。

2. 市场营销包括战略营销和战术营销。市场调查是企业制定营销战略规划的出发点和基础。

3. 市场调查的对象是市场信息，包括原始信息和加工信息。

4. 市场调查的特点有调查目标的明确性、调查方法的科学性、资料收集的经济性、调查内容的保密性、调查结果的不确定性。

5. 市场调查的内容有市场营销环境调查、消费者调查、产品调查、营销组合调查、竞争对手调查。

6. 市场调查的发展过程主要有三个阶段，即建立阶段、成长阶段和发展阶段。

市场调查是企业营销管理过程的一部分，是为企业制定营销战略与策略服务的。市场调查是采用科学的方法，收集、整理、分析和研究有关的市场信息，为营销决策提供可靠的依据。市场调查也是企业满足目标顾客的需求、提高市场竞争力的重要手段。

第一节　市场调查与市场营销

一、市场调查的概念

市场调查的英文是 Marketing Research，它也经常译为市场调研、营销调查、市场研究等。关于什么是市场调查，许多学者从市场调查的目的、过程、范围等角度给予了不同的表述。

美国的菲利普·科特勒（Philip Kotler）认为：市场调查是系统地设计、收集、分析和提出数据资料，以及提出跟公司所面临的特定的营销状况有关的调查结果。他认为市场调查是为企业特定的营销决策服务的，包括发现市场机会、选择目标市场、进行销售预测、广告效果研究等，并提出企业可以自己进行市场调查，也可以委托专门的机构为其进行调查。

美国市场营销协会（AMA）为市场调查所下的定义是：市场调查是一种通过信息将消费者、公众和营销者联系在一起的职能，这些信息用于识别和确定营销机会及问题，产生、提炼和评估营销活动，监督营销绩效，改进人们对营销过程的理解。该定义强调市场调查是一种职能手段和活动过程，认为市场调查应包括规定解决营销问题所需要的信息，设计收集信息的方法，管理并组织信息收集工作，分析信息收集的结果，最后对所发现的问题得出研究结论。

我国港台地区的营销学者根据市场调查的范围把市场调查分为广义和狭义两种，认为广义的市场调查是以市场营销的每一个阶段作为调查研究的对象，并对市场营销的所有功能、作用都进行调查，它是企业整体营销的出发点和基础。而狭义的市场调查主要是针对消费者进行的调查，它以购买商品、消费商品的个人或企业作为研究对象，了解和探讨人们在商品购买、消费过程中的各种事实、意见和动机。

综合以上概念，我们认为，**市场调查是企业为了特定的市场营销决策，采用科学的方法对有关市场营销的各种信息进行系统的计划、收集、整理、分析和研究的活动。**它包括以下要点：

（1）市场调查是一种有明确目的的经济活动。它的目的就是了解和判断企业营销中是否存在问题，或解决企业已经存在的各种问题，从而为企业制定有效的营销战略和策略提供依据。

（2）市场调查是一项复杂、系统的工作，包括调查设计、收集信息、整理资料、分析资料和提出调查报告。各项工作互相依存、互相影响，共同组成了市场调查的内容和流程。

（3）市场调查必须采用科学的方法，包括信息收集的方法、数据处理的方法、统计分析的方法等。市场调查只有采用科学的方法进行设计、组织、实施和管理，才能获得可靠和满意的调查结果。

许多大公司都设立市场调研部门，该部门经理受营销副总领导，调研预算约占销售额的2%。例如，宝洁公司安排市场调研人员到每个产品部门从事对品牌的调研。它有两个独立的调研小组，一个负责广告调研，一个负责市场测试。组员包括调研经理、其他专家（设计、统计、行为科学方面）和负责执行与管理访问工作的现场代表。每年电话与上门访问超过100万次，内容涉及约1 000个项目。

二、市场营销

市场营销是指企业在不断变化的环境中，为满足目标顾客的需要及实现企业的目标，对所有促进交易的活动进行决策的过程，包括市场调查、市场细分、目标市场选择、市场定位、市场拓展、市场竞争、产品开发、产品定价、渠道选择、产品促销等一系列与市场有关的业务经营活动。

从营销决策的角度划分，市场营销可分为战略营销和战术营销两部分内容。

（一）战略营销

战略营销即企业为实现预期的目标，依据内外部环境和条件而制定的较长期的、具有全局性的营销计划和方案。战略营销是从市场调查开始的，它主要包括以下内容。

1. 市场调查

市场调查是企业针对营销的目标，采用科学的方法对市场信息进行收集、整理、分析和研究活动。它主要包括市场环境调查、消费需求调查、市场规模与结构调查、竞争对手调查、营销组合调查、市场趋势预测等。市场调查基本覆盖了市场营销的全部活动，它是企业制定营销战略的出发点和基础。

2. 市场细分

市场细分是在市场调查的基础上，依据消费者的需要和欲望、购买行为和购买习惯等方面的差异性，把某一产品的市场整体划分为若干个消费者群的过程。市场细分的程序是，企业首先要对将要细分的市场进行调查，然后确定细分的形式，在此基础上挑选具体的细分变量，最后选择一个或几个细分市场作为企业的目标市场。市场细分有利于企业发现新的市场营销机会，也有利于企业增强自身的竞争能力。

3. 目标市场选择

目标市场是指企业决定进入并为之服务的特定的市场。企业在市场细分以后，还需要根据企业的资源能力、市场潜力、市场竞争状况等正确地选择目标市场，这是企业制定营销战略最重要的内容。

目标市场选择有三种策略，即无差异营销、差异营销、集中营销。这三种策略模式各有利弊，适用于不同条件、不同规模的企业，企业要综合考虑资源条件、产品性质、市场性质、产品生命同期、竞争对手策略等因素加以确定。

4. 市场定位

市场定位就是根据竞争者现有产品在市场上所处的位置，确定本企业产品在目标市场上的地位和在目标顾客心目中的形象。市场定位是企业在选定目标市场以后，为企业塑造独特、鲜明的个性和形象，然后把这种形象传递给消费者，从而吸引更多的顾客购买产品。市场定位对于企业树立品牌特色、满足消费者偏好、提高竞争能力都具有重要意义。

市场定位的方法主要有迎头定位、避强定位、重新定位、特色定位、利益定位、用途定位等多种，企业要根据产品差异化和细分市场的特点加以选择和使用。

5. 市场拓展

市场拓展是指企业针对市场上存在的各种机会，选择适合于企业业务增长和发展壮大的扩张模式。企业应从营销环境分析中寻找适合自己发展的市场机会，然后针对不同的机会确定不同的增长方式，主要有密集型增长、一体化增长、多样化增长三种。

6. 市场竞争

市场竞争是指企业在分析竞争对手的优势、劣势和竞争方式之后所采取的竞争对策。可供企业选择的竞争战略主要有成本领先战略、差别化战略、集中化战略。对于不同规模的企业，也可以分别选择主动进攻战略、侧翼进攻战略、防御战略和游击战略。

（二）战术营销

战术营销是指企业进行营销活动的具体策略和方法。企业在制定了营销战略之后，还需要针对目标市场的需求，将各种可能的营销策略和手段加以系统组合和运用，使它们相互配合起来发挥作用，这就是市场营销组合决策，它由产品、价格、渠道和促销策略构成。

1. 产品策略

产品策略是指企业做出与产品有关的计划和决策。内容有产品组合决策、品牌决策、包装决策、产品生命周期及新产品开发决策。

2. 价格策略

价格策略是指企业依据顾客对产品的预期反应和成本补偿原则为产品制定价格。内容包括明确定价目标、定价导向、影响定价的因素、选择定价方法、定价技术以及价格调整策略。

3. 渠道策略

渠道策略是指企业选择产品从生产企业向消费者转移的途径。内容主要有渠道形式、渠道结构、渠道选择以及对中间商管理的策略。

4. 促销策略

促销策略是指企业将有关产品的信息有效传达给消费者，并说服其做出购买决策的过程。促销的内容有广告、公共关系、人员推销以及营业推广等。

上述四项决策是营销组合的构成要素，也是企业战术营销的核心内容。战术营销的主要价值就在于这四项决策的组合方式，正是由于这种组合方式的差异化，使每一企业的营销战略和战术都成为了一种独特的战略战术。

三、营销计划

（一）营销计划制订的两个层次

1. 战略计划

市场导向的战略计划是在组织目标、技能、资源和各种变化的市场机会之间建立与保持一种可行的适应性管理过程。战略计划的目标是塑造和不断调整公司业务与产品，以期获得目标利润和企业发展。

2. 战术计划

营销战术计划是指在一定的时间跨度内，指导企业业务单位进行营销活动和配置资源的正式书面文件。营销战术计划是在业务单位层面上制订的，并且战术计划的时间跨度视产品的不同而不同。

（二）营销战术计划的内容

营销战术计划的内容主要包括以下几个方面：

（1）明晰企业当前的经营状况。

（2）分析企业当前所面临的机会与存在的问题。

（3）设定战略业务单位的目标。

（4）制订实现目标的策略和实施计划。

（5）分解目标，明确责任。

（6）制定时间进度表。

（7）采取有效的激励措施。

（8）以外部因素为导向，即以竞争对手或顾客为导向。

一个好的营销战术计划应该能够协调企业各职能部门的工作，帮助企业有效地分配资源，使产品达到预期的市场地位。同时，好的营销战术计划还应该有助于识别针对相同目标顾客群体的其他产品和服务的优势。

（三）战略计划和战术计划的区别

战略计划和战术计划的区别主要体现在如下几个方面：

（1）战略计划是由组织高层制订的。它处于企业或战略业务单位层面，具有高度概括性。战术计划处于业务或产品层面，具有特定的目标和策略。

（2）战略考虑的是长期性问题。战略计划通常比战术计划的时间长、跨度大。

（3）战术是战略的表现形式。战术计划本身不是结果，而是增加战略选择机会的手段。

无论是战略营销还是战术营销，都离不开市场调查，都需要企业通过市场调查收集有价值的信息，为决策提供支持和帮助。它是企业营销决策的起点，也是营销战略战术获得成功的保证。

四、市场信息与营销信息系统

市场信息是企业的重要资源，也是营销管理的对象之一。企业的营销过程实际上就是进行决策和取得信息的过程。从信息的收集、处理到制定和执行决策，是营销管理的实质所在。

市场信息是企业营销活动中各种消息、资料、数据、情报的总称。市场信息的来源非常广泛，有直接调查、报纸杂志、广播电视、网络媒体等。特别是互联网络，已成为企业获取市场信息的重要渠道。

（一）市场信息的分类

1. 第一手信息

第一手信息又称原始信息，是指调查者通过直接市场调查所观察和记录的资料，主要有事实、知识、动机、打算、意见、原因、结果等各类资料和数据。这些信息对企业营销决策帮助很大，其中，有些信息企业可直接采用，有些信息需要从相关资料中推断。

2. 第二手信息

第二手信息又称加工信息，是指由调查者以外的机构收集和汇编的资料，如报纸杂志、统计年鉴、行业报告、文件简报等。这些信息相对于第一手信息来说，企业较容易获得，并且花费较少。

关于第二手信息流行着两种说法，一种是企业80%的情报都可以从公开渠道获得；另一种是从公开出版物获得的信息90%都是无用的。前者认为第二手信息非常重要，它可以解决企业大部分决策问题；后者认为原始信息更有价值，主张企业建立自己的信息系统，制定相应的制度和流程，来满足企业的信息需求。

（二）营销信息系统

营销信息系统是由人、计算机和程序组成的复合体，它的任务是为营销决策者收集、整理、分析、评价及分配恰当的、及时和准确的信息。它是由内部报告系统、营销情报系统、营销调研系统和决策支持系统四个子系统组成。

1. 内部报告系统

内部报告系统是营销管理者使用的最基本的信息系统，包括订单、销售额、价格、存货水平、应收账款、应付账款等。通过分析这些信息，企业通常能够发现重要的市场机会和日常经营存在的问题。

2. 营销情报系统

营销情报系统是营销人员用来了解有关外部环境变化信息的各种程序和来源。营销环境信息通常也是由企业营销人员收集的，只有当自己获取信息成本较高的时候，才会转向调查公司购买。

3. 营销调研系统

营销调研系统是指企业针对特定的营销问题，对有关信息进行系统的收集、分析和评价，并提出调查结论和报告。营销调研的内容经常是某项具体的问卷调查、消费者偏好测验、地区销售研究以及广告效果评估等。

4. 决策支持系统

决策支持系统是指借助于各种计量工具和技术，对企业收集的各种信息进行分析、评价和解释，以帮助营销管理者进行决策。企业使用的计量工具主要有统计方法、计算机程序和各种决策模型。

上述各项系统中，营销调研系统即我们所说的市场调查，它是在企业面临特定的问题时收集特殊的信息。市场调查收集的信息通常是其他几个系统无法提供的，如消费者品牌偏好的形成原因、广告促销效果的评价等。所以，在另外三个子系统无法满足企业决策的信息需求时，企业一般会选择和采用市场调查。

第二节　市场调查的特点和作用

一、市场调查的特点

市场调查主要有以下几个特点。

（一）调查目标的明确性

市场调查通常是为企业某一特定的营销决策服务的，如选择目标市场、为产品进行定位、为提高产品的市场占有率等。因此，大部分的市场调查从一开始就目标很明确，即通过收集和分析资料，使企业对产品或市场有一个清晰的认识和判断，以帮助企业做出正确的营销决策。

但也有一些市场调查在开始的时候目标较为笼统和分散，如新产品的推广、投资机会的选择、新市场的开拓等，需要企业事先收集一些第二手资料，对调查的问题进行界定和分析，以使调查的目标逐渐明确和集中。当然，这些问题的调查也非常重要，它们不同于已有产品的调查，对调查者往往更具挑战性，也蕴藏着一定的风险。在现实生活中，很多看起来很好的产品或很有前途的项目，在推广或实施过程中或胎死腹中，或半途而废，有的甚至使企业巨亏，很大一部分原因是企业没有进行正确有效的市场调查。

明确调查目标实际上也是对市场调查的具体要求，即要求调查的目标要明确集中，要切实可行，要尽可能量化，还要有明确的时间规定。

（二）调查方法的科学性

市场调查强调的是方法适应问题，而并非问题适应方法。为解决某一问题，调查者可以采用多种方法收集信息。市场调查的方法有很多，如实地观察、问卷访问、现场实验、随机抽样、计算机处理、预测模型分析等。企业只有采用科学的方法，才能保证调查数据的真实性，才能保证调查结果正确可靠。需要说明的是，任何一种调查方法都有其局限性，企业同时采用几种方法收集信息，或采用几种方法对资料进行分析验证，可以使调查结论更具说服力，可以提高市场调查的应用价值。

（三）资料收集的经济性

市场调查同其他营销决策一样，也有一个投入产出问题，即需要比较企业的信息需求与成本费用。为此，企业需要事先确定哪些项目需要调查、哪种方案可以采用、哪些资料需要实地收集、哪种调查方法更加有效，力求在调查中用尽可能少的花费完成预期的目标。

企业在做调查经费预算时，还需要考虑以下几个问题。

1. 企业已收集了哪些资料

企业已收集了哪些资料是指企业过去已进行过的市场调查，或相关机构公开发表的资料和报告，或企业档案和资料库中现存的资料。

2. 企业需要进行实地调查的信息数量

企业需要进行实地调查的信息数量，即本次调查需要重点收集的信息，该信息的价值与企业的经费投入是否匹配。

3. 企业是委托调查还是自行调查

这需要根据费用与调查效果的比较，以及企业对调查结果的接受和采纳预期来决定。

（四）调查内容的保密性

专业的调查公司经常是受许多企业的委托进行调查，在调查过程中难免会出现数据交叉使用和信息共享的情况，但调查公司绝对不能同时接受竞争企业的委托做同一专题的调查，更不能未经委托者的同意而将调查内容公开披露。这是市场竞争的法则，也是行业职业道德的要求。因此，为防止出现调查内容泄露的情况，企业一开始就应向调查公司提出保密要求，并在合同中加以明确规定和约束。

（五）调查结果的不确定性

市场调查由于会受到多种因素的影响，调查结果常常具有不确定性，特别是在消费品调查中，消费者的心理状态、价值观念及消费者偏好的变化等因素，都会影响到调查的结果，也会影响到决策方案的选择。另外，由于调查工作本身的问题，如调查问卷过于简单、调查样本太少、调查人员缺乏训练等，也会影响到调查结果的准确性。因此，对于决策者来说，市场调查不是万能的，它只是决策的必要条件，而非充分条件，它只能作为决策的参考依据，而不能代替企业决策。

在现实生活中，当市场调查的结果与企业的实际情况出现偏差，或与企业的过高期望出现背离时，决策者不能全盘否定市场调查，而应该依据自己的市场感觉、已有的知识和经验，对调查结果进行评价和判断，在此基础上做出正确的选择和决策。

二、市场调查的作用

市场调查的作用主要体现在以下几个方面。

（一）市场调查是企业营销活动的开始，又贯穿其全过程

企业的营销活动是从市场调查开始的，通过市场调查识别和确定市场机会，制订营销计划，选择目标市场，设计营销组合，对营销计划的执行情况进行监控和信息反馈。在这一过程中，企业的每一步都离不开市场调查，都需要市场调查为决策提供支持和帮助。需要强调的是，市场调查对企业的决策还有检验和修正作用，企业依据市场调查获得的资料，可检验企业的计划和战略是否可行，有无疏忽和遗漏，或是否需要修正，并提供相应的修改方案。

（二）市场调查是企业战略决策的基础

企业的决策有三种类型，一是战略决策，指对较长期的、关系到企业长远发展的问题的决策，如投资方向的选择、营销组合的制定等；二是战术决策，指对短期内出现的、并非重复发生的问题所做的决策，如企业对竞争者提高价格的反应、促销资金的使用等；三是常规决策，指对短期内经常重复发生的问题的决策，如订货数量、营业时间长短等。

一般来说，只有战略性决策才需要开展市场调查，因为战略性决策关系到企业整体营销的成败，影响着企业的长期生存和发展方向。而战术性决策和常规性决策通常不需要进行正式的市场调查，因为这两种决策的风险相对较小，并且做出决策的速度很快。

（三）市场调查有利于企业满足目标顾客的需求

随着市场经济的发展，消费者需求的变化越来越快，产品的生命周期日趋缩短，市场竞争更加激烈。企业通过市场调查，可以发现市场中未被满足或未被充分满足的需求，确定本企业的目标市场。同时，可以根据消费者需求的变化特点，开发和生产适销对路的产品，并采取有效的营销策略和手段，将产品及时送达消费者手中，满足目标顾客的需要。

（四）市场调查有利于提高企业的竞争能力

通过市场调查，企业可以了解市场营销环境的变化，及时调整自己的产品、价格、渠道、促销和服务策略，与竞争对手展开差异化竞争，逐渐树立自己的竞争优势。同时，企业还可以通过收集竞争对手的情报，了解竞争对手的优势和弱点，然后扬长避短，有的放矢地开展针对性营销，从而增强企业的竞争能力。

第三节　市场调查的主要内容

总体来说，市场调查的内容覆盖了市场营销的全过程，从识别市场机会、选择目标市场、制定营销策略到评价营销效果，都可能成为市场调查的对象。具体来讲，市场调查的内容主要有如下几个方面。

一、市场营销环境调查

市场营销环境是企业生存和发展的基础，是企业营销不可控制的因素。它主要包括经济环境、人口环境、政治和法律环境、社会和文化环境、技术和自然资源环境等。这些环境从不同方面影响和制约着企业的营销活动，它们既可能给企业带来市场机会，也可能给企业带来环境威胁。企业通过市场营销环境调查，可以分析环境对企业营销的影响，把握环境的变化趋势，提高企业对环境的适应能力和应变能力。

二、消费者调查

消费者是市场活动的主体，是企业产品的最终购买者和服务对象。企业要取得营销的成功，就必须研究消费者，根据消费者的需要组织生产和销售，这是企业制订营销计划和营销策略的出发点。消费者调查包括调查消费者的需求特点、购买心理和动机、购买行为和购买模式，以及分析影响消费者购买决策的主要因素、消费需求变化趋势等。企业只有在充分了解消费者的基础上，发现和识别消费者真正需要的产品和服务，才有可能把握市场机会，不断改进产品及营销组合，满足消费者的需求。

三、产品调查

市场营销中的产品是指企业提供给市场的，能满足顾客需求的任何有形物品和无形服务。产品决策是市场营销中最重要的决策之一，是企业制定营销组合决策的基础。由于产品的概念是复合性和多层次的，所以产品调查的内容也非常广泛，包括产品组合决策、品牌、包装、产品生命周期、新产品开发、新产品市场推广、产品售后服务等调查。

四、营销组合调查

营销组合调查在这里是指除了产品调查以外的价格调查、分销渠道调查和促销调查。它的目的是使企业在市场调查的基础上，制定出更有效的营销组合策略，以更好地满足目标市场的需求。营销组合调查中，价格调查的内容相对简单，主要包括定价目标和定价方法、影响定价的因素、价格调整的策略、顾客对价格变化的反应等。渠道调查的内容主要有分销渠道的结构和覆盖范围、渠道选择的效果、影响渠道设计的主要因素、经销商分布与关系处理、物流配送状况和模式、串货管理等。营销组合调查中，促销调查的内容最复杂，包括广告、人员推销、销售促进和公共关系等调查，其中，每一方面又包含了许多具体的内容。

广告调查是促销调查中最重要也是最常见的调查。它是企业制订广告计划和策略的依据，是使广告促销获得预期效果的前提。广告调查的内容主要包括广告诉求调查、广告媒体调查和广告效果调查等。广告诉求调查就是调查广告对象的性别、年龄、收入状况、生活方式、购买习惯、文化程度、价值观念和审美意识等。广告媒体调查，即调查媒体的传播范围和对象、媒体被收听和收看的情况、媒体的费用和使用条件、媒体的适用性和效果等。广告效果调查，即调查广告受众对象、产品知名度、消费者态度、品牌使用习惯、购买欲望与行为等。

五、竞争对手调查

竞争对手调查主要侧重于企业与竞争对手的比较研究。通过对成本和经营活动的比较，找出本企业的竞争优势，从而扬长避短、避实就虚地开展经营，提高企业的竞争能力。竞争对手调查的内容主要有如下几个方面。

（一）竞争对手的基本条件

竞争对手的基本条件包括竞争对手的数量、业务范围、资金状况、经营规模、人员构成、组织结构等。

（二）竞争对手的产品情况

竞争对手的产品情况包括竞争对手的产品品牌、性能、价格、经销渠道、市场占有率等。

（三）竞争对手的市场沟通研究

竞争对手的市场沟通研究包括竞争对手的政府资源、公共关系、促销方式、广告策略以及竞争对手的形象策略等。

第四节　市场调查的发展与问题

一、市场调查的发展过程

市场调查可以使企业更好地满足消费者需要，可以提高企业的竞争能力，这是人们重视市场调查的主要原因。市场调查的历史很悠久，它是随着商品生产和交换的发展而产生和发展起来的。但是作为一门学科、作为一门应用科学，它是从 20 世纪初才开始建立的，其发展大致经过了三个阶段。

（一）市场调查的建立阶段

20 世纪初到 20 世纪 30 年代，美国的一些企业纷纷成立市场调查机构，对产品和市场进行系统的研究，市场调查的观念和理论也随之建立。1911 年，美国当时最大的出版商柯蒂斯出版公司率先设立了市场调查部门，聘请佩林任经理，他组织人员先后对农具销售渠道、纺织品批发和零售渠道进行了系统的调查，并编写了《销售机会》一书，这是第一本有关市场研究的专著，内容包括美国各大城市的人口分布、人口密度、收入水平及相关资料，佩林也因此被推崇为市场调查学科的先驱。

与此同时，美国哈佛商学院成立了商业调查研究所，该所在调查研究后提出的第一个报告是关于鞋店流通费用的报告。后来该所又对杂货店、专业商店、百货商店进行了调查，并陆续公开发表了这些商业企业流通费用的调查报告。

1929 年，在美国政府的主持下，美国开展了一次分销调查，内容涉及市场结构、商品销售通路、中间商和分配渠道、中间商的经营成本等，为企业提供了较为系统和准确的市场活动资料，这次调查被视为美国市场调查史上的里程碑。在此之后，这种调查改称为商业普查，规定每隔 5 年定期举行一次，用于观察市场变动的规律。

在市场调查的建立阶段，陆续确立了实地调查法、观察法和实验法，也开始发展了调查表法和抽样理论，并对销售机构、组织进行了基本的调查，开展了销售成本和费用的分析，先后出版了一些有关市场调查的书籍。

（二）市场调查的成长阶段

20 世纪 30 年代末到 50 年代初，随着统计分析技术的进一步发展，市场调查也受到了理论和实践上的重视。1937 年，美国市场营销协会组织专家编写了《市场调查技术》一书，对市场调查学科的形成和发展起到了重要作用，市场调查正式成为大学商学院的课程之一，课程中汇集了实践和学术领域共同开发的知识。第二次世界大战的爆发和广播媒体的发展，促成了市场调查成为一个行业，一些调查公司纷纷采用新的调查工具和方法研究士兵、消费者及家庭的消费行为。

在此期间，配额抽样、随机抽样、消费者固定样本调查、问卷访问、统计推断、回归分析、简单相关分析、趋势分析等理论，也得到了广泛的应用和发展。

（三）市场调查的发展阶段

20 世纪 50 年代以后，市场调查进入了一个快速发展时期。随着买方市场的出现，大量产品供过于求，消费需求变化加快，市场竞争更加激烈，许多企业开始树立以顾客为中心的市场营销观念，开始重视和应用市场调查，即采用各种方法和技术了解消费者的变化，发掘市场上尚未得到满足的需求，并在此基础上，使用各种营销手段，千方百计地适应和满足这种需求，扩大产品的销售。

在此阶段，由于电子计算机的出现，使市场调查逐步形成了以电子计算机为中心的信息网络系统，在市场信息的收集、整理和分析的各个阶段都实现了电子计算机化。同时，各种调查技术和分析工具，如动态分析、运筹学应用、态度测量表、多元回归分析、数理模式、计算机模拟、SPSS 软件、经济计量模型、决策理论和方法等，都得到了创新和发展。

二、市场调查在我国的发展及存在的问题

我国的市场调查业是在 20 世纪 80 年代中期兴起的，进入 90 年代后，得到了快速发展。据有关资料显示，目前国内专业的市场调查公司有 2 000 多家，年营业额大约为 60 亿元。许多企业，特别是外资和民营企业，纷纷聘请市场调查公司为其进行投资、产品、市场、渠道、消费者行为等方面的调查，有的还要求其进行投资和营销策划。

尽管国内市场调查业发展很快，有些调查公司已具有一定的规模和业绩，但在该行业居于领导地位、品牌知名度高的，大多还是国外调查企业在中国的独资或合资公司，如 AC 尼尔森市场研究公司、盖洛普中国公司等，服务的对象也以国外客户和合资企业为主。为什么国内调查公司与国外调查公司相比缺乏竞争力呢？主要有以下几个方面的原因。

（一）调查技术、工具相对落后

很多国内调查公司的规模很小，采用相对落后的手段和工具进行调查和数据处理，如有些调查公司至今仍然使用 Excel 录入问卷并进行统计分析，这自然满足不了客户的调查要求，也限制了企业自身的成长和发展。

（二）调查人员素质较低，操作不规范

市场调查是知识密集型行业，它的产品是为企业提供有价值的信息和高质量的调查报告，这就要求企业拥有一批水平很高和业务熟练的市场研究人员。但目前，很多调查公司

缺乏有统计理论功底和营销实践经验的人员，导致很多调查项目质量低、问卷简单、操作流程不规范、调查结果不准确，甚至出现错误，使目标客户丧失了对市场调查的信任。

（三）不能提供策略性建议

在市场调查刚刚起步的时候，客户对信息的需求也很简单，企业只需要开展描述性调查就可以说明和解决问题。随着市场经济的发展，市场调查的外部环境发生了变化，客户对市场调查的要求越来越严格，不仅要求调查公司能找出问题，还要求其提供解决方案。而很多调查公司对调查报告中的"结论与建议"或不重视，或无能为力，经常纸上谈兵，缺乏可操作性，导致了客户的不信任和流失。

（四）恶性竞争

有些调查公司为提高市场占有率，采用价格竞争的手段，在调查项目竞标中一味压低价格，甚至诋毁同行，以争夺客户。由于信息的不对称，很多客户对价格并不了解，主观上也希望低价能解决问题，这就使低价格有了很强的吸引力。一些调查公司仅用某一调查环节的资金，完成整个调查的系统工作，使那些真正能够提供优质服务的调查公司反而丧失了竞争力和市场。

（五）行业管理不规范，专业化程度低

市场调查是一个成长中的行业，相应的法律法规还不配套，行业管理和监督不能及时到位，企业也缺乏有效的制度和道德约束。另外，很多调查公司为扩大业务，经常跨地区、跨行业承接各种项目，使得企业在行业研究方面缺乏沉淀，专业化水平低，结果经常是只能解决客户的初级问题，而不能解决复杂的决策和执行问题，这也限制了市场调查业的发展。

总之，市场调查是一种具有较高难度的、复杂的智力活动，是一项具有挑战性和创造性的工作，它决定着企业决策的好坏，关系着企业经营的成败。企业只有真正重视市场调查，积极开展市场调查，才能在激烈的市场竞争中获得成功。

本章小结

本章首先介绍了市场调查与市场营销的概念、营销计划的层次、市场信息的类型，然后分析了市场调查的特点和作用，在此基础上，又较详细地阐述了市场调查的主要内容，最后概括描述了市场调查的发展与问题。

【复习思考题】

1. 什么是市场调查？它的特点是什么？
2. 试述市场信息的含义和分类。
3. 简述市场调查的作用。
4. 试述市场调查的主要内容。
5. 你认为目前市场调查在我国存在哪些问题？如何克服？

【实例】

宜家的运行模式和营销策略

1943年，瑞典英格瓦·坎普拉创办了宜家。2015年在50个国家有368家连锁店，销售额300亿欧元，是全球最大的家居用品提供商和零售商。2015年中国有门店18家，销售额105亿元，增长18%。

一、宜家的运行模式

宜家的运行模式是：一核心、两策略、三方式、四控制。

(1) 一核心："娱乐购物"的家居文化。

(2) 两策略：低价、连锁。

(3) 三方式：体验式、目录式、一站式。

(4) 四控制：成本、品牌、渠道、形象。

宜家的使命是：成为家居市场独特的设计者、制造者、采购者与供应者。

二、宜家的营销策略

(1) 经营理念：提供种类繁多、美观实用、大多数人都买得起的家居用品（1万种产品，每年2千件新品）。

(2) 市场定位：物美价廉，面向中低收入家庭；中国：想买高档货，又不愿付高价的白领阶层。

(3) 产品策略：低价、精美、耐用的家居用品；自选提货、平板包装（方便携带和运输，减少仓储和物流成本）、独立组装；OEM、ODM、OBM（自有品牌）。

(4) 价格策略：低成本设计理念及模块式设计方法；全球1 000家供应商，选择价格较低的厂商；不断创新（新品及再改进），以降低成本。

(5) 渠道策略：全球批量采购及物流系统；自设卖场控制渠道。

(6) 促销策略：免费发送精美的目录手册，年印2.17亿本；人性化布局，按客厅、餐厅、工作室、卧室、厨房、儿童间的顺序展示产品；企业形象定位及宣传：简约、自然、时尚。

问题：

1. 宜家在中国应先增加卖场数量，还是先调整品牌定位？
2. 宜家应如何增加顾客购买商品的目的性与数量？
3. 宜家的商业模式能否被我国企业复制与模仿？

第二章

市场调查方案设计

本章要点

1. 调查方案的类型包括探索性调查、描述性调查和因果性调查。

2. 探索性调查的方法有文献调查、专家调查和案例分析。

3. 描述性调查可以围绕调查对象、调查内容、调查时间、调查地点、调查过程及调查方法六个问题展开。

4. 因果性调查要遵循对比性原则、协同性原则、随机性原则。

5. 调查方案的内容包括明确调查目标、确定调查项目、选择调查方法、制订调查工作计划、整理和分析资料、撰写调查报告。

市场调查是一项复杂和细致的工作，需要事先做出周密的安排和计划。调查者只有依据调查的目标，合理地安排调查的步骤和程序，使调查工作有计划、高效率地进行，才能避免时间和资金的浪费，并取得预期和满意的调查结果。

第一节　调查方案的重要性

调查方案是指在实际调查之前，根据调查的目标和内容而制定的调查实施计划和调查工作程序。调查方案是指导调查研究活动的大纲，是用书面形式表达的对调查计划和程序的说明，是对调查过程和调查方法的详细规定。一份出色的调查方案能使调查工作取得令人满意的结果，能提升调查工作的水平和价值。

具体而言，调查方案的重要性主要有以下几点。

一、调查方案是市场调查的重要组成部分

市场调查是一系列调查事项和阶段的组合，包括调查方案设计、调查资料的收集、调查数据的整理和分析、调查报告的撰写等。调查方案设计是整个调查过程的第一步，是调查工作的先行部分。做好调查方案设计，可以使调查者统筹兼顾、统一规划，可以使调查人员有法可依、有章可循，从而使调查作业高质、高效地运行，提高调查工作的水平。

二、调查方案有利于实现企业既定的目标

对于企业来说，许许多多的营销问题都需要进行调查，如环境研究、市场分析、战略制定、营销组合等，而每一个调查的问题都有多种操作方案，都有不同的解决方式和方法。做好调查方案设计，可以使企业根据自身的条件选择最好的行动方案，选择最适合的解决方法，并对整个调查过程进行监督和控制，从而更好地实现调查的目标。

三、调查方案有利于提高调查工作的效果

市场调查是一项复杂的工作，在调查过程中会遇到许多矛盾和问题，会碰到多种困难和障碍。这些问题有些是调查本身的，有些是技术层面的，也有些是与调查相关的，如抽样调查中样本容量的确定，既取决于调查的误差要求和把握程度，也取决于调查的经费和时间。因此，做好调查方案设计，可以使企业抓住主要矛盾，合理分配资源，并根据需要和条件选择相应的方法，从而提高调查工作的效率和效果。

第二节　调查方案的类型与选择

一、调查方案的类型

从市场调查问题的性质角度划分，可将调查方案分为探索性调查、描述性调查和因果性调查三种类型。

（一）探索性调查

探索性调查又称非正式调查，是指调查者在对所要调查的问题不清楚或不确定的情况下所进行的试探性调查。其目的是搞清所要调查问题的性质和原因，明确调查的具体目标，为下一步的深入调查做准备。

1. 探索性调查的作用

（1）有助于发现问题，寻找问题产生的原因。

在设计调查方案初期，当需要调查的问题比较复杂、影响因素较多时，调查人员经常无从下手，不知怎样切入。进行探索性调查，可以使调查者了解问题的特征，掌握问题的背景，发现问题产生的原因及症结所在，从而提高调查工作的针对性和准确性。

（2）有助于提出假设，明确调查的目标。

在调查的初始阶段，调查的目标往往不确定或较为笼统，有时甚至出现多重目标，这就需要调查者事先提出假设，即先有调查观点，后找材料说明。进行探索性调查，有利于调查者形成和提出假设，并通过调查实践验证假设，从而使调查的目标更加明确和集中。

（3）有助于制定和完善调查方案。

在设计调查方案时，调查委托者有时会提出各种各样的想法和要求，有时甚至会直接规定调查的方案和方法。通过探索性调查，调查者可以判断哪些资料无法收集、哪些方案脱离实际、哪些方法不能操作，然后及时进行信息反馈，与企业一起对调查方案进行修改和完善，以避免调查中出现无谓损失。

2. 探索性调查的方法

探索性调查通常采用的调查方法有文献调查、专家调查和案例分析等。

（1）文献调查。

文献调查是指利用现有文献档案收集市场信息资料的方法。它具有简单、快捷、经济等特点，是探索性调查使用得最多的一种方法。

文献调查法的主要优点有：一是信息丰富，即现有的文献种类繁多，可收集各种各样的信息；二是速度快，调查者可利用计算机和网络媒体进行调查；三是节省时间和经费，即不需要进行实地调查就可以获得比较准确的调查结果。

与其他市场信息的收集方式一样，文献调查也需要制订周密的调查计划，并对拟采用的文献进行真实性、可靠性检验，这样才能保证调查的系统性和准确性。

（2）专家调查。

专家调查又称经验调查，是指通过访问那些对调查问题具有专门知识或丰富实践经验的专家来收集信息资料的方法。其目的是及时了解调查问题的性质和影响因素，以便较迅速地得出调查的初步结论。

专家调查的关键在于选择专家，调查者既可以选择那些有经验的专家学者、政府官员，也可以选择企业内部的管理者、业务人员，还可以选择企业外部的同行、竞争者或用户。通过对他们进行访谈，获取有价值的信息，明确下一步的调查目标和行动。

（3）案例分析。

案例分析是选择若干实例进行分析，并与现实的调查问题进行比较，从中寻找解决问题的方案和方法。案例分析也是试探性调查的重要方法，它主要是从过去或别人成功和失败的经验教训中获得启示，以解决当前困扰调查者和决策者的问题。

进行案例分析时需要注意：一是要有针对性地选择案例，即选择那些与调查问题密切相关的案例；二是要把握住案例分析的进程，引导参与者深入进行讨论和分析，以利于选择和决策；三是要注意案例的时效性，要使案例分析的结果有助于解决现实的营销问题。

（二）描述性调查

描述性调查是指能比较深入、客观地描绘和反映调查对象实际情况的调查。它主要是通过对被调查者的直接调查，发现所要解决问题之间的基本关系，再通过定量和定性分析得出结论，为营销决策提供依据。

1. 描述性调查的主要内容

（1）了解相关群体的特征。

相关群体包括顾客、销售人员、企业及市场等。通过描述性调查，可以了解调查对象的基本特征，如顾客的年龄、收入、受教育程度、生活方式、消费偏好等。

（2）确定顾客对产品或服务特征的理解和反应。

通过描述性调查，可以了解顾客对产品性质、特征、功能的理解和反应程度，并确定这些因素对购买决策的影响。

（3）估计某个特殊群体在具有某种行为特征的人群中的比重。

例如，企业通过调查可以了解购物时经常使用信用卡者的比重，并决定是否应针对这些顾客采取单独的促销措施。

(4) 判断各种变量对营销问题的关联程度。

例如，通过调查可确定广告促销费用与产品销售量之间的关系，可确定产品价格升降与市场占有率之间的联系等。

描述性调查也可以围绕六个问题展开，即人物是谁（Who）? 什么事情（What）? 什么时间（When）? 什么地点（Where）? 什么原因（Why）? 什么方法（Way）? 即所谓“6W 模式”。通过对这六个问题的调查，调查者基本上可发现事物之间的关系和问题的基本特征，并决定调查的对象、调查内容、调查时间、调查地点、调查过程及调查方法。当然，这六个方面的问题并不代表描述性调查的全部内容。

2. 描述性调查的方法

描述性调查通常采用实地调查的方法收集第一手资料，包括访问法、观察法、小组座谈法等。例如，调查者使用问卷访问的方法，了解企业在营销策略方面存在的问题，包括产品、价格、渠道、促销等，然后根据调查的结果，制定整体的营销组合方案，并提出相应的营销建议和措施。

(三) 因果性调查

因果性调查是为了解市场现象与影响因素之间的因果关系而进行的调查。它是在描述性调查的基础上，进一步探讨事物发展变化的原因，并研究市场变量之间的因果联系及演变规律，为企业的决策提供更加翔实的信息。

1. 因果性调查的方法

因果性调查主要是采用实验的方法进行。所谓实验，是对提出的某种行为和假设进行科学的论证，通过控制自变量的变化来观察对因变量的影响。

实验可分为实验室实验和实地实验，两者的区别主要在于环境的不同。前者是在人为制造的环境下进行的实验，后者是在现实的自然状态下进行的实验。在市场调查中大量采用的是实地实验。

无论采用何种实验方法或在何种实验环境中进行实验，都需要满足以下条件：一是实验的变量要能够有效地加以控制；二是自变量对因变量的影响要能够计算和衡量；三是对影响实验结果的外部变量要能够准确地识别。

2. 因果性调查方案设计的原则

在设计因果性调查方案时，应注意以下原则：

(1) 对比性原则。

对比性原则，即实验因素所产生的结果只有在不同状态下的对比才能确定和测量。为了进行对比，就需要设置实验单位和非实验单位，将两者在实验前后的情况进行比较。当然，也可以只比较实验单位在实验前后的状态。

(2) 协同性原则。

协同性原则，即在实验中进行相互比较的各单位之间，除了实验因素做有计划的变动外，其他因素要尽可能相对固定，只有这样，才能突出和显示实验因素的作用。

(3) 随机性原则。

随机性原则，即实验中的每一个实验单位都有被选取的同等机会。在实验调查中，无论是选择调查对象，还是选取实验单位，都应该采用随机抽样的方法。当外部因素对实验单位影响相同时，可选择简单随机抽样；当外部因素对实验单位的影响不同时，可采用分层随机抽样。

上述三个原则中，对比性原则是实验设计的基础，它强调实验结果必须经过实验对比才能获得。协调性原则是实验设计的条件，它强调因变量的改变必须或者主要来源于自变量的影响。随机性原则是实验设计的保障，它强调的是实验结果必须真实和可靠，要能够在市场营销实践中得到应用和推广。

二、调查方案的选择

调查方案的制订是一种事前决策，需要调查者在实地调查前就设计完成。调查方案的选择主要应考虑以下因素。

（一）调查方案的适用性

探索性调查主要适用于企业对调查的问题不了解，对调查的范围不清楚，或对调查的内容不确定的情况。通过探索性调查，可收集调查对象的背景资料，找出问题产生的原因及症结所在。

描述性调查适用于企业对所要调查的问题已有一定的了解，对问题的性质和特征较为清楚的情况。调查的目的主要是为了描述和测量各种市场现象，发现和解决市场营销中存在的问题。

因果性调查主要适用于调查了解市场现象之间的因果关系，测量自变量对因变量的影响，目的是通过了解和探讨影响市场变化的原因及演变规律，制定企业的市场营销对策和措施。

（二）调查时间的安排

任何决策都会受到时间因素的制约，调查方案的选择也是如此。一份出色的、完整的调查方案通常需要较长的时间才能完成。一般来说，探索性调查所需时间较少，描述性调查所需时间较多，而因果性调查需要的时间最长，往往要经过较长的时间才能定稿。

（三）调查成本的控制

调查成本也是制约调查方案选择的一个重要因素。调查方案设计的水平越高，调查工作的质量就越好，而调查所需要的经费也就越多。通常情况下，探索性调查方案所需费用最少，描述性调查方案次之，而因果性调查方案成本最高。调查者需要综合考虑调查质量、调查时间、调查费用等因素，权衡利弊，做出调查方案的选择和决策。

第三节　调查方案的内容

调查方案是指导调查研究活动的大纲，是调查计划和流程的概括和说明。一份完整的调查方案应包括以下内容。

一、明确调查目标

这是设计调查方案的第一步，包括为什么要进行此项调查，通过调查了解哪些问题，调查结果的用途是什么。如果企业调查的目标明确具体，准备的资料完整充分，就能准确地找出企业所要解决的问题，并使调查活动有的放矢，事半功倍。

例如，某零售商店准备开展一次顾客调查，调查目的初步定为了解该商店顾客的购买行为或产品的销售情况；需要了解的问题包括顾客的基本特征、信息接收途径、来店目的和次数、购买商品种类和品牌、对价格高低的反映、希望增加的服务项目等；调查结果的用途是为零售商店选择目标市场决策提供依据。

调查目标的确定是一个从抽象到具体、从一般到特殊的过程。调查者首先应限定调查的范围，找出企业最需要了解和解决的问题；然后分析现有的与调查问题有关的资料，如企业销售记录、市场价格变化等。在此基础上明确本次调查需要重点收集的资料，最后再写出调查目标和问题的说明。例如，零售商店最近6个月的销售额同比下降了20%，这种下降可能是由于竞争加剧引起的，也可能是营销策略制定不当所致，如果是后者，则需要说明是哪项策略，具体原因是什么。

为加强调查的目的性，调查者可事先提出假设，即先给出调查的观点，然后寻找材料加以说明。例如，上述零售商店根据现有的材料，可提出如下假设：一是商店销售额下降是竞争对手增加、顾客分流所致，企业的营销策略无问题；二是商店销售额下降是因为产品定价太高，周围顾客购买力水平低，竞争对手不是主要因素。依据假设进行调查，是探索性调查经常采用的方法，它可以使调查者抓住重点，提高效率，并带着结论去调查。

为使调查的目标更加明确和集中，企业也可以事先组织一次试调查，即依据现有的资料和假设进行试验性的访问调查。做法是调查组织者与一些有经验的调查员一起到某个地区，按判断抽样法选取部分调查对象，与他们进行面对面的交谈，然后参照面谈记录，对调查目标进行修正，并进一步明确调查问题的性质和特征。

二、确定调查项目

调查方案在明确了调查目标以后，还需要阐明调查的内容，即确定调查问题的项目，并根据该项目设计调查问卷或调查表。调查项目是获取调查资料的类别名称。调查组织者需要根据调查的目标，对调查的问题进行整理和分类，并在此基础上，规定每类问题需要收集的具体资料。例如，要调查顾客的信息接收途径，调查者就可将信息来源区分为电视、报纸杂志、网络、街头广告、单位同事、亲朋好友等。当然，仅仅做到这一步还是不够的，调查者还需要将上述项目继续细分，直到区分出能直接进行调查的操作变量为止。

确定调查项目时需要注意以下几点：一是调查的项目应是调查所需，并且能够通过询问获得该项目的资料。二是调查项目之间应互相关联，项目排序和组合要符合问卷设计的要求。三是调查项目的表达要明确和具体，必要时也可附加调查项目说明。

三、说明调查方法

调查方案还要说明调查的方式和方法，包括在何处调查、找何人调查、用何种方式调查，即说明调查的地点、调查对象以及收集资料的方法。调查地点是指规定调查的地区范围，它与企业目标市场的位置、顾客的聚集程度密切相关。调查对象是将目标顾客按性别、年龄、收入、文化程度、职业等特征分类，确定被调查者应具备的条件。收集资料的方法一般是决定采用访问法、观察法、实验法，或是开调查会法。企业若决定采用访问法进行调查，则还需要对抽样进行设计。

例如，在上述零售商店的顾客调查中，调查地点就可以选择在商店门口；调查对象可根据顾客年龄分类，即按老、中、青客流比例确定；调查方式可采用问卷访问的形式，即每小时发放若干份问卷，由顾客填写后收回。抽样方法一般是采用判断抽样的方式，当然，如果能得到顾客收入方面的资料，也可以按高、中、低收入进行分层抽样。

四、制订调查工作计划

调查工作计划是指为确保调查的顺利实施而拟订的具体工作安排，包括调查人员的选择和培训、调查经费预算、调查进度日程等。调查工作计划直接关系到调查作业的质量和效益。

调查人员是指参加市场调查的人员，也称调查员。调查员的工作能力、认真程度、技术水平等会对调查结果产生重要影响。一般来说，调查员应具备的条件是：掌握同被访者沟通的面谈技术；具有一定的创造力和想象力；了解市场调查所要解决的问题；善于观察被访者的心理变化和行为动机；能正确阐述所要收集的资料；对此项调查具有相应的经验和知识。为保证调查结果的可靠性，在实地调查之前，应对调查员进行模拟训练，即由有经验的调查人员扮演被调查对象，由新参加的调查人员模拟实地调查，把调查过程中可能遇到的问题充分表现出来，以锻炼受训者应付、处理实际问题的能力。

调查费用主要有：调查费，包括设计费、资料费、抽样费、问卷费、培训费、交通费、劳务费、礼品费等；分析费，包括上机费、录入费、统计费、报告费等。调查费用因调查种类和收集资料精确度的不同而有很大差异。调查组织者应事先编制调查经费预算，制定出各项费用标准，力争以最少的费用取得最好的调查效果。

调查进度日程是指调查项目的期限和各阶段的工作安排，包括规定调查方案设计、问卷、抽样、人员培训、实地调查、数据录入、统计分析、报告撰写等的完成日期。为保证调查工作的顺利开展和按时完成，调查者可制定调查进度日程表，对调查任务加以具体规定和分配，并对调查进程随时进行检查和控制。

需要注意的是，当调查项目由专业的调查公司代理执行时，企业通常需要对调查公司拟订的调查计划进行审核，并提出自己的建议，在与调查公司协商并统一意见之后，再实施调查作业。

五、整理和分析资料

在实施了调查作业以后，如果收集的资料较为齐全，就需要进一步进行整理和分析工作。整理和分析资料的过程也就是对资料进行深入探讨和研究的过程。

整理资料主要包括编校，即对收集的资料加以校对核实，剔除其中不符合实际的成分，如不完整的答案、前后矛盾的答案、调查员的偏见等；分类，即把经过编校的资料归入适当的类别，并制成各种统计图表，以供统计分析使用。编制统计图表的工作一般由计算机完成，调查者需要事先设计好计算机程序，以保证获得必要的运算速度和计算精度。

分析资料是一项难度较大的工作。首先，要计算各类相关资料的平均数、标准差和百分率，使人们对调查结果有一个基本而又清晰的认识；其次，采用图表形式找出资料之间的相互关系；再次，需要使用相关系数和其他统计检验方法来测定资料间相互关系的密切程度；最后，运用一些复杂的统计技术，如多元回归分析、因素分析、判断分析、群体分析、正负相关分析和多向量表等方法，对资料进行多变数分析。

随着计算机技术的发展，越来越多的统计分析方法在营销调研中得到了普及和应用。各种统计分析方法都有其不同的特点和适用范围，需要调查者根据调查的目标和要求选择最适合的方法，并在调查方案中给予充分的说明。

六、撰写调查报告

调查方案的最后部分是规定调查报告撰写的要求。调查报告是市场调查工作的成果，也是企业制定营销决策的依据。一份优秀的调查报告至少应具备以下条件：报告语言应力求精练、有说服力，词汇尽量非专业化；报告必须结构严谨，体裁简洁，不能漏掉重要的资料；调查报告还要有明确的结论和建议，并让读者能够了解调查过程的全貌。

调查报告一般包括三个方面的内容：序言，主要内容是调查结果摘要、调查目的和调查方法的说明；报告主体，主要内容是调查资料的分析、得出的结论和工作建议；附录，主要内容有统计图表和计算公式、分析方法的说明、参考的重要数据和资料等。调查报告应具备及时性、针对性、准确性和系统性等特点。

第四节 消费者调查方案

消费者调查是指企业针对消费者的需求特点、购买动机、购买行为等进行的调查。市场调查依据调查对象的不同，将调查内容分为消费者调查和竞争者调查，其中消费者调查是企业最重要的调查内容，它是企业开展市场营销活动的出发点和基础，是企业制订营销计划和策略的依据。

一、消费者调查的意义

（一）可发现新的市场机会

通过消费者调查，企业可以发现市场上没有被满足的需求，或者没有被充分满足的需求，发现市场中竞争对手少，或者竞争程度低的市场部分，从而生产出适销对路的产品满足这些需求，并占领这部分市场。

（二）有利于企业进行市场细分

通过消费者调查，企业可以依据消费者的需要和欲望、购买行为和购买习惯等方面的差异，将某一产品的市场整体进行细分，并根据企业的资源条件选择目标市场，从而有针对性地开展营销活动。

（三）有利于提高企业的竞争能力

通过消费者调查，企业可以了解目标市场中的竞争状况和程度，发现竞争对手的优势和弱点，从而扬长避短、避实就虚地开展营销活动，并以此为出发点制定自己独特的战略战术，提高企业的竞争能力。

二、消费者调查方案的主要内容

消费者调查方案除了要有调查方案的一般内容以外，还应包括以下内容。

（一）明确调查对象

消费者调查需要明确调查对象和调查单位，即明确向谁进行调查，或向哪些人收集具体的调查资料。消费者市场总体庞大，人数众多，企业要对所有的市场个体进行调查通常是不可能的，需要从中抽选出部分消费者作为调查对象，进行抽样调查。而调查哪些消费者，调查多少消费者，采用什么方法进行调查，这些都是消费者调查方案中要明确说明的最基本的问题。

明确调查对象首先要确定被调查者应具备的条件，如有关年龄、性别、文化程度、收入水平、职业等基本特征，然后依据调查的目标和任务选择符合条件的被调查者。除此之外，调查者还需要确定调查的方式和方法，并依据抽样设计的要求，确定需要调查的消费者数量，也就是样本数目。

（二）进行抽样设计

从抽样角度来讲，调查对象就是调查者依据调查目的和任务确定的市场调查的总体，它是由许多性质基本相同的调查单位组成的，而调查单位是所要调查的市场总体中的个体，是调查者需要面对的一个个具体消费者，当然也是调查资料的直接提供者。进行抽样设计主要是决定调查单位的抽选方式和调查对象的样本数目。

可供调查者选择的抽样方式有两种，即随机抽样和非随机抽样，每种抽样方式中都包含着许多具体的抽样方法。调查者究竟选择哪种抽样方式、选择多少样本进行调查，需要根据调查的目的、调查的精确度要求、调查经费的多少综合决定。

（三）确定调查方法

选择调查方法，需要调查者从调查的具体条件出发，以有利于收集到符合要求的调查资料为原则。消费者调查的方法也有两类，一类是间接资料调查法，即从文献档案、报纸杂志、网络媒体中收集市场资料；一类是直接资料调查法，即采用调查表或问卷访问等方式进行实地调查，直接收集第一手资料。前者调查费用少、见效快，但无用的资料多；后者调查费用多、时间长，但针对性强，信息价值较高。

消费者调查大量采用的是直接资料调查法，包括访问法、观察法、实验法等。各种调查方法都有其不同的特点和适用性，调查者需要根据调查的目的、要求和调查对象的特点，选择最适宜的调查方法。

（四）拟定调查问卷

消费者调查通常需要设计调查表或问卷。一份设计完美的问卷，有利于调查者收集到所需要的资料，有利于调查者与被调查者进行沟通和交流，也有利于降低调查的误差，提高调查的准确程度。

一般来说，有效的调查问卷必须具备三个重要的特征：集中、简洁、明了。所谓集中，是指要明确调查的目标，所有调查问题均要围绕目标来展开。所谓简洁，是指对于所要获得资料的描述一定要简明扼要，避免问卷冗长。所谓明了，是指询问调查问题时要清楚明晰，要使被调查者易于理解和回答。

三、消费者固定样本调查

消费者固定样本调查是消费者调查中经常使用的一种方法，是调查者把用随机抽样法选定的调查样本固定下来，对这些样本（消费者个人或家庭）进行连续的、反复的调查。它是企业调查消费需求变化、购买心理与行为、广告促销效果时经常使用的方法。

（一）消费者固定样本调查的做法

消费者固定样本调查主要采用日记式调查法，即将印有调查项目的日记本交给被调查者本人或家庭，请他们对表中的各个项目如实填写，再由调查员定期收回的方法。日记中的调查项目通常是根据调查的目的而设定的，在日用品调查中，主要有购买商品的种类、品牌、价格、数量、购买时间、地点等；在广告调查中，主要有收听或收看的电视节目、广播节目、报纸杂志、网络媒体名称等。调查周期可定为一周，也可以定为一个月。

（二）消费者固定样本调查的作用

1. 能了解消费需求的变化

通过长期地收集消费者个人信息、购买商品种类、购买行为特征等资料，企业可以进行市场需求预测，把握未来消费需求的变化趋势，为企业营销决策提供依据。

2. 能了解消费者的购买心理与购买行为

通过收集购买过程中的购买者、购买商品、购买数量、购买时间、购买地点等资料，企业可以深入了解消费者的购买行为和购买决策过程，从而制定相应的营销措施，更好地满足顾客的需求。

3. 能了解企业广告促销的效果

通过收集广告视听率、媒体传播效果、产品知名度、品牌忠诚度等方面的资料，企业可以了解广告投放量对产品销售额的影响，判断广告促销的效果，从而有针对性地制定广告策略，扩大产品的销售。

（三）消费者固定样本调查的优缺点

消费者固定样本调查的优点是能收集到较为长期和完整的资料，方便企业进行市场需求预测。另外，由于调查者与被调查者是长期合作，便于双方进行沟通和感情交流，所以问卷的回收率很高。

消费者固定样本调查的缺点：一是调查的时间长，调查费用较高；二是被调查者容易产生厌烦心理，导致不认真填写回卷；三是有些被调查者可能中途搬家或申请退出，需要增补样本，因而会影响到样本的代表性和调查结果的准确性。

本章小结

本章从市场调查方案的重要性出发，概述了市场调查方案的三种类型；在此基础上，较详细地分析了市场调查方案的内容；最后介绍了消费者调查方案设计。

【复习思考题】

1. 简述市场调查方案的重要性。
2. 探索性调查的主要方法有哪些？
3. 描述性调查主要围绕哪些问题展开？
4. 因果性调查方案设计的原则是什么？
5. 试述调查方案的主要内容。
6. 请以某种产品为例，设计一个消费者调查方案。

【实例】

上海市水龙头市场调查方案

一、调查目的

1. 了解上海市水龙头市场的整体概况。
2. 了解水龙头细分市场（高中低档）的品牌排序及市场排序。
3. 了解上海市消费者购买水龙头的影响因素排序。
4. 了解目前水龙头生产厂家主要的营销形式和方法。
5. 了解主要生产厂家的渠道模式及各环节的利益分配。
6. 了解各档次中主要品牌构成竞争优势的技术特征。
7. 了解主要品牌在长江三角洲主要地区的销售概况。

二、调查主要内容

（一）品牌的市场分布概况

1. 最重要的品牌有哪些。

（1）进口品牌的高中低档分类。

（2）国产品牌的高中低档分类。

（3）每个品牌的市场占有率。

2. 消费者接受程度最高、销售量最大的品牌，接受的原因是什么。

（1）产品本身所导致的原因。

（2）品牌偏好所形成的原因。

（3）不同年龄、不同收入的消费者的品牌偏好情况。

（4）价格方面所产生的原因。

（5）各方面原因所占的比例。

3. 开发商的偏好及原因。

4. 各主要品牌在各类商业业态中的分布情况及销量比较。

（二）渠道

1. 主要品牌的渠道模式。
2. 影响渠道模式选择的原因。
3. 物流状况和模式（包括在长江三角洲地区的基本情况）。
4. 经销商分布状况和关系处理。

5. 串货管理。

（三）广告与促销策略

1. 主要品牌的年广告投入。

2. 广告形式、促销方式、公共关系状况。

3. 最有效的广告形式和促销方式。

4. 各种促销方式所占的比例。

5. 主要品牌的品牌概念和品牌定位。

（四）价格策略

给各级经销商的价格——价格体系，包括定价方法、价格促销、折扣比例、价格限制等。

（五）企业结构及运行过程调查

总部、生产基地、办事处、物流配送中心的位置、规模、数量及基本运行模式。

（六）产品技术调查

1. 主要品牌作为卖点的核心技术。

2. 消费者对技术卖点的接受程度。

三、调查方法建议

1. 不作入户调查。

2. 以建材市场出入口顾客拦截调查为了解消费者情况的主要方式，严格按随机数进行抽样。

3. 消费者座谈方式作为辅助调查手段，要求录像。

4. 其他调查方式请调查公司自定。

四、调查成果的要求

调查报告分两部分：第一部分要求对上述调查目的和内容进行简明扼要的总结及概括，第二部分要求对上述调查结论进行详细的分析和论证。

同样的数据因为观点和分析方法不同会得出不同的结论，因此，调查报告中可以有多种结论，但请注明观点和方法。

调查报告包括打印稿、电子版及座谈录像。

第三章

市场调查的主要方法

本章要点

1. 市场调查的方法主要有访问法、观察法、实验法和德尔菲法。

2. 访问方式包括面谈调查、电话调查、邮寄调查、网络调查。

3. 观察法主要应用于商店顾客情况、消费需求、商店布局与陈列、商品库存、商店选址、广告以及对神秘购物的观察。

4. 实验调查法主要用于市场反应实验、新产品投放实验、市场饱和度实验、广告效果实验、市场营销组合实验。

5. 德尔菲法的特点有匿名性、反馈性、收敛性。

6. 德尔菲法的程序是选择专家、设计调查意见表、发送调查表、处理调查意见、提出调查报告。

市场调查的方法主要有两类，一类是直接资料调查法，一类是间接资料调查法。直接资料调查法是指通过实地调查，收集市场第一手资料的方法，包括访问法、观察法、实验法和德尔菲法。间接资料调查法是指从各种文献档案中收集信息资料的方法，如文案调查法。本章主要研究的是直接资料调查法。调查方法选择正确与否，直接关系到调查活动的成败。

第一节　访问法

访问法是指通过询问的方式向被调查者了解市场情况的方法。采用访问法进行调查，调查者可以将所要了解的问题直接向被调查者提出，以其口头回答作为调查的原始资料，也可以把所要收集的资料事先设计成问卷，利用问卷向被调查者询问。前者在市场定位调查、竞争对手调查中使用较多，后者在消费者调查、企业调查、广告调查中广泛采用。

一、四种常用的访问方式

根据调查者与被调查者接触方式的不同，访问法可分为面谈调查、电话调查、邮寄调查、网络调查四种方式。

(一) 面谈调查

面谈调查是指派调查员当面访问被调查者，询问与营销活动有关问题的方法。面谈调查可分为个人面谈和小组面谈两种方式。个人面谈是调查员到消费者家中、办公室或在街头进行一对一面谈。小组面谈是邀请6～10名消费者，由有经验的调查者组织对方讨论某一产品、服务或营销措施，从中获得更有深度的市场信息。小组面谈是设计大规模市场调查前的一个重要步骤，它可以预知消费者的感觉、态度和行为，明确调查所要了解的资料和解决的问题。

1. 面谈调查的优点

(1) 能当面听取被调查者的意见，并观察其反应。

(2) 回收率高，可以提高调查结果的代表性和准确度。

(3) 可以从被调查者的个人条件推测其经济状况，进而判断对方回答问题的真实程度。

(4) 对于被调查者不愿意回答或回答困难的问题，可以耐心说服和解释，启发和鼓励对方合作，以顺利完成调查任务。

2. 面谈调查的缺点

(1) 调查费用支出大。特别是对于复杂的、大规模的市场调查，人力、财力和物力消耗很大。

(2) 很难对调查员的工作进行监督和控制。例如，有的调查员为尽早完成调查任务，不按照样本的随机原则抽样；有的调查员在调查了部分样本后即终止调查做出结论；有的调查员甚至不进行实地调查，随意编造调查结果。对于这些问题，调查组织者应采用必要的约束制度和相应的监控手段，加强对调查员的管理。

(3) 对调查员的素质要求较高。调查结果易受调查员的工作态度和技术熟练程度的影响。

(二) 电话调查

电话调查是调查人员依据抽样规定或者样本范围，借助电话向被调查者了解有关问题的调查方法。电话调查适合于访问那些不易接触到的消费者，也适用于一些想即时得到调查结果的市场调查。

1. 电话调查的优点

(1) 能在较短的时间内得到答案，取得信息的速度很快。

(2) 调查的覆盖面广，可以对任何地区的消费者进行调查。

(3) 调查费用支出少。

(4) 被调查者没有现场调查的心理压力，能轻松回答问题。

2. 电话调查的缺点

(1) 母体不完整，有些地区的消费者没有电话，故调查的覆盖面相对较窄。

(2) 不容易取得被调查者的合作，对拒绝访问者很难进行劝说和引导。

(3) 调查时间短，无法询问一些比较专业和复杂的问题。

(4) 由于一户通常只有一部电话，故接电话者有时并非是真正的目标调查者，从而会影响样本的代表性。

（三）邮寄调查

邮寄调查是指将设计好的调查问卷邮寄给被调查者，请其按要求填写后寄回的一种调查方法。邮寄调查在实践中主要有两种形式：一是调查组织者委托某一媒体发布调查问卷，请求被调查者回答并将答案邮寄给调查单位；二是调查者利用各种通讯录、客户名单等选择调查对象，将问卷直接寄出，并请被调查者填好后寄回。

1. 邮寄调查的优点

（1）调查的区域广，凡是通邮的地区都可以被定为调查对象。

（2）样本的数目多，费用支出少。

（3）被调查者有充分的时间考虑和回答问题，故可以询问一些较为敏感和复杂的问题。

（4）答案可以不受调查人员态度和倾向性意见的影响。

2. 邮寄调查的缺点

（1）回收率低，一般仅在15%左右。

（2）获得资料的时间长，有时会影响调查结果的时效性。

（3）被调查者常因看到问卷后面的问题而更改前面的答案，使调查者有时对答案的可靠性较难判断。

（四）网络调查

网络调查是调查者将设计好的调查问卷发布在互联网上，利用互联网收集市场信息的方法。

现代信息技术的发展使得作为信息载体的互联网进入了越来越多人的生活中，有人将其同广播、报纸、电视、杂志并列，称其为“第五媒体”。与传统的市场调查相比，网络调查由于具有自愿性、实时性、成本低等特点，因此受到调查公司的重视，被广泛应用到市场调查的各个方面。

1. 网络调查的优点

（1）调查的空间范围大。网络调查不受时空、地域的限制，任何一个上网者都可以成为调查的对象。

（2）收集资料的速度快。网络调查的问卷发送、信息采集、统计处理都可以由计算机自动完成，调查的周期短，时效性强。

（3）成本低。由于节省了问卷印刷、装订及调查人员的费用，故网上调查的费用要相对低很多。

（4）表现力强。网上调查可以使用图片展示产品的外观，使用视频表现产品的性能，使用声音说明填表的要求，这种视听效果是其他调查方式所无法比拟的。

2. 网络调查的缺点

（1）样本的选择有一定的局限性。很多消费者不经常上网，即使上网，主动浏览调查问卷的人也很少，这就使样本的代表性受到一定的限制。

（2）较难吸引目标被调查者参与。网上信息繁多，内容丰富，调查问卷很难被被调查者注意到，故常会漏掉那些真正对调查问题感兴趣的人。

(3) 信息失真。网络调查对被调查者无限制，任何人都可以随便回答，甚至多次重复填写，故有时会产生大量的无效问卷，影响调查结果的真实性和可靠性。

二、四种访问方式的比较

上述四种访问方式各有优缺点，企业可以根据调查的目标、调查的要求和调查对象的特点进行比较和分析，从中选择最优的调查方法。比较时可参考的因素有调查空间范围、时间周期、回收率、调查费用、人员投入、调查对象选择、影响回答因素、答案质量等。具体比较的内容如表 3-1 所示。

表 3-1　　四种访问方式的比较

参考因素	面谈调查	电话调查	邮寄调查	网络调查
空间范围	较窄	较窄	广	很广
时间周期	较长	较短	长	短
回收率	高	较低	低	中
调查费用	高	低	较低	低
人员投入	多	较少	少	少
调查对象选择	可选	可选	难选	难选
影响回答因素	能了解和控制	无法了解和控制	难以了解和控制	难以了解和控制
答案质量	高	较高	较低	较低

上述的评价是某种调查方法在单独使用时，与其他调查方法相比较而产生的结果。调查者在分析和选择时，可以分别对表中各因素打分，然后加总，求其分数最高者；也可以根据重要程度分别给予各因素不同的权数，用加权平均法计算总分值，总分最高者即为最优调查方法。

三、焦点小组访谈与深度访谈

(一) 焦点小组访谈

焦点小组访谈（简称 FGD)，是从所要调查的目标顾客中慎重选择 8 -12 人组成一个焦点小组，由一名经验丰富、训练有素的主持人以一种无结构的自然的形式与小组中被调查者进行交谈，从而获取被调查者对产品、服务、广告、品牌的感知及看法。

焦点小组访谈的四个目标包括：获取创意；理解顾客的语言；显示顾客对产品或服务的需要、动机、感觉以及心态；帮助理解从定量分析中获得的信息。

焦点小组访谈是大规模调查前的一个有用步骤。它可以洞察消费者感知、态度和满意程度，而这些对确定所要调查的问题是非常重要的。但不管多么有效，调研人员必须避免从焦点小组成员的感知中得出对整个市场的普遍性结论，因为这个样本的规模太小并且抽样是非随机的。

(二) 深度访谈

深度访谈是由一名经过训练的采访者，针对某一论点以一对一的方式提出一系列探索性的问题，用以得知被访问者对某事物的看法，或为什么做出确定的行为。

深度访谈主要用于了解消费者的购买决策过程、产品使用过程、消费者的动机和观点。

第二节　观察法

观察法是调查者在调查现场对被调查者的活动直接观察，以获取市场信息资料的方法。采用观察法进行调查，调查者与被调查者不直接发生接触，被调查者的活动不受外在因素的影响，因而取得的资料会更可靠。但观察法由于只能观察被调查者表面的行为，不能了解其内在心理因素的变化，故在实践中也受到了一些限制。它更多的是与其他调查方法配合进行市场调研。

一、观察法的类型

观察法有多种类型，调查者要根据调查的目标和要求选择恰当的观察方式。

（一）自然观察与模拟观察

自然观察是指在自然状态下进行的观察，没有任何人为的痕迹，且被调查者没有意识到正在被观察。自然观察能准确地反映市场的真实情况，但观察的时间通常较长。模拟观察是指在人为设计的场景中观察被调查者的行为和活动特征。模拟观察可以控制和缩短数据收集的过程和时间，但观察的结果可能与真实状态下的行为有一定偏差。

（二）直接观察和间接观察

直接观察是调查者直接到现场观察被调查者的情况或行为，如通过观察零售商店的货架，了解产品对顾客的吸引力。这种观察方法在营销调研中经常使用，并且观察结果的准确性较高。间接观察是调查者通过观察与被调查者直接关联的事物来推断被调查者的情况，如通过观察竞争对手的广告来了解对方的竞争策略和产品优势。

（三）公开观察和非公开观察

公开观察是指被调查者意识到自己正在被观察。这种观察有时会使被调查者的表现和行为不自然，调查结果与实际情况产生偏差。非公开观察是指被调查者没有意识到自己正在被观察，其表现和行为不受干扰，故观察结果要相对真实和可靠。

（四）结构观察和非结构观察

结构观察是调查者事先要确定观察的范围、内容和程序，以此来实施观察。非结构观察是不限定调查的范围和程序，调查人员可以根据调查目标和要求，自己决定观察的内容。非结构观察一般是在试调查或者对被调查者缺乏了解的情况下采用。

（五）人员观察与仪器观察

人员观察是调查人员直接在调查现场观察、记录有关情况，并对观察到的现象进行合理的推断。人员观察的成本较高，且观察结果易受调查人员主观因素的影响。仪器观察是借助录音机、摄像机、监视器、扫描仪等进行调查观察，如通过摄像观察记录顾客对促销广告的反应等。仪器观察前期投入较多，且观察结果还需要调查人员进行进一步的分析和推断。

二、观察法的优缺点及应用范围

（一）观察法的优点

1. 观察法具有直观性和可靠性

这是观察法最突出的优点。它可以较为客观地收集到第一手资料，真实地记录调查的事实和反映被调查者的行为，调查的结果更加接近实际。

2. 可以避免被调查者因误解调查内容而产生的误差

观察法基本上是调查者单向的活动，实施时一般不需要与被调查者接触，也不需要双方进行语言沟通。故它能够消除人际交往中各种因素的干扰，避免因问答双方理解和能力差异而导致的偏差。

3. 调查实施简单、容易操作

观察法由于机动灵活、实施简单，故只要选择好合适的时间和地点，便可随时进行调查。

（二）观察法的缺点

1. 无法说明事物发生的原因和内在因素的变化

观察法的最大缺点是只能观察事物发生的经过，而不能说明事物发生的原因，也不能了解被调查者内在因素的变化，如因消费者偏好改变而导致的市场变动。

2. 调查的时间较长，成本高

观察法需要派出大量调查员到现场观察，有时需要多次反复观察才能取得调查结果，因此调查的周期长，费用支出大，通常只适用于小样本的市场调查。

3. 对调查人员的素质要求较高

观察法要求调查人员要有一定的市场感觉，有较强的观察力，有较扎实的营销学知识及熟练的设备操作技能。如果调查人员的知识储备不够，或经验、能力不足，会直接影响调查的结果，导致调查失败。

（三）观察法的应用范围

观察法的应用通常需要具备三个条件。首先，所需收集的信息是可观察的或者是可推断的，对于那些看不到、摸不着的事物，观察法不能提供相应的答案。其次，调查的对象应该是重复和频繁出现的，否则采用观察法的成本将会很高。最后，所要观察的行为必须是短期的，即能够速战速决，对于那些复杂的购买行为，观察法并不适用。

20 世纪 90 年代，一个日本人以学习英语为名住到美国人家里，奇怪的是，他除了学习英语之外，每天都记笔记，记录美国人居家生活的各种细节，如吃什么食品、看什么电视节目等。三个月后，日本人走了。此后不久，丰田汽车公司就推出了针对美国家庭需求而设计的价廉物美的旅行车。该车的设计在每一个环节都考虑了美国人的需求，如设计有能冷藏并能安全放置玻璃瓶饮料的柜子。

观察法在市场调查中主要应用于以下几个方面。

1. 商店顾客情况观察

商店顾客情况观察，即通过观察顾客的人数、顾客构成、顾客在店内的流动规律及购买行为，为企业合理安排营业时间、改善服务方式提供参考。

2. 消费需求观察

市场上很多商品的消费、使用是看得见和摸得着的，如服装、鞋帽、装饰品等，通过观察这些产品的销售和使用情况，有利于企业做好产品的决策。

3. 商店布局与陈列观察

商店布局与陈列观察，即通过观察营业现场的布局、商品的陈列、货架的摆放、橱窗和广告的内容等，可以了解和判断企业的经营管理水平，及时提出改进的建议。

4. 商品库存观察

通过对库存场所的观察、库存商品的盘点以及进货出货的商品种类和频率的记录，了解商品的分类结构和储存条件，计算库存成本，有利于企业确定合理的采购政策和库存结构。

5. 商店选址观察

通过观察拟开设店铺附近的行人和车辆的流量、流向，观察周围同业店铺的经营情况，为新店铺的选址提供决策参考。

6. 广告观察

广告观察，即通过观察广告的投放数量、张贴位置、顾客对广告的注意程度、顾客对广告媒体的反馈和反应等，了解广告的吸引力和效果，为企业的广告定位和促销决策提供依据。

7. 神秘购物观察

神秘购物观察是指让调查员装扮成消费者到零售商店，观察记录产品的价格、服务及促销手段，以收集市场资料的方法。神秘购物观察在营销调研中经常使用，它可以观察企业的经营方式，记录员工的工作态度和行为，鉴别企业的优势和不足，从而有利于企业有针对性地改进营销措施，提高自身的竞争能力。例如，日本某公司的高管经常到大超市观察普通消费者开车购买商品时的状态，当发现很多顾客购物后拎着包，开关车门不方便这一情况后，就发明了汽车遥控钥匙。

第三节　实验法

实验法是指通过实验对比，收集市场信息资料的方法。实验调查属于因果关系研究，在市场调查中，调查者经常通过改变某些因素（自变量），来测试对其他因素（因变量）的影响。例如，通过改变产品的品质、价格、包装、广告数量、商品陈列等，了解其对企业产品销售量、市场份额的影响。

一、实验法的实施程序

（一）明确实验目标

采用实验法进行调查，首先要明确实验的目标，即明确通过实验所要了解的问题、所要收集的资料、所要获得的结果。只有目标明确，调查工作才能抓住重点，才能达到事半功倍的效果。因此，调查者可事先进行小规模的试调查，依据试调查的结果，再设计和展开较大规模的实验调查。

（二）选择实验对象

不同内容的实验调查需要选择不同的实验对象。选择实验对象的方法主要有两种：一是主观判断，即由调查者根据实验的目的、要求和对调查对象的了解，选择那些有代表性的单位进行实验。二是随机抽取，即按照随机抽样的原则，从调查对象的总体中抽选实验单位。前一种方法适用于母体较小、个体差异较大、调查者对实验对象了解较多的情况；后一种方法适用于母体较大、个体之间同质性较强、调查者对实验对象了解较少的情况。

（三）确定实验方法

实验调查的方法主要有三种，即实验单位前后对比实验、实验单位与非实验单位对比实验、实验单位与非实验单位前后对比实验。三种方法适用于不同的产品、不同的调查对象、不同的市场环境，调查者要根据调查目标的要求和调查对象的特点，从中选择最合适的实验测试方法。

（四）控制实验环境

调查者首先要对实验的环境进行分析和选择，选择代表程度高的市场进行实验。其次，在实验的过程中，要注意排除各种因素的干扰，使实验尽可能在相对稳定的状态下进行。最后，一旦出现突发的、无法回避的特殊情况，调查者要沉着应对，要及时对实验进程加以调整和控制。

（五）测评实验效果

测评实验效果主要有两方面工作：一是采用数理统计的方法对实验结果进行测量，得出实验的效果；二是采用主观判断法对实验活动进行评价，评价其科学性和有效性。如果最后得出结论，调查的过程科学合理，实验结果真实有效，调查者即可建议企业将典型调查的结果应用于较大规模的市场推广中。

二、实验调查法的主要种类

（一）实验单位前后对比实验

这是最简便的一种实验调查方法，即通过对实验单位在实验前和实验后的情况进行对比分析，了解实验变量的效果。

例如，某食品生产企业为了扩大销售，计划改进食品的外包装，但对新设计的外包装又没有把握，因此决定采用实验单位前后对比实验的方法进行调查。步骤如下：首先，应选定实验对象，即将该企业 A、B 两种规格的食品作为实验单位；其次，要对其实验前一段时间，如一个月内的销售额进行统计，然后再销售改变了外包装的食品；最后统计相同时间内新包装食品的销售额，如表 3-2 所示。

表 3-2　A、B 两种规格的食品实验前后的销售额统计表　　单位：万元

实验单位	实验前销售额 Y_1	实验后销售额 Y_2	变动
A	1 000	1 200	+200
B	1 500	2 000	+500
合计	2 500	3 200	+700

实验变量效果＝实验后－实验前＝Y_2-Y_1

从表 3-2 中可以看出，该企业设计的新型外包装使食品销售额增加了 700 万元，其中 A 实验单位增加了 200 万元，B 实验单位增加了 500 万元。如果经分析无其他因素的影响，企业便可做出改变食品外包装的决策。

实验单位前后对比实验经常用于调查改变产品品质、包装、价格、广告等对企业销售额和利润的影响。

（二）实验单位与非实验单位对比实验

实验单位与非实验单位对比实验，即将非实验单位的数据与实验单位的实验结果进行比较的一种实验调查法。

采用这种实验方法的好处是：非实验单位与实验单位在同一时间内进行对比，不需要分出时间先后，这样可以排除由于时间不一致而引起的外来因素的影响，如市场环境改变、消费心理变化对实验效果的影响，从而提高实验调查的准确性。

采取实验单位与非实验单位对比实验调查，都是进行事后测量，如用 Y_2 代表实验单位事后测量值，用 X_2 代表非实验单位事后测量值，则计算公式为：

$$实验变量效果=Y_2-X_2$$

例如，某连锁企业欲了解店内广告促销的效果，决定在下属店铺进行实验单位与非实验单位对比实验。选取 A、B、C 商店作为实验单位，D、E、F 商店为非实验单位，实验时间为 1 个月，实验结果如表 3-3 所示。

表 3-3　实验单位与非实验单位对比表　　单位：万元

实验单位	销售额 Y_2	非实验单位	销售额 X_2
A	1 000	D	900
B	800	E	650
C	850	F	700
合计	2 650	合计	2 250

通过表 3-3 可以看出，采用店内广告促销的商店销售额比未做店内广告促销的商店销售额增加了 400 万元，因此可以认为店内广告促销宣传对提高连锁店的销售业绩是有效的。

应用实验单位与非实验单位对比实验进行市场调查时，要注意实验单位与非实验单位之间应具有可比性，即要求两者之间的主客观条件基本相同或相似，如业态类型、商店规模、商圈范围、目标顾客构成、商店管理水平等大体相当，只有这样，才能保证对比实验的效果。当然，绝对的相同是不可能的，调查者应该在分析和评价实验效果时，考虑到这些条件差别对实验结果的影响，在此基础上再制定营销措施和营业推广方案。

（三）实验单位与非实验单位前后对比实验

实验单位与非实验单位前后对比实验，即对实验单位前后变动数据与非实验单位前后变动数据进行比较的一种实验调查方法。

这种实验方法是前两种实验方法的结合。第一种实验方法是仅对实验单位进行前后对比，第二种实验方法是仅对实验单位和非实验单位在实验后的情况进行对比，而这种方法是对实验单位和非实验单位都进行实验前后对比，然后再将两者的效果进行比较。这实际上是一种双重对比的实验法，它吸收了前两种方法的优点，也弥补了前两种方法的一些不足。

假设实验单位在实验前一定时期内的测量值为 Y_1，实验后的测量值为 Y_2；非实验单位在实验前后相同时期的测量值分别为 X_1 和 X_2，则实验效果为：$(Y_2-Y_1)-(X_2-X_1)$。

例如，某家电企业欲了解产品降价对销售额的影响，选择 A、B 两个商店作为实验单位和非实验单位，实验期为 1 个月。其实验前和实验后的测量结果如表 3-4 所示。

表 3-4　A、B 两商店实验前后的销售额统计表　单位：万元

	实验前销售额	实验后销售额	变动	实验效果
实验单位	Y_1　800	Y_2　1 000	200	150
非实验单位	X_1　700	X_2　750	50	

$$\begin{aligned}实验效果 &=(Y_2-Y_1)-(X_2-X_1)\\&=(1\,000-800)-(750-700)\\&=150\end{aligned}$$

根据实验效果可以判断，企业采用降价措施可较大幅度地提高产品销售额。

三、实验调查法的优缺点及应用

（一）实验调查法的优点

1. 能够揭示市场变量之间的因果关系

通过实验调查，调查者可以发现影响市场变化的主要因素，确定自变量对因变量的影响程度，并深入研究它们之间的相互关系，从而采取相应的营销措施，提高决策的科学性。

2. 能够控制调查环境和调查过程

在调查过程中，调查者可以主动地引导市场因素的变化，并通过控制其变化来分析、研究这些因素对市场的影响，而不是被动、消极地等待某种现象的发生，这是其他几种调查方法无法做到的。

3. 能够提高调查的精确度

在实验调查中，调查者可以根据调查目标的要求进行科学的实验设计，有效地控制实验环境，对数据进行深入对比和分析，从而提高调查的准确性。

（二）实验调查法的缺点

1. 市场中的可变因素难以掌握

影响市场变化的因素很多，在实验过程中，经常会出现随机的、企业不可控的因素和现象发生，这些因素会在市场上发生作用，并对实验进程产生影响，进而影响到实验效果。

2. 调查的时间较长

实验调查法要求企业制定出很完整的实验计划和实验方案，实施时间也较长，而在市场调查实践中，常常要求企业在尽可能短的时间内得出调查结论。

3. 调查的难度较大，费用较高

采用实验调查法要冒一定的风险，在实施时需要专业人员操作，难度较大，费用也相对较高。

（三）实验调查法的应用

实验调查法的应用范围很广，任何一种产品在改变品质、包装、价格、广告及商品陈列方法等因素时，都可先用实验调查法进行小规模的实验测试，以观察市场的反应。实验调查法常常应用于以下几个方面。

1. 市场反应实验

市场反应实验，即找出两个在人口数量、购买力水平、销售类型等方面近似的细分市场，将改变了产品包装或价格的产品在其中一个市场推出，然后对比观察市场的反应，了解其对市场销售的影响。

2. 新产品投放实验

新产品投放实验，即将企业新开发的产品投放到某一市场，对顾客的态度和反应进行测试，并对产品的销售额进行测量，以便了解顾客对产品的接受程度，以及制订企业的产品推广计划。

3. 市场饱和度实验

市场饱和度实验，即当企业某种产品出现滞销时，企业随即推出一种更多功能的产品投放市场，同时提高其价格，以测试市场的反应。如果发现改进后的产品吸引了大量顾客购买，说明该产品市场仍有较大的潜力。

4. 广告效果实验

广告效果实验，即在两个相似的细分市场上推出内容不同的广告，或使用不同的媒体进行宣传，在其他条件不变的情况下，分别测试顾客的态度、视听率、印象强度等，以了解广告的吸引力，或评价媒体传播的效果。

5. 市场营销组合实验

市场营销组合实验，即在某一地区市场上改变现有的营销组合策略，包括产品、价格、渠道和促销，以测试其对企业销售的影响。

当企业现有的营销策略不理想，经过努力始终达不到预期的目标时，企业就应采取这种方法对市场进行实验，然后根据测试结果，整体改变或调整企业的营销战略和策略。

第四节　德尔菲法

德尔菲法又称专家调查法，是专家们采用书面的形式，背靠背地回答调查者提出的问题，并经过信息反馈，多次修改各自的意见，最后由调查者进行综合分析，得出调查结论的方法。

德尔菲法是20世纪40年代由兰德公司命名和率先使用的一种调查方法。德尔菲法在市场调查和预测中经常使用。

一、德尔菲法的特点

（一）匿名性

在调查过程中，专家彼此互不相知，不受上级、权威的约束，不被能言善辩者所左右，专家可以充分发表不同的意见。

（二）反馈性

专家从调查反馈的信息中，可以知道其他专家的意见，便于做出新的判断。

（三）收敛性

通过数轮咨询以后，专家们的意见相对集中，可以为企业提供决策依据。

二、德尔菲法的实施步骤

（一）选择专家

企业选择的专家是否合适，直接关系到德尔菲法实施的成败。选择专家时应注意：

（1）应根据调查课题所涉及的行业和领域，选择业务精通、经验丰富、具有预见性和分析能力的专家。

（2）要考虑专家所属部门和单位的观点，要有一定的代表性，不能局限在一个部门。

（3）邀请的专家人数不能太少，15 人左右较为适宜。

（二）设计调查意见表

调查意见表是专家回答问题的主要载体。调查者要根据调查的目的，拟订需要了解的问题，再制成调查表作为调查的手段。设计调查表需注意以下要点：

（1）提出的问题要简单明确，不能有含糊不清的语句。

（2）设计的问题数量不宜太多，回答时不应占用太长的时间。

（3）调查表中要附说明，向专家讲明调查的目的，以便取得对方的合作和配合。

（三）发送调查表

发送调查表主要采用邮寄、派人上门或电子邮件的方式。要注意将相关的背景资料同时发给有关专家，供专家们回答问题时参考。

（四）处理调查意见

德尔菲法一般要进行三至四轮调查。调查者在每次意见返回之后，将各种意见进行综合整理和分类，汇总后形成新的意见调查表，然后再分送给各位专家，再次征询他们的意见。经过几次信息反馈后，专家们对调查问题的意见会逐渐趋于一致。

（五）提出调查报告

调查组织者根据专家几次提供的资料和反复修改后的意见，最后做出调查结论和报告。

三、数据处理的方法

采用德尔菲法处理调查意见时，需要运用数理统计的方法进行数据处理，得出调查的结论。数据处理的方法主要有两种。

（一）中位数

中位数反映的是数据资料的集中趋势值，可将专家提供的数据答案按大小顺序进行排列，处于数列中间位置的数值即为中位数。当整个数列的数目为奇数时，中位数只有一个；当整个数列的数目为偶数时，中位数是数列中间位置两个数字的算术平均值。

（二）算术平均数

算术平均数也是用来反映数据集中趋势的，算术平均数有简单算术平均数和加权算术平均数两种。

1. 简单算术平均数

简单算术平均数是用专家判断数据的合计数字除以专家人数。

例如，采用德尔菲法对某种新产品的销售量进行调查预测，假设 14 位专家的判断数据分别为 13、13、13、14、14、14、15、15、15、16、16、16、17、17，则：

$$\text{简单算术平均数}=\frac{\sum x}{n}=\frac{208}{14}\approx 14.86$$

2. 加权算术平均数

加权算术平均数是将专家所做的低、中、高三种判断数据，根据其不同概率进行加权平均。

例如，假设有 4 位专家的判断数据分别为 13、14、15、16，自我评分分别为 100、90、80、70，则采用加权平均法计算结果为：

$$\text{加权算术平均数}=\frac{13\times 1+14\times 0.9+15\times 0.8+16\times 0.7}{1+0.9+0.8+0.7}\approx 14.35$$

四、德尔菲法的缺点

德尔菲法的应用范围很广，但也存在着一些不足：

（1）调查结果主要依靠专家判断，而专家个人的经验判断有局限性，有时意见可能不完整或脱离实际。

（2）当真理掌握在少数人手里，即只有少数专家意见正确时，用此方法得出的结论往往失败。

（3）调查往返费时，轮番反馈时间长，应答的专家有可能中途退出，影响调查的准确性。

本章小结

本章较详细地介绍了市场调查的主要方法，有访问法、观察法、实验法、德尔菲法，对各种方法的特点、应用范围、实施程序、数据处理方法进行了详细的阐述和分析，指出企业要根据调查目标的要求和调查对象的特点，选择适宜的调查方法。

【复习思考题】

1. 试述四种常用的访问方式。
2. 什么是面谈调查？它的优缺点是什么？
3. 简述网络调查的含义及优缺点。
4. 请使用焦点小组访谈进行一次顾客调查。
5. 观察法的应用范围有哪些？
6. 简述实验调查法的主要种类。
7. 德尔菲法的含义和特点是什么？
8. 简述德尔菲法的实施步骤。

【实例】

宝洁公司的市场调查方法

宝洁公司始创于1837年，是世界最大的日用消费品公司之一，2016年全球销售额653亿美元，其中中国市场销售额52.2亿美元，约占8%。宝洁公司经营的产品包括洗发、护发、护肤用品、化妆品、婴儿护理产品、妇女卫生用品、医药、食品、饮料、织物、家居护理及个人清洁用品。

宝洁公司目前在中国销售的品牌主要有：飘柔、潘婷、海飞丝、沙宣、伊卡璐、舒肤佳、玉兰油、SK-II、护舒宝、封面女郎、帮宝适、佳洁士、欧乐-B、汰渍、碧浪、品客、吉列、锋速3、博朗、金霸王。

宝洁公司非常重视市场调查，公司董事长雷富礼每次去国外考察时，都会拜访一位消费者家庭，跟消费者家庭成员坐在一起，观察他们清洁的过程，询问他们希望在清洁过程中免去什么样的麻烦。雷富礼也经常到商场检查，询问工作人员有关商品销售、陈列、为客户答疑等很多方面的问题。

每年花一天时间与一位消费者亲身接触已经成为宝洁公司员工的义务。有些员工还被委派到某家商店，从店主开门营业的第一刻开始全程观察，看店员如何与顾客交流、顾客都购买什么商品等。

这样做的目的是要发掘消费者未表现出和未被满足的需求。每年宝洁在全球的分支企业都要呈递一份报告，列出消费者最希望满足的10项需求，例如发明一种抗潮湿的卫生纸或者一种可用于冷水洗涤的洗涤剂。这份报告会转化为技术问题被公布在研发人员的系统网络中，以便创造出新的产品。

宝洁公司的市场调查方法主要有：

（1）网络调查法，利用搜索引擎在网上进行搜索，快速、全面地了解相关市场信息。

（2）访问法，即拦截访问法、口头访问和书面问卷访问相结合。也可以再细分为结构式访问和无结构式访问、专家集体访问和消费者集体访问。

（3）抽样调查法，包括重点调查、典型调查、非随机抽样调查、随机抽样调查。

（4）文案调查法，即收集企业内部信息和企业外部资料。

（5）问卷法，是通过设计调查问卷，让被调查者填写调查表的方式获得所调查对象的信息。在调查中将调查的资料设计成问卷后，让被调查对象将自己的意见或答案填入问卷中。

(6) 观察法，是由调查人员根据调查研究的对象，利用眼睛、耳朵等感官以直接观察的方式对其进行考察并收集资料。例如，市场调查人员到被访问者的销售场所去观察商品的品牌及包装情况。

(7) 实验法，由调查人员根据调查的要求，用实验的方式，将调查的对象控制在特定的环境条件下，对其进行观察以获得相应的信息。控制对象可以是产品的价格、品质、包装等，在可控制的条件下观察市场现象，揭示在自然条件下不易发生的市场规律，这种方法主要用于市场销售实验和消费者使用实验。

第四章

市场调查问卷

本章要点

1. 调查问卷是调查者收集市场信息、进行数据处理和统计分析的重要载体和手段。

2. 一份完整的问卷主要由标题、说明词、填表说明、问题和答案、被调查者基本情况、编码、作业记录七项内容组成。

3. 问卷中的问题主要有开放式和封闭式、直接性和间接性、动机性和意见性、原因类和结果类等几种类型。

4. 询问技术主要有二项选择法、多项选择法、自由回答法、排序法、再确认法、相互比较法、竞争选择法、判断意见法、文字联想法等。

5. 设计问卷应遵循准确性原则、完备性原则、互斥性原则、精简性原则。

6. 问卷中应避免询问一般性问题，避免使用多义语，避免含义不清的问题、引导性问题、遗忘性问题、困窘性问题、断定性问题、假设性问题。

问卷是调查者根据调查目的和内容设计的访问提纲或者调查表。在市场调查中，问卷是最常见的一种调查工具，是调查者收集市场信息、进行数据处理和统计分析的重要载体和手段。一份设计良好和规范的问卷，不仅可以提高调查的质量和准确性，而且能提高调查工作的效率和效益。

第一节　问卷的作用、类型与结构

一、问卷的作用

（一）问卷有利于全面、准确地收集各种资料

采用问卷进行调查，调查者可以将精心设计的各种问题全部用提问的方式在问卷中列出来，许多问题还给出了多种可能的答案，提供给被调查者进行选择。这种询问方式有助于将调查的内容正确地传递给被调查者，并取得对方的配合和合作，从而提高调查的系统性和准确性。

（二）问卷有利于方便、迅速地进行统计分析

调查者将设计好的调查项目、调查问题和答案规范有序地在问卷中列出，并给出相应的计算机编号，可以使调查后期的数据处理变得方便快捷，能够使调查者依据数据处理的结果深入进行统计分析和定量研究，从而降低调查的误差，提高调查的科学性。

（三）问卷有利于节省调查时间，提高作业效率

由于问卷中已将调查的目的、调查内容进行了说明和编排，并提出了填表要求，因此，除特殊情况外，一般无须再让调查人员就有关问题向被调查者进行说明，只需对方完成答案即可，这样就节省了调查者与被调查者沟通的时间，缩短了调查作业流程，从而加快调查进度。

二、问卷的类型

问卷可以按不同的标准分类，如按照调查方式可划分为自填式问卷和访问式问卷，按问题答案可划分为结构式问卷和开放式问卷。

（一）自填式问卷和访问式问卷

自填式问卷是指向被调查者进行询问，由被调查者自己填写答案的问卷。这种问卷适合于面谈调查、邮寄调查和网络调查时使用。

访问式问卷是指向被调查者进行询问，由调查人员根据被调查者的回答代为填写答案的问卷。这种问卷适合于面谈调查、座谈会调查和电话调查中使用。

（二）结构式问卷和开放式问卷

结构式问卷也称封闭式问卷，是指问卷中不仅设计了各种问题，还给出了各种可能的答案，让被调查者按要求进行选择。这种问卷适合于规模较大、内容较多的市场调查。

开放式问卷又称为无结构问卷，是指问卷中只设计了询问的问题，不设置固定的答案，由被调查者自行填写和发挥。这种问卷适合于小规模的深层访谈调查或试调查。

三、问卷的基本结构

一份完整的问卷通常是由标题、说明词、填表说明、问题和答案、被调查者基本情况、编码、作业记录七部分内容组成。

（一）标题

问卷的标题是对调查主题的概括说明。它可以使被调查者对所要回答的问题有一个大致的了解，吸引被调查者积极参与调查，如“关于汽车消费需求的调查”“连锁企业市场营销调查”“商品房市场需求状况调查”等。问卷的标题要开门见山，直接点明调查的主题和内容。

（二）说明词

说明词又称卷首语，用来说明调查的目的、所要了解的问题、调查结果的用途。有些问卷还要向被调查者介绍调查主办单位，请求被调查者合作，向被调查者表示感谢等。说明词在问卷调查中非常重要，它可以引起被调查者对调查的重视，争取对方的参与和合作。

下面是一份“企业市场营销调查问卷”中的说明词。

企业负责同志：

您好！随着社会主义市场经济的发展，市场营销已经成为企业经营活动的重要环节。我们进行这次调查就是为了了解你们在这方面所取得的成绩、面临的困难、对这些问题的看法和要求，为有关部门制定政策提供重要参考。

我们诚恳地希望得到您的支持和合作，请将您的真实想法提供给我们，我们保证对您所谈的情况严格保守秘密。

占用了您的宝贵时间，向您致以深深的谢意！

×××企业购销行为调查组

（三）填表说明

在自填式问卷中要有详细的填表说明，即向被调查者说明如何填写问卷、填表的要求、需要注意的问题等。填表说明如果是仅针对问卷中个别的复杂问题，则要紧跟该问题之后列出；如果是针对问卷中全部的问题和答案，则应单独作为问卷的第三部分，在说明词后列出。

下面是一份自填式问卷的填表说明。

填表说明：

A. 凡符合您的情况和想法的项目，请在相应的括号中画√；凡需要具体说明的项目，请在____上填写文字。

B. 每页右边的阿拉伯数字和短横线是计算机处理时用的，不必填写。

C. 请回答所有问题。如有一个问题未按规定回答，整个问卷即成废卷。

（四）问题和答案

问题和答案是问卷的主体部分，也是问卷的核心内容。它主要以提问的方式提供给被调查者，请被调查者进行选择和回答。这部分内容设计得好坏是调查者能否很好地完成信息收集、实现调查目标的关键。

问卷中所要调查的问题可分为两类：一类是事实、行为方面的问题，主要是了解市场中发生的客观现象、人们的行为和结果；另一类是观念、态度、意见等方面的问题，主要是了解被调查者的主观认识、消费偏好等。这两类问题的性质、作用不同，使用的询问方式和询问技术也不一样。

（五）被调查者基本情况

被调查者基本情况是指被调查者的一些主要特征，如在消费者调查中，消费者的性别、年龄、婚姻状况、文化程度、职业、收入等；在企业调查中的企业名称、企业类型、所有制性质、商品销售额、利润总额、职工人数等情况。通过这些项目，可以对调查资料进行分组、分类，方便后期的统计分析。

下面是一份“企业市场营销调查问卷”中所列的相关内容。

请填写你企业的基本情况：

A. 企业名称：________________________________

B. 企业类型：大（　　）中（　　）小（　　）

C. 所有制性质：______________________________

D. 企业通信地址：____________________________

E. 2016 年销售额：___________________________

F. 2016 年利润总额：______________________________

G. 职工人数：____________________________________

（六）编码

编码是指赋予每一个问题及答案一个数字作为它的代码，将问卷中的调查项目转化成具体数字的工作过程。大多数市场调查问卷均须加编码，以便分类整理，方便计算机处理和统计分析。编码工作一般在问卷设计时完成，即将代表了相应变量的阿拉伯数字标在答案的最右边，在调查结束后直接输入计算机。此外，问卷本身也需要有编号，该编号除了表示顺序之外，还应包括与该样本单位有关的抽样信息。

下面是一份“企业市场营销调查问卷”中所列的相关内容。

在目前的市场营销环境中，你企业所追求的主要经营目标是什么？

①完成当年的销售额和利润计划（　　）

②保证员工奖金、福利不断提高（　　）

③大幅度提高主要产品的市场占有率（　　）

④近两三年内成为本行业的领导企业（　　）

（七）作业记录

作业记录包括记录调查员的姓名、访问日期、访问时间、访问地点等。作业记录的目的是核实调查作业的执行和完成情况，并方便对调查员的工作进行监督和检查。有些极重要的调查还需要记录调查过程中有无特殊情况发生，以及被调查者的配合情况等。

以上七个部分是一份规范、完整的调查问卷所应具有的结构和内容。对于一些简单的调查问卷，如征询意见表、消费调查表等，只需要有标题、问题和答案及作业记录就可以了，无须面面俱到。

第二节　问卷设计的程序

设计调查问卷是为了更全面地收集调查者所需要的信息，并取得被调查者的支持和合作。因此，在设计调查问卷的过程中，调查者要依据调查的目的和要求，同时考虑调查对象的特点，设计问卷的各种问题和答案，以保证最终得到真实、准确的调查信息。问卷设计具体可分为以下几个步骤。

一、明确所要收集的资料

在问卷设计之前，调查者必须明确在调查过程中需要了解哪方面的信息，才能更好地说明所要调查的问题，实现本次调查的目标。为此，调查者需要将所要了解的信息划分类别，列出资料清单，并归纳出具体的调查项目。例如，要了解企业的市场营销行为，调查者可先将市场营销划分为战略和策略两部分。战略部分需要了解市场调研、市场细分、目标市场选择、市场定位、市场拓展、市场竞争等内容；策略部分需要了解产品、价格、渠道、促销等项目。依据所列的调查项目，调查者就可以设计出一系列具体的需要被调查者回答的问题，从而获得所需要的信息资料。

同时，在此阶段调查者还需要区分和了解被调查者的各种特性，如被调查者的社会阶层、收入水平、行为习惯等社会经济特征，文化程度、知识结构、理解能力等文化特征，需求动机、购买心理、消费意向等心理特征，以此作为拟订问卷的出发点和基础。

二、决定资料收集的方法

由于所要收集的资料不同，调查者所采取的调查方式和方法也不同，相应的问卷形式和内容也会有所区别。在面谈调查中，由于可以与被调查者面对面地交谈和沟通，故可以询问一些较长和较复杂的问题。在电话调查中，由于时间限制，调查者只能问一些较短和较简单的问题。邮寄问卷由于是被调查者自己填写，故询问的问题可以多一些，但要给出详细的填表说明。网络调查收集资料的速度快，且多是匿名访问，故可以询问一些社会热点和敏感性问题。总之，调查者需要根据所需资料的性质和特点，决定采取相应的调查方法。

三、设计问题和答案

在研究了调查需要收集的资料和调查方法后，调查者就可以设计问卷的初稿，即主要对提问的问题和答案进行设计。在此过程中，调查者需要注意这样几个问题：一是将调查项目细分，即把调查的项目转化成具体的调查问题；二是评估调查问题，即对问题的重要性进行评价，将问题按其重要程度加以排列；三是设计问句，即使用询问技术设计问句和答案；四是问题筛选，即将不必要的、多余的问题剔除。需要强调的是，问卷中的问题并非越多越好，因为问卷的空间有限，如果问题太多，会使调查对象感到厌烦而拒绝合作，还会增加调查的成本和数据处理难度。

四、编排问题的顺序

在设计好询问的问题以后，要按照问题的类型、难易程度安排问题的次序。通常的原则是从浅到深、由易而难、由简入繁。即将一些简单的、容易引起对方兴趣的问题排在前面，将那些复杂的、易引起对方不适和反感的问题放在后面，中间的过渡和衔接要连贯和自然。总之，问卷中问题的排序对调查结果非常重要，调查者要从人的思考习惯和思维逻辑角度出发，合理安排调查提问的顺序。

五、问卷的测试与修改

在问卷的初稿完成后，调查者还需要对问卷的内容、问题和答案、问题的次序进行测试和修改。具体方法是进行试调查，即选择一些有代表性的调查对象进行询问，将问卷中存在的问题尽可能表现出来，如问卷中的语言使用、问题的选项、问卷的长短等，然后依据试调查的结果，对问卷进行修改。如果预先测试导致问卷内容发生了较大的变动，调查者还可以进行第二轮测试，以使最后的定稿更加规范和完善。

六、问卷的定稿和印刷

问卷经过修订以后，就进入了定稿和印刷阶段。在问卷定稿阶段，调查者要确定问卷说明词、填表说明、样本特征及计算机编码，检查问卷中各种要素是否齐全，内容是否完备。在印刷阶段，调查者要决定问卷外观、纸张质量、页面设置、字体大小等。问卷只有做到印刷精良、美观大方，才能引起被调查者的重视，才能充分实现调查问卷的功能和作用。

问卷设计的程序可用图 4－1 表示。

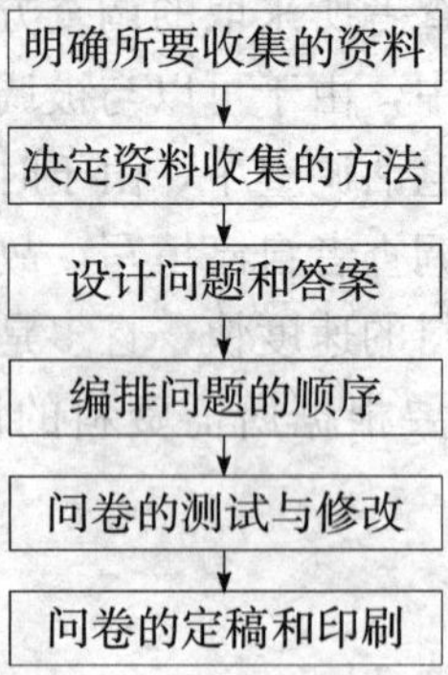

图 4－1　问卷设计的程序

第三节　问卷设计技术

一、问题的类型

调查问卷中的问题主要有以下几种类型。

（一）开放式问题和封闭式问题

1. 开放式问题

开放式问题是指对所提出的问题不列出具体的答案，而是由被调查者自由回答的问题。例如：

你认为影响购买汽车的主要因素有哪些？

开放式问题的优点是能收集到调查者原来没有想到，或者容易忽视的资料，启发被调查者的思路；同时能调动被调查者的积极性，使其充分自由地表达意见和发表看法。它特别适用于那些答案复杂、数量较多或者各种可能答案尚属未知的情况。缺点是被调查者的答案可能各不相同，标准化程度较低，资料的整理和加工比较困难，同时还可能会因为回答者表达问题的能力差异而产生调查偏差。

2. 封闭式问题

封闭式问题是指事先将问题的各种可能答案列出，由被调查者根据自己的意愿选择回答。例如：

你购买该款车的主要原因是什么？

A. 价格便宜

B. 省油

C. 发动机及整车性能良好

D. 安全性好

E. 喜欢该车的外观造型

F. 该车的性价比高

封闭式问题的优点是有利于被调查者正确理解问题，迅速进行回答；同时由于答案是标准化的，方便调查结果的统计处理和分析。缺点是容易限制被调查者的思路，回答问题没有弹性，不能适应复杂问题的提问。另外，问题的设计也比较困难，设计者需要花费较多的时间才能想出各种可能的答案。

（二）直接性问题和间接性问题

1. 直接性问题

直接性问题是指能够通过直接询问得到答案的问题。直接性问题通常会限制被调查者回答的范围，常用于询问个人的基本情况或已经存在的事实。例如：

你的工作单位是________

你最喜欢的汽车品牌是________

直接性问题可以获得明确的方案，调查结果的统计分析也比较容易，但遇到一些会使被调查者困窘和敏感的问题时，采用这种提问方式常常无法得到所需要的回答。

2. 间接性问题

间接性问题是指不能直接提问，而必须采用间接的询问方式得到答案的问题。通常是指那些被调查者有顾虑、不愿意或不真实回答的问题。例如：

你每月的收入是多少？

对于这类问题，调查者尽量不要直接询问，而应当采用分层次列表或间接询问的方式，如通过询问家庭人均收入、消费支出等进行推断，避免引起被调查者的反感，导致调查过程中出现不愉快或摩擦。

（三）动机性问题和意见性问题

1. 动机性问题

动机性问题主要是了解被调查者从事某种行为的原因和理由。例如：

你为什么购买某一款汽车？

动机性问题所得到的调查资料对于企业制定市场营销策略非常有用，但收集起来难度很大，调查者可以采用多种询问方式，从不同的角度深入挖掘被调查者的动机。当然，调查者也可以通过其他调查资料来推断被调查者的动机。

2. 意见性问题

意见性问题主要是了解被调查者对某些事物的看法或想法。例如：

你对××牌汽车的维修服务有何意见？

意见性问题在营销调研中也经常会用到，它是很多调查者准备收集的关键性资料，因为意见常常影响动机，而动机决定着购买者的行为。

（四）原因类问题和结果类问题

这是从市场调查所收集资料的用途角度划分的，即通过调查找出自变量和因变量，并将其数量化，以方便调查后期的数据处理和统计分析。

在实际市场调查中，上述几种类型的问题常常是结合使用的。在同一份问卷中，既会有开放式问题，也会有封闭式问题；既有原因类问题，也有结果类问题；甚至同一个问题，也可能隶属于多种类型。调查者可根据具体情况选择不同的提问方式，使用不同的询问技术。

二、询问技术

询问技术是指对上述各种类型的调查问题进行询问时需要采用的技术。在问卷调查中，正确地使用询问技术可以将调查的内容准确地传达给被调查者，取得对方的充分合作，使其不带偏见地回答有关问题。

（一）二项选择法

二项选择法也称是非法或真伪法，是由被调查者在预先给他的、相互对立的两个答案中选择一项的方法。例如：

你是否购买了商品房？

A. 是（　　）　　　B. 否（　　）

二项选择法的优点是可以得到明确的回答，迫使倾向不明者偏向一方；能够在较短的时间内得到答案，统计处理方便。缺点是不能反映意见的差别程度；由于取消了中立意见，结果有时不够准确。

（二）多项选择法

多项选择法，即事先给出两个以上的答案，让被调查者选择其中一项或多项的提问方法。例如：

你购房时考虑的最主要因素是什么？（可多选）

A. 价格（　　）　　B. 户型设计（　　）　　C. 地段（　　）

D. 环境（　　）　　E. 交通（　　）　　F. 物业管理（　　）

多项选择法的优点是可以缓和二项选择法强制选择的缺点，应用范围广，统计比较方便。缺点是回答的问题没有顺序，且答案太多，不便归类。

应用多项选择法时应注意的问题有：一是答案应尽量包括所有的主要选择，无遗漏；二是各项选择要互斥，无重复；三是被选择的答案不宜过多，一般应控制在 8 个以内。

（三）自由回答法

自由回答法，即不事先给出供选择的答案，被调查者可以不受限制地回答问题。例如：

你认为这个楼盘的广告想表达什么内容？

自由回答法多用于调查意见性问题和原因类问题，它与多项选择法类似，区别是不给出答案。

自由回答法的优点是拟订问题比较容易，不受约束和限制；可以从答案中得到询问者原来没有想到的问题，可以发现建设性意见；可以创造面谈调查的气氛，故常在调查开始或结束时使用。自由回答法的缺点是对意见不明确者或想不出答案的人没有强制性，不易控制调查的时间；调查结果容易受到调查员询问方式、表达能力的影响，易产生较大的误差；数据处理时间长，统计分析结果准确性差。

（四）排序法

排序法，即给出若干个答案，由被调查者选择后按照重要程度加以排序的方法。

例如：

你主要通过什么途径了解房地产信息（择三，并按重要程度加以排序，如表 4－1 所示）？

A. 电视广告（　　）　B. 报纸杂志（　　）　C. 户外广告（　　）
D. 广播广告（　　）　E. 房地产销售人员（　　）
F. 亲朋介绍（　　）　G. 其他（　　）

表 4－1　房地产信息途径排序表

第一位	第二位	第三位

排序法适用于对动机性和意见性问题的调查，便于被调查者对其意见、想法、感觉等进行衡量和比较。它的主要优点是不仅能知道回答者选择了哪些答案，还可以了解排列的顺序。缺点是调查费时费力，且不能说明答案间的具体差别程度。

采用排序法调查时应注意：一是是否采用排序法、排序取几位要根据调查目的而定；二是供排序的答案不宜过多，一般不超过 7 项；三是各项答案要互斥，不能重复。

（五）回想法

回想法，即明确提示回想的范围，让被调查者就其记忆所及进行回答。例如：

请说出你在电视中所看到的房地产广告的内容。

回想法主要用于测定被调查者对品牌名称、公司名称、广告等的印象程度。应用时应注意：一是要根据被调查者回忆的前后顺序来估计印象的强度；二是要比较平均回忆率和单项回忆率，以及企业做广告前后的回忆率。

（六）再确认法

再确认法，即事先提供某种线索，如文字、图片、照片等，请被调查者回忆确认。这种方法主要用于了解被调查者对产品品牌、公司名称、广告等的认知程度。例如，提示若干种化妆品品牌目录，询问：

这里有几种化妆品品牌，请举出你所知道的。

采用再确认法进行询问时应注意：一是要考虑刺激材料的提示顺序，最好用卡片形式经常变换顺序；二是刺激材料不要过多，一般不要超过 10 个。

（七）配合法

配合法，即出示两类提示物，请被调查者找出提示物之间的一一对应关系，以发现被调查者的认知程度。例如：

表 4－2 中列出了中关村几个楼盘的均价，请用连线画出其中的对应关系：

表 4－2　中关村楼盘均价表

名称	价格（元）
万泉新新家园	85 000
锋尚	64 000
世纪城	98 000

（八）相互比较法

相互比较法，即让被调查者对几种产品的品牌、商标、广告等，按照不同的喜欢程度进行比较选择（如表 4-3 所示）。

表 4-3　　项目广告喜爱程度调查表

所属项目	喜欢	较喜欢	一般	较不喜欢	不喜欢
A 项目广告					
B 项目广告					
C 项目广告					
D 项目广告					

相互比较法不仅能判断被调查者回答的顺序，还可以测定比较对象间的评价距离。这种方法也经常用于对产品质量、效用等问题的评价。

（九）倾向程度法

倾向程度法，即对某种产品连续进行询问，以了解被调查者从消费某种品牌的产品改为消费另一种品牌产品的态度差别程度。例如：

A. 你平时使用什么牌子的化妆品？

B. 目前市场上销售量最好的是×品牌，如果你之前使用的是其他品牌，今后是否仍坚持之前的品牌选择？答“是”或“否”。

C. 若回答“是”，最近 B 牌产品正进行“买一送一”的促销，你还坚持之前的品牌选择吗？

倾向程度法在调查消费者意见、态度时经常使用，它可以判断当产品差别到何种程度时被调查者才会转而购买别的产品品牌，进而可以推断被调查者对调查产品的支持程度和营销改进的方向。

（十）数值尺度法

数值尺度法，即对某些事物进行正负阶段划分，被调查者可在满意和不满意、好与不好的量度之间进行主观选择。例如：

你对你现在的住房满意度是：

A. 很不满意（　　）　B. 不满意（　　）　C. 一般（　　）

D. 满意（　　）　E. 很满意（　　）

（十一）图解评价法

图解评价法，即事先画一量表，让被调查者就其主观感觉在上面画符号，以表明其评价的方法。例如：

你对物业管理公司服务的看法是（画〇）：

很好 |____|____|____|____| 很差

如果被调查者认为物业公司的服务比较好，就在量表中左起第二点画〇。在调查后期数据处理的时候，可以将各点标上不同的数值，如从左至右分别为 5、4、3、2、1，或＋2、＋1、0、－1、－2，然后对被调查者的评分加以平均。

（十二）对应评分法

对应评分法，即让被调查者依据事先规定的特征，在评分表上表明自己的看法。例如：

请你对甲项目的广告印象打分（如表 4－4 所示）。

表 4－4　　甲项目广告印象评分表

	3	2	1	－1	－2	－3	
电视广告最佳							电视广告最差
产品印象很强							产品印象很差
个性印象突出							个性印象很弱
内容富有激情							内容缺乏激情
非常引人入胜							极不被人关注

（十三）项目核对法

项目核对法，即列出产品的主要特性，由被调查者根据要求画上符号，以征询其意见的方法。例如：

住房的下列特征，对你的重要性如何（请在重要与不重要之间的某一点上画一条直线，若无意见请画√。具体表格如表 4－5 所示）？

表 4－5　　住房特征重要性核对表

特征	重要　　　不重要	无意见
外观漂亮		
交通方便		
价格低		
……		

（十四）表格测验法

表格测验法，即让被调查者在一张写有相关特性的表上标明自己的看法，这也是测试产品特性的方法。例如：

请你指出哪种汽车品牌更符合以下特点（如表 4－6 所示）？

表 4－6　　汽车特性测验表

品牌 特点	宝来	捷达	帕萨特	别克	本田
安全性好					
节省汽油					
价格便宜					
外观漂亮					
维修方便					

（十五）等距间隔法

等距间隔法，即在某一个评价尺度的两极（极端好感和极端恶感）之间，测定被调查者态度位置的方法。例如：

请你比较甲、乙、丙三种汽车品牌的广告，将其位置标出：

极好 ├──┼──┼──┼──┼──┼──┼──┤ 极差

（十六）强制选择法

强制选择法，即同时列出两个以上的、同一方向特征且程度不同的句子，使被调查者不得不从中选出接近自己看法的句子作为答案。例如：

请你从下列句子中选出接近自己看法的一句。

A. 万泉新新家园的房子非常好。

B. 万泉新新家园的房子还可以。

如果被调查者选择了 B，说明在这两句中选择了程度稍差的一句，这有可能是他对万泉新新家园的房子并不喜欢。采用这种方法可以克服一些社会舆论的干扰或调查者心理上的压力，提高答案的可信水平。

（十七）竞争选择法

竞争选择法，即先请被调查者进行选择，然后提示刺激物（广告、图片等），再请被调查者进行选择。例如：

你准备购买下列汽车品牌中的哪一种？

A. 桑塔纳（　　）B. 捷达（　　）C. 富康（　　）D. 奇瑞（　　）

E. 派力奥（　　）F. 索纳塔（　　）G. 爱丽舍（　　）

（等询问结束后，出示广告或照片等刺激物，然后再向同一被调查者实施上述提问，比较第一次和第二次的选择答案，作为测试的结果）

采用竞争选择法询问时应注意三点：一是所调查的产品之间要有竞争关系，且价格较接近；二是调查时应尽量模拟实际销售现场；三是为避免被调查者之间相互影响，必须让其独立选择。

（十八）判断意见法

判断意见法，即将某一特定问题预先设计成不同的看法，提示给被调查者，以征询其意见的方法。例如：

你是否同意下列看法（如表 4－7 所示）？

表 4－7　　意见判断表

有关看法	同意	比较同意	不太同意	不同意
A. 广告对商品房的销售不如人员推销重要 B. 采用有奖销售、折扣方法是正常销售所必需的				

判断意见法一般是在问卷结尾时采用。调查者将问卷中未涵盖的、不易询问的问题捆绑到一起，最后统一列表提出，可扩大问卷调查的覆盖范围，增加问卷的信息数量和调查深度。

（十九）文字联想法

文字联想法，即先列出一些词语，让被调查者看后写出他脑海中反应出的其他名词和句子，以发现这些单词所能产生的联想或隐含的意义。此法主要用于产品、服务、项目或企业的命名调查。例如：

下面列有几个单词，请先看“碧水云天”这个词，将你想到的词或句子写在表4-8中。

表4-8　　　　文字联想表

可能的项目名称	所联想的词句
碧水云天 阳春光华 运河风景	

联想法有时也用于调查被调查者对产品品牌、名称、广告等的认知程度和印象强度。例如：

请你完成下面的广告语：今年春节不送礼，________________。

（二十）语句完成法

语句完成法，即提供一些不完整的语句，每次一个，由被调查者用自己的话将它完成。例如：

A. 当我在钢琴前坐下时，人们________________。

B. 但是一旦琴声响起，________________。

（二十一）故事完成法

故事完成法，即讲述一个未完成的故事，由被调查者将其完成。例如：

“前几天傍晚，我来到某一未竣工的楼盘看房，刚走进售楼处，一位先生迎了上来……”请你完成这一故事。

（二十二）漫画测验法

漫画测验法，即提示一幅画有两个人的漫画，将其中一人的讲话空出，要求被调查者填入内容。例如：

漫画里有一男一女，女士询问：“你认为明年的房价会降吗？”请将你的回答填入男士上方空白的部分。

（二十三）主题感觉测验法

主题感觉测验法，即提示一幅绘有购物场景的图片，要求被调查者根据图片构想出一个图中正在发生或可能发生的故事。例如：

图上画有一位女士，看着货架上一套标价12 000元的皮尔·卡丹时装，请你描述该女士内心的感受及随后可能发生的故事。

第四节　问卷中的量表

量表是心理学的概念，是用来测量被调查者的态度和意见尺度的工具。在问卷调查中，经常需要对被调查者的态度、意见、感觉等进行判别和测定，如要了解消费者对产品涨价的态度、对售后服务的意见等。为此，调查者可在问卷中设计一些量表，用来测量被调查者的心理活动，并进行深入的定量分析，以提高调查的准确性和精确度。

一、量表的类型

量表主要有四种类型，即类别量表、顺序量表、差距量表和等比量表。

（一）类别量表

类别量表又称名义量表，是对调查的问题和答案根据性质进行分类，包括满意、不满意；是、否；喜欢、无所谓、不喜欢等。例如：

你是否喜欢国产的手机？

A. 喜欢（　　）　　B. 不喜欢（　　）

类别量表的主要用途是在分门别类的基础上，计算不同性质答案在总体中所占的比例，比例越高，说明答案的重要性和影响力越大。

（二）顺序量表

顺序量表又称次序量表，它除了将答案按性质分类外，还增加了数据排序的功能。例如：

请标出你对夏新手机的喜欢程度。

1. 非常喜欢（　　）　　2. 喜欢（　　）　　3. 无所谓（　　）

4. 不喜欢（　　）　　5. 很不喜欢（　　）

答案中的数字 1、2、3、4、5 仅表示等级的顺序，不表示数量的绝对大小，也不表示两个数字之间的差距。

（三）差距量表

差距量表又称等距量表，它比顺序量表更加精细，不仅能表示答案的顺序关系，还能测量各顺序之间的距离。例如，非常喜欢 1 与喜欢 2 之间的差距，等于不喜欢 4 与很不喜欢 5 之间的差距。

相对顺序量表而言，市场调查人员更喜欢用差距量表，因为它能表示消费者所拥有的特征超过另一个消费者多少，并且得到的数据还可用来计算平均值的标准差和相关系数，从而使调查的结果更精确。

（四）等比量表

等比量表是表示各类别之间的顺序关系成比例的量表，如 4 分是 2 分的两倍。但在实践中，采用这种量表对被调查者的态度进行测量有一定的困难。例如，假设被调查者对夏新手机的评价为 10 分，对海尔手机的评价为 5 分，这只能说明其对这两种手机的喜欢程度有差别，并不能说明被调查者对夏新手机的喜欢程度是海尔手机的两倍。所以，在市场调查中，这种量表使用并不多。

二、问卷中常用的几种量表

营销调研中常用的量表主要有评比量表、语义差别量表、沙斯通量表和李克特量表四种。

（一）评比量表

评比量表是问卷中常见的一种顺序量表，即将问卷中的答案用量表表示，两端是极端性答案，中间是中性答案，中性答案两边可以对称，也可以不对称，让被调查者选择回答。

例如，调查消费者对国产手机的评价，可设计如下量表：

1. 划分为五个阶段的量表

很喜欢	喜欢	无所谓	不喜欢	很不喜欢
1	2	3	4	5

2. 划分为七个阶段的量表

很喜欢	喜欢	稍喜欢	无所谓	稍不喜欢	不喜欢	很不喜欢
1	2	3	4	5	6	7

表中的记分也可用－3、－2、－1、0、1、2、3。

在设计评比量表时，应注意中间的阶段划分不宜过细，即让被调查者选择的答案不要太多，过多会使其难以做出评价。当然在询问时，也可采用不对称量表，尽量多选择正面态度的答案，以减少答案的数量。例如：

非常重要	很重要	较重要	无所谓	不重要
1	2	3	4	5

（二）语义差别量表

语义差别量表是使用一系列相对应的正反义形容词来测试被调查者对某一事物的态度。在市场调查中，它主要用于产品质量比较、商店位置和形象、广告内容与效果等的调查。

语义差别量表的制作方法是将被测量的事物放在量表上方，将对该事物加以描述的正反义形容词列在两端，中间是若干等级，每一等级的分数可定为 7、6、5、4、3、2、1，或＋3、＋2、＋1、0、－1、－2、－3，然后由被调查者将自己的评价在量表中标出。

例如：

欲对某连锁商店的选址进行调查，可使用如下语义差别量表：

地理位置好								地理位置差
交通方便								交通不便
商圈范围大								商圈范围小
竞争对手少								竞争对手多
购买力强								购买力弱

调查者可对被调查者的回答赋予相应的数值，并依据该数值进行深入的统计分析，以了解被调查者对所调查事物的看法和评价。

（三）沙斯通量表

沙斯通量表是指由被调查者自行选定询问的问题和语句，并以数值表示的一种态度量表。它与评比量表和数值分配量表的区别是，后两种量表中的各种询问语句及答案都是调查者事先设计好的，而沙斯通量表的语句则是由被调查者自行选定的。

沙斯通量表的设计步骤如下：

（1）由调查者拟订大量没有程度之分的语句，总数可达上百条。

例如：

调查消费者对某品牌汽车的看法，可拟订如下语句：

1）这款汽车外观很漂亮。

2）这款汽车外观太普通。

3）这款汽车造型庄重典雅。

4）这款汽车内饰做工精细。

5）这款汽车内饰做工粗糙。

6）这款汽车价格太高。

7）这款汽车价格适中。

…………

（2）选定 20 个以上的评定人，即被调查者，将这 100 条语句按正负态度分别列入若干组（可分为 7、9、11 组等）。如果分为 7 个组，则将中立态度列入第四组，不利态度列入 1～3 组，有利态度列入 5～7 组。

（3）根据评定人所确定的各组语句的次数，计算其平均数和标准差。平均数反映了评定人对某语句态度的集中程度，而标准差则反映了其态度的离散程度。

（4）在每一组中分别选取两条标准差最小的语句，共 14 条，组合成问卷，向被调查者提出，并要求他们回答。

沙斯通量表的主要优点是，所选语句是根据各评定人的标准差确定的，有一定的科学性。缺点是量表的设计费时费力，工作量大。另外，当评定人的态度与实际被调查者的态度出现较大差异时，会降低调查结果的可信程度。

（四）李克特量表

李克特量表也是由被调查者确定询问的问题和选择语句的一种态度量表，它的突出特点是拟订的语句已体现了态度的差别程度。

李克特量表的确定步骤主要有：

（1）由调查者拟订 50～100 条正负态度的语句，每条语句态度分为五类，例如很赞成、赞成、不确定、不赞成、很不赞成。

（2）由应答者选择相应的答案，每个答案都有一定的分数，如 2、1、0、－1、－2 等。

（3）由调查者规定评分的方法，并计算每一答案的平均分数。

（4）将目标语句的总分与全部语句的平均分数进行比较，依据平均值差数选择语句，并组成调查的问卷。

第五节　问卷设计应注意的问题

采用询问技术设计问卷时，会受到一些语言规律的限制，调查者使用的词汇和语句、询问问题的多少等都会影响到被调查者的应答反应，影响到答案的准确性。因此，在设计问卷时，调查者还应注意以下几点。

一、设计问卷应遵循的原则

（一）准确性原则

准确性原则是指问卷中的问题和答案要与调查的目标和内容相吻合，不能离题太远；

同时，调查的问题和答案要含义清楚、明确，不能似是而非。如果问句偏离了调查的目标和内容，会降低所收集资料的价值，增加数据处理的难度，会使调查结果产生较大的偏差。

（二）完备性原则

完备性原则是指设计的问句应包含所有可能的备选答案，不能有遗漏，这在多项选择和排序法中非常重要。为了防止出现答案不全的情况，通常会在答案的最后一栏列出“其他（请说明）”选项，以穷尽所有的答案。但是需要注意，“其他”所包含的不应是普遍性的情况，如果选择的人过多，则说明问卷的设计有问题，应对答案选项进行修改。

（三）互斥性原则

互斥性原则是指问句中所列出的答案应互不相容，不能有交叉和重复。这种错误在调查职业、籍贯等问题时经常遇到，如答案设计中有商业人员和售货员、知识分子和教师，这会导致被调查者做出重复的选择，不利于后期资料的统计处理，也会影响调查的效果。因此，在对备选答案进行分类时，调查者务必要按同一口径和标准分类，要使答案互斥和无重复。

（四）精简性原则

精简性原则是指问卷中所设计的问题和答案要尽量少而精，不能拖得太长。问卷设计过长不仅会增加调查的成本，而且会引起较多的拒绝访问，降低问卷的回收率。同时，问题和答案过长，有时会使被调查者感到厌烦而胡乱作答，增加问卷的差错率。所以，问卷和问句的长度只要能保证收集到重要的资料就可以了，内容不要面面俱到。一份问卷调查的时间最好控制在 30 分钟以内。

二、设计问卷应避免的问题

（一）避免一般性问题

任何调查都离不开特定的目的，为了索取具体的资料，就要避免使问题流于一般化。例如某商店要进行顾客调查，询问如下：

你对我们商店是否感到满意？

你对我们商店印象如何？

这样的问题显然过于笼统，很难取得预期的效果，故应改为分项提问，每个问题只涉及一个方面，如：

你觉得我们商店的经营品种是否齐全？

你认为我们商店的营业时间安排是否合适？

你对我们商店的服务态度印象怎样？

（二）避免使用多义语

有许多词汇，如“普通”“一般”“经常”“很多”等，每个人的理解往往不同，在问卷中应避免使用。例如：

你通常喜欢看什么电视节目？

你经常乘坐飞机吗？

这里的“通常”“经常”等词，对不同的调查者有不同的含义，是指一周、一月还是一年？故应统一口径，可改为：

你昨天主要看了什么电视节目？

你上个月乘坐了几次飞机？

（三）避免含义不清的问题

问卷中要避免使用内涵不清楚的字眼或语句，例如：

你有汽车多久了？

你每月的收入是多少？

问句中的“你”究竟指的是你个人、你父母家还是你自己家；“收入”是工资，还是加上奖金和津贴，被访者显然不清楚，因此问句应改为：

你自己家何时购买了汽车？

你每月的总收入是多少（分层次列表）？

（四）避免引导性问题

避免引导性问题，即应避免问句所使用的词汇不是“中性”的，而是向被调查者提示答案的方向，或暗示调查者自己的观点。例如：

据说某某牌洗衣机性能良好，你的印象如何？

多数观众都喜欢看某某电视节目，你也喜欢看吗？

此提问就带有调查者的偏见，诱导被调查者同意调查者对问题的看法或倾向，因此应改为：

你认为某某牌洗衣机的性能怎样？

你在星期六晚上收看了哪些电视节目？

（五）避免遗忘性问题

有些问题由于间隔时间太长，或过于琐碎，被调查者有可能已经忘记，故不利于被调查者的理解和回答。例如：

去年一年中你看过几次脑白金的广告？

请说出你在上个月购买了哪些日用品？

消费者通常不可能记住和回忆清楚这些问题，因此应改为：

本周内你看过几次脑白金的电视广告？

最近三天你购买了哪些日用品？

（六）避免困窘性问题

许多人认为年龄、收入、婚姻状况、受教育程度等问题属个人隐私，不愿意或不真实回答，这类问题就是困窘性问题。例如：

你除了工作收入以外，还有其他收入吗？

你是否向人借钱购买了股票？

你家出租的房屋交税了吗？

如果调查者一定要得到此类问题的答案资料，则应分层次列表提问，或转而询问被调查者对该事物的看法。例如：

你每月收入属于下表中的哪一栏？

A. 5 000 元以下　　B. 5 000～10 000 元　　C. 10 000～15 000 元

D. 15 000～20 000 元　　E. 20 000 元以上

你赞成向人借钱购买股票吗？

你认为房屋租赁税率合理吗？

另外，很多人都有的商品或都懂的事情，问卷中也不要直接提问，因为被调查者会觉得有伤自尊心或有失身份，导致心理上的拒绝和反感，甚至导致双方在情感上出现摩擦。例如：

你有没有手表？

应改为：

你现在戴的手表是什么牌子的？

（七）避免断定性问题

有些问题是事先断定被调查者已有某种商品或某种行为，而事实上被调查者根本没有此商品或行为。例如：

你家的汽车是什么品牌？

你家购买的别墅面积是多少平方米？

你丈夫抽什么牌子的香烟？

正确处理这种问题的方法是，在断定性问题之前增加过滤问题，如：

你家是否购买了汽车？

你家是否购买了别墅？

你是否已经结婚？

你丈夫是否吸烟？

如果被访者回答“是”，再用断定性问题继续询问，否则在过滤问题之后即应停止询问。

（八）避免假设性问题

有些问题是先假定一种情况，然后询问被访者在该种情况下会采取何种行为。例如：

假如汽车价格降低50%，你是否愿意购买私家车？

如果飞机票降价30%，你是否愿意出国旅游？

假如你抽到500万元大奖，你将如何支配？

如果单位同意你调动工作，你会跳槽吗？

这些了解被访者将来不确定或未知行为的问题，所得到的答案并没有多少价值。因为大多数人都愿意购买物美价廉的商品，都愿意尝试新的生活方式，并且多数人生活中都有各种梦想，都希望获得一些新的消费体验，但在实际的消费行为中往往有很明确的偏好和消费惯性。因此，对于这些不存在的、未出现的或生活中不可能发生的事情，问卷中要避免。

本章小结

本章首先概述了市场调查问卷的作用和结构，接着分析了问卷设计的程序，在此基础上，又较详细地介绍了问卷设计的技术，最后对问卷中的量表使用、问卷设计应注意的问题进行了论述。

【复习思考题】

1. 简述问卷的基本结构。
2. 问卷设计的程序有哪些？
3. 简述你所知道的几种询问技术。
4. 量表分为几种类型？各自的含义是什么？
5. 简述设计问卷应遵循的主要原则。
6. 掌握设计问卷应避免的问题。
7. 结合本职工作，设计市场调查问卷。

【实例】

企业市场营销调查问卷 编号：________

1. 近年来你企业的市场营销环境是否发生了变化（从下列选项中选择一项，在其后的括号里画√，以下简称“择一”）？

（1）没有变化（　　） （2）有变化（　　）

如果有变化，其中变化最大的是（择一）？

（1）国家政策 （　　）
（2）宏观经济调控方式 （　　）
（3）消费者的购买习惯和偏好 （　　）
（4）生产技术 （　　）
（5）同行业竞争 （　　）
（6）渠道模式 （　　）

2. 在目前的市场营销环境中，你企业所追求的主要经营目标是什么（选择四项并按重要程度排序，在表中填入相应标号）？

（1）完成当年销售额和利润计划
（2）使当年销售额尽可能高
（3）使当年利润尽可能高
（4）保证职工奖金、福利不断提高
（5）在略有盈余的前提下，提高主要产品的市场占有率
（6）近两三年内成为本行业领导企业

第一位	第二位	第三位	第四位

3. 你企业在市场销售方面有无较长期的目标和计划（择一）？

（1）有（　　） （2）没有（　　）

如果没有，因为什么（择三）？

（1）政策多变 （　　）
（2）市场需求多变 （　　）

(3) 缺乏市场信息和营销经验 (　　)
(4) 企业发展动力不足 (　　)
(5) 领导任期过短 (　　)
(6) 追求短期利润比追求长期目标更现实 (　　)

4. 未来三年中，你企业主要产品的市场需求是否可能大幅度变化（择一）?
(1) 可能（　　）　(2) 不可能（　　）　(3) 说不准（　　）
如可能，估计增加幅度为________%；
或估计减少幅度为________%。
如果你企业主要产品降价10%，需求是否会有较大增加（择一）?
(1) 是（　　）　(2) 否（　　）
如果你企业主要产品提价10%，需求是否会有较大减少（择一）?
(1) 是（　　）　(2) 否（　　）

5. 去年，你企业主要产品全国市场占有率为________%；本地市场占有率为________%；全国生产同类产品的企业还有________家；其中，销量最大的企业其全国市场占有率为________%；该企业在你企业所在地的市场占有率为________%。
你企业是否可能在近三年内大幅度扩大主要产品的市场占有率（择一）?
(1) 可能（　　）　(2) 不可能（　　）　(3) 说不清（　　）
如果不可能或说不清，原因是（择六）?
(1) 自主权不够，大部分留利不能自行支配 (　　)
(2) 资金不足 (　　)
(3) 技术水平制约 (　　)
(4) 生产条件限制 (　　)
(5) 职工积极性不高 (　　)
(6) 管理水平不高 (　　)
(7) 新产品开发不力 (　　)
(8) 市场需求不足 (　　)
(9) 竞争激烈，难以比同行业对手有更大发展 (　　)
(10) 其他（　　），请具体说明：________________________

6. 你认为你企业未来三年中在经营方面所面临的主要挑战是（择五）?
(1) 推出新产品 (　　)
(2) 改进技术 (　　)
(3) 提高现有产品质量 (　　)
(4) 降低现有产品的价格 (　　)
(5) 使销售方式更多样 (　　)
(6) 加强广告宣传 (　　)
(7) 搞好公众关系 (　　)
(8) 其他（　　），请说明：________________________

7. 近年来你企业产品的生命周期是否有明显的缩短趋势（择一）?

(1) 有（　） (2) 没有（　）

如果有，主要原因是（择二）？

(1) 竞争激烈 （　）

(2) 需求变化加快 （　）

(3) 由于技术进步，新产品推出快 （　）

你企业面对这种情况，准备采取什么对策（择二）？

(1) 开发全新产品 （　）

(2) 试制换代产品 （　）

(3) 对现有产品的品质、特点、款式或包装进行改进 （　）

(4) 对产品略作改变，并使用一种新的品牌 （　）

8. 近三年你企业开发了________种新产品。

这些新产品的年销售额约占目前年销售额的________%。

近三年你企业淘汰了________种过时产品。

这三年中每年开发的新产品数是否呈增加趋势（择一）？

(1) 是（　） (2) 不是（　）

上述新产品进入市场后，约有________种是成功的，________种不够理想，________种得不偿失。

9. 未来三年中，你企业是否准备大力开发新产品（择一）？

(1) 准备（　） (2) 不准备（　） (3) 说不准（　）

如果准备，原因是（择三）？

(1) 满足顾客日益多样化的需求 （　）

(2) 取代销售额下降的老产品 （　）

(3) 在竞争中取得优势 （　）

(4) 主管部门的要求 （　）

(5) 减少现有产品销售量一旦下降而引起的风险 （　）

(6) 企业长远发展的需要 （　）

如果不准备，原因是（择四）？

(1) 对未来市场需求的变化心中无数 （　）

(2) 同行业企业都无此打算，因此没有竞争压力 （　）

(3) 资金不足 （　）

(4) 技术力量不足 （　）

(5) 管理不力 （　）

(6) 研制工作需要投入较多人力、物力，短期难以见效 （　）

(7) 扩大现有产品的生产规模容易得到政府投资 （　）

(8) 其他（　），请说明：________________________________

10. 你企业主要产品价格是如何制定的（择一）？

(1) 政府统一定价，约占总销售额的________%

(2) 在政府规定幅度内企业定价，约占总销售额的________%

(3) 企业自由定价，约占总销售额的________%

11. 请把你企业制定产品价格时需要考虑的因素按重要程度排序（择四）：

(1) 成本（特别是原材料价格）

(2) 价格变动时需求变动的幅度

(3) 价格变动对竞争的影响

(4) 物价部门的意见

(5) 上级主管部门的意见

(6) 产品所处生命周期的阶段

(7) 与销售渠道、推销方式的配合

第一位	第二位	第三位	第四位

12. 你企业主要通过什么流通渠道销售产品（择一）?

(1) 代理商，占总销售额的________%

(2) 批发商，占总销售额的________%

(3) 大卖场，占总销售额的________%

(4) 专卖店，占总销售额的________%

(5) 直销，占总销售额的________%

13. 你企业是否成立了专门的市场销售、市场调研或新产品开发部门（择一）?

(1) 是（　　）　　(2) 否（　　）

它们近年来的地位和重要性是否上升（择一）?

(1) 是（　　）　　(2) 否（　　）

14. 你企业的推销人员是（择一）?

(1) 专职的（　　）　　(2) 忙时增加临时的（　　）

您认为推销员的工作对企业的重要性如何（择一）?

(1) 非常重要（　　）　　(2) 比较重要（　　）

(3) 一般（　　）　　(4) 不太重要（　　）

(5) 很不重要（　　）

与技术人员、财务人员相比怎样（择一）?

(1) 更重要（　　）　　(2) 不相上下（　　）

(3) 较差（　　）　　(4) 差得多（　　）

15. 你企业产品是否已进入国际市场（择一）?

(1) 是（　　）　　(2) 否（　　）

如未进入，是否考虑过进入国际市场（择一）?

(1) 考虑过（　　）　　(2) 没考虑过（　　）

如考虑过，分析结果如何（择一）?

(1) 完全可能（　　）　　(2) 有困难，但仍可能（　　）

(3) 很难（　　）　　(4) 完全不可能（　　）

如果是第（2）、（3）种情况，你认为应该（择一）：

（1）设法立即行动（　　）　（2）等待时机（　　）

（3）不如留在国内市场上（　　）

主要有哪些困难（择三）？

（1）对国际市场环境不了解（　　）

（2）产品质量、功能不过关（　　）

（3）缺少懂外贸的专业人员（　　）

（4）生产规模太小（　　）

（5）获利太少（　　）

（6）出口手续烦琐（　　）

16. 您是否同意下列看法（画√）？

有关看法	同意	比较同意	不太同意	不同意
（1）在目前情况下，以满足用户需要为中心，组织产销难以实行				
（2）与生产相比，销售在企业各项工作中更重要				
（3）与销售相比，采购对企业更重要				
（4）增加当年利润比提高主要产品的市场占有率更现实				
（5）本企业可以完全凭自己的力量战胜竞争对手				
（6）政府不必限制与我厂产品同类型的国外产品进口				
（7）政府有必要限制同类型外地产品进入本地市场				
（8）掌握消费需求的未来变化几乎是不可能的				
（9）研制新产品往往费用高、见效慢				
（10）自销有利于本企业控制销售环节，减少不必要的扯皮				
（11）广告宣传的作用不大，购销主要靠业务人员的关系				
（12）采取一些奖售、折扣办法是进行正常推销必不可少的				

17. 请填写你企业的基本情况：

（1）企业名称：________________

（2）企业类型（择一）：大（　　）　中（　　）　小（　　）

（3）所有制性质：________________

（4）企业通信地址：________________

（5）去年销售额：________________

（6）去年利润总额：________________

（7）企业留利：________________

（8）职工人数：________________

（9）填表人姓名：________________

（10）职务：________________

第五章

抽样调查技术

本章要点

1. 抽样调查可分为随机抽样和非随机抽样，两者各有优缺点。

2. 抽样调查方案设计的内容包括确定调查总体、建立抽样框、决定抽取样本的方法、确定样本容量、做出抽样计划。

3. 随机抽样技术主要有简单随机抽样、分层随机抽样、整群随机抽样和等距抽样。

4. 非随机抽样技术主要有方便抽样、判断抽样、配额抽样、滚雪球抽样。

5. 确定样本容量时要考虑误差的大小和调查费用的安排，要在两者之间找到一种平衡。

6. 抽样误差的大小主要取决于调查总体各单位之间的差异程度、样本容量和抽样方式。

抽样调查是指从调查对象的总体中抽取一部分个体作为样本进行调查观察，由样本调查结果推断总体的方法。抽样调查是市场调查中难度较大的工作，但正是由于有了抽样这一统计学工具，市场调查才能够做到仅仅通过调查少量的个体，即可推断有关市场全体的信息，并且准确性很高，市场调查才有了推广和应用的基础。

第一节　抽样调查概述

抽样调查可分为随机抽样和非随机抽样，在市场调查实践中，这两种抽样方式都被经常使用。

随机抽样是指在总体中按随机原则抽取样本进行调查观察，用所得的样本数据推断母体的调查。所谓随机原则，是指在调查的总体中，每个单位都具有同等的被抽选的机会。例如，从五支粉笔中抽取一支，则每支被抽取为样本的概率都是1/5。

非随机抽样是指不按照随机原则，而是按照调查者主观设定的某个标准抽选样本单位的调查。非随机抽样不能用样本的定量数据来推断总体，也不能估计和控制抽样误差，但它简便易行，尤其适用于探索性调查。

一、抽样调查的优点

（一）经济

抽样调查可以根据调查者的需要，抽取一定量的样本进行调查，与市场普查相比，样本数量大大减少，从而可以节约人力、财力和物力。

（二）高效

市场调查通常都有严格的时间限制。采用抽样调查由于样本单位少，操作简便，故能在较短的时间内取得与市场普查大致相同的结果。

（三）准确

市场普查由于调查规模大、内容繁杂、参加人员多，使得调查误差有时较大，如人口普查中对受教育程度的调查。而抽样调查由于只调查部分总体单位，数目较少，调查人员相对整齐，所以调查误差较小，能提高调查的准确性。

二、抽样调查的常用术语

（一）总体和样本

总体是指所要调查的对象的全体，又称为目标总体；而构成总体的每一个具体单位称为总体单位。

样本是指从总体中抽取的部分个体，又称抽样总体；而组成样本的每一个个体或单位称为样本单位。

（二）抽样框

抽样框又叫抽样结构，是指供抽样所用的所有调查单位的目录或名单。例如，要从10 000名学生中抽取200名学生组成样本，则10 000名学生的名册就是抽样框。

准确的抽样框应具有完整性和不重复性。完整性是指不能遗漏总体中的每一个个体；不重复性是指任意一个个体不能重复列入抽样框。只有满足这两点，抽样调查才符合随机抽样的等概率原则，才能提高样本的代表性。

（三）重复抽样与不重复抽样

重复抽样是指从总体中随机抽取一个样本后，再将其放回，使它仍有被二次抽取的机会。在抽样过程中总体单位数始终不变，被抽中样本单位的概率也完全相等。不重复抽样是指先被抽选的单位不能放回总体中，任何单位一经抽出，就不再有第二次被抽中的可能性。

（四）参数和统计量

调查总体和样本都可以用平均数、成数和标准差等综合指标来描述它们的特征。这些综合指标用来描述总体特征时即被称为总体参数；当它们用来描述样本的特征时即被称为样本统计量。在统计学中，经常用大写字母表示参数，用小写字母表示统计量。

（五）抽样误差

抽样误差是指由样本推断出的结果与总体实际结果之间存在的差距。这种误差通常可以采用科学的方法加以估计和控制。在市场普查中不存在这种误差，只有在抽样调查时，才会出现这种误差。因为部分只能近似于全体，而不能完全等同于全体。

在抽样调查中，还存在着一种误差，称为工作误差，是指由于种种工作上的原因而产生的差错，如调查问卷设计不当、调查人员没有实际调查等。这种误差不仅在抽样调查中存在，在市场普查中也会产生。

三、抽样方案设计

抽样方案设计就是在抽样调查之前，预先确定抽样的程序和计划，在保证样本代表性的前提下，争取获得经济和有效的抽样结果。

在调查开始之前，为了提高抽样工作的效率，调查组织者通常会将调查委托者、抽样专家、数据处理人员集合到一起，共同协商和探讨抽样的问题，在此基础上确定一个切实可行的抽样方案。

抽样方案设计主要有以下内容。

（一）确定调查总体

确定调查总体，即根据调查的目的，确定调查对象的总体范围，包括地域、人口、时间等。

（二）建立抽样框

建立抽样框，即确定抽取样本的全部总体单位名单。

（三）决定抽取样本的方法

抽取样本的方法包括随机抽样和非随机抽样两类，每一类方法又可细分为多种具体的抽样方法。调查者可根据调查的目的、调查对象的特点、调查的经费和时间来确定抽取样本的方法。

（四）确定样本容量

确定样本容量，即决定样本的大小。对于随机抽样，需要考虑调查总体的标准差、置信度和置信区间来确定。对于非随机抽样，则需要根据抽样费用、抽样规则和样本的分布来主观做出决定。

（五）做出抽样计划

做出抽样计划，即对抽样过程做出具体说明，并将其制成操作说明书，以指导抽样工作的进行和实施。

第二节 随机抽样技术

随机抽样技术主要有简单随机抽样、分层随机抽样、整群随机抽样和等距抽样，调查者要根据调查的目的、调查对象的性质，加以比较和选择。

一、简单随机抽样

简单随机抽样又称单纯随机抽样，是指对总体单位不进行任何的分组排队，完全按随机原则从总体中抽取样本的方法。简单随机抽样是随机抽样中最基本的方法，理论上最符合随机原则，它保证了总体中每一个个体都有同等的被抽取的机会，是其他随机抽样方法的基础。

（一）简单随机抽样的分类

简单随机抽样主要有抽签法和随机数表法两种。

1. 抽签法

抽签法，即对总体中的每个单位进行编号，混放后从中随机抽取，被抽中的号码就是随机样本。例如，从 100 名学生中抽取 20 人进行调查，可将编号后的学生卡片混放在一起，从中随机抽取 20 张，被抽中的同学即为调查样本。

抽签法在企业有奖销售、奖券发行等活动中经常使用。

2. 随机数表法

随机数表又称为乱数表，是将 0～9 的数字随机排列成一张表，使表中任何号码出现的概率相同，抽样时利用这张表。随机数表的数字各有不同。随机数表法最早出现在英国，后来在其他国家得到了广泛应用。例如，下列数字是从随机数表中截取的（如表 5－1 所示）。

表 5－1　　部分随机数表

23	15	75	48	59	01	65	54
55	50	43	10	03	87	16	30
28	32	38	97	29	49	51	94
96	31	26	17	18	99	11	74
27	93	81	44	43	36	58	05

采用随机数表的数字不受任何限制，可以任意指定一个数字，然后按上下左右的顺序或按一定的间隔顺序读取，可以组成两位数或四位数的号码，也可以组成三位数或五位数的号码。例如，从第二排第一位数字起，用三位数自左而右抽取，则顺序取得的样本号码分别为：555、043、100、387……按顺序一直往下取，直到取足所需的样本数为止。

（二）简单随机抽样的优缺点

简单随机抽样操作简便，当总体单位不大且名单完整时，可以直接从中随机抽取样本，并且比较容易计算抽样误差。

简单随机抽样的不足在于，当总体很大时，编号烦琐；如果总体中个体单位差异程度较大，用此方法抽取的样本代表性也差。

二、分层随机抽样

分层随机抽样又称类型抽样，是先将调查的市场总体按一定的标志划分成不同层，再从各层相同性质的分子中随机抽取样本。分层随机抽样在分层时，要注意将不同性质的基本单位分成不同的层，将同一性质的基本单位分成一层，即做到层间个体异质、层内个体同质。只有这样，才能保证调查数据的准确性。

分层随机抽样又分为分层比例抽样法和分层最优抽样法。

（一）分层比例抽样法

分层比例抽样法，即各层所抽出的样本数按各层总单位数占整个总体的比例来确定。计算公式为：

样本容量 $n_i=\dfrac{N_i}{N}\times n$

其中：n_i代表各层样本单位数，N_i表示各层总单位数，N 表示总体数，n 表示总样本数目。

例如，某地区有百货商店 1 000 个，其中大型百货商店 100 个，中型百货商店 300 个，小型百货商店 600 个。如果总样本数定为 20 个，则各层应抽取的样本数为：

大型店 $n_1=\dfrac{100}{1\ 000}\times 20=2$（个）

中型店 $n_2=\dfrac{300}{1\ 000}\times 20=6$（个）

小型店 $n_3=\dfrac{600}{1\ 000}\times 20=12$（个）

（二）分层最优抽样法

分层最优抽样法也称非比例抽样法，它是根据各层样本标准差的大小，调整各层样本数的抽样方法。这种抽样方法从统计效果来看，标准差最小，所以称为“最优抽样法”。

当各层单位之间的差异性过大，而某些层的重要性又远大于其他层时，就需要采用非比例抽样，即重要的层抽取的样本数多，不重要的层抽取的样本数少。非比例抽样兼顾了层间的差异程度和层内样本的大小，有利于提高样本的代表性。计算公式为：

样本数目 $n_i=n\times\dfrac{N_iS_i}{\sum N_iS_i}$

其中：n_i代表各层样本单位数，N_i表示各层总单位数，n 表示样本总数目，S_i表示各层样本标准差。

例如，某市有居民 100 万户，计划抽取样本 1 000 个。家庭收入按高、中、低分层，其中高收入为 15 万户，中收入为 65 万户，低收入为 20 万户，假设各层样本标准差分别为 300、200、50，则各层应抽样本数为：

$$n_{高}=1\ 000\times\frac{15\times300}{15\times300+65\times200+20\times50}=243\text{（户）}$$

$$n_{中}=1\ 000\times\frac{65\times200}{15\times300+65\times200+20\times50}=703\text{（户）}$$

$$n_{低}=1\ 000\times\frac{20\times50}{15\times300+65\times200+20\times50}=54\text{（户）}$$

标准差反映的是各层的每一个体值与平均值之间的差异。差异大，标准差就大，该层应抽样本数目就多；差异小，标准差就小，该层应抽样本数目就少。在调查实践中，标准差估计值经常根据经验或通过试调查来确定。

（三）分层随机抽样的优缺点

当调查总体很大，且总体内部个体差异明显时，采用分层随机抽样，可以避免简单随机抽样过于集中于某个地区或某种特性的缺点，从而增加样本的代表性和普遍性。

另外，在样本容量相同时，分层随机抽样比简单随机抽样的抽样误差小；在抽样误差一定时，它又比简单随机抽样所需样本数量小、样本的代表性强。

当然，分层随机抽样也有不足，主要是它要求调查者必须对调查总体有较深入的了解，否则难以分层，而做到这一点往往是比较困难的，需要事前投入较多的时间和精力。

分层随机抽样法广泛应用于购买力调查、企业调查和产品销售调查中。

三、整群随机抽样

整群随机抽样是将市场调查的总体区分成若干群体，以随机抽样法选定群体作为样本，并对群体内的个体进行普查的方法。

整群随机抽样与分层随机抽样不同，分层随机抽样要求所分各层之间有差异性，分层内部的分子具有相同性；整群随机抽样则恰恰相反，要求各群体之间具有相同性，每一群体内部的分子具有差异性。

假设调查不同区域、不同收入的家庭，采用分层随机抽样与整群随机抽样的结果分别如下：

分层随机抽样后的各层及层内结构：

高收入层	中收入层	低收入层
高、高、高	中、中、中	低、低、低

整群随机抽样后的各群及群内结构：

第一群	第二群	第三群
高、中、低	高、中、低	高、中、低

例如，要调查某市家电产品的消费情况，如采取整群抽样，则首先要列出该市的全部街区，即按街区分群，然后按随机原则从上述街区中抽取几个街区作为样本，最后再对所选街区的全部家庭进行普查。

整群随机抽样一般采用两段式整群抽样。如果从第一段抽出的各群体中再抽取一次较小的群体，如街区下又分居委会，对居委会再进行一次随机抽样，然后再对家庭进行普查，则称为三段式整群抽样。依此类推，还可分四段、五段等多段式整群抽样。

整群抽样的优点是组织工作比较方便，确定一组后就可以抽出许多单位进行调查。但是，正因为以群为单位进行抽样，抽选的单位比较集中，明显地影响了样本分布的均匀性。因此，整群随机抽样与其他抽样相比，在抽样单位数目相同的条件下抽样误差也大，代表性较低。在实际调查时，采用整群随机抽样一般要比其他抽样方式抽选更多的单位，才能降低抽样误差，提高抽样结果的准确程度。

当然，整群随机抽样的可靠程度，主要还是取决于群与群之间的差异大小，当各群体之间差异越小时，整群抽样的调查结果就越准确。因此，在市场调查实践中，整群随机抽样经常应用于区域性市场调查，因为按地区划分群体，群与群之间的差异相对较小。

四、等距抽样

等距抽样又称系统抽样，即先对调查总体中的个体进行顺序编号，然后采用随机抽样法抽取某一编号为第一个样本，再以一定的间距来抽选其他样本。计算公式为：

样本间距 $b=\frac{N}{n}$

其中：N 为总体单位数，n 为样本数。

例如，从 80 个学生中抽取 20 名进行调查，可以利用班级名册按顺序编号，从第 1 号编到 80 号，则：

样本间距 $b=\frac{N}{n}=\frac{80}{20}=4$

如从前 4 个人中采用简单随机抽样方式抽中 2 号作为第一个样本，则后边的样本依次为 6、10、14……

等距抽样的优点是能够使样本均匀地分布在总体单位中，能提高样本的代表性。另外，调查的组织工作简便，可操作性强。

等距抽样的不足，一是当总体很大时，编号很烦琐；二是在某种极端情况下，如班中男女学员按照单双号排序时，采用系统抽样法会出现较大的偏差，影响调查的精确度。

第三节　非随机抽样技术

非随机抽样是指不按照随机原则，而是按照调查人员的主观判断或仅按方便性抽取样本。非随机抽样由于不按随机原则抽取样本，故不具有统计推断的功能，不能计算抽样的误差。但这种方法是以牺牲部分准确性为代价换取了操作上的可行性，能节省调查时间和费用，故在实践中经常被采用，尤其是在对调查总体不了解或者调查总体过于庞杂时使用。

非随机抽样技术主要有方便抽样、判断抽样、配额抽样和滚雪球抽样四种。

一、方便抽样

方便抽样又称偶遇抽样，是根据调查人员的方便与否抽取样本的一种方法。如在街头采取“拦人法”向过路行人作访问调查，或在柜台产品销售过程中向购买者作面谈调查等。

方便抽样简便易行，能及时获得所需的调查资料，节省时间和费用，效率很高。但抽样的误差大，调查结果可信度低。只有当调查总体各单位之间差异不大，即个体同质时，采用方便抽样抽取的样本才具有较高的代表性。

方便抽样法多用于探索性调查或者试调查中。

二、判断抽样

判断抽样是调查人员根据经验判断而选定样本的一种抽样方法。例如，某企业要调查其产品的销售情况，根据主观判断选择一些有代表性的零售商店作为调查对象。

判断抽样选取样本单位一般有两种方法：一种是选择最能代表普遍情况的调查对象，即以“平均型”或“多数型”为标准。“平均型”是在调查总体中具有代表性的平均水平的单位，“多数型”是在调查总体中占多数的单位。要尽量避免选择“极端型”，除非调查的目的是了解产生这种极端现象的原因。另一种是利用调查总体的相关统计资料，按照主观设定的某一标准选择样本。

判断抽样法适用于调查者熟悉调查总体特征，样本数目较少的情况。它的优点是简便易行，问卷回收率高。缺点是样本的选择有时会由于主观判断偏差而引起抽样偏差。

三、配额抽样

配额抽样是先将调查的总体进行分层，然后按照一定的控制特征分配样本配额，而配额内的样本则要调查人员主观选定。配额抽样法类似于随机抽样法中的分层抽样，两者的相同点是都要分层；不同点是层内样本的抽取方法，分层抽样是采用随机方法抽取样本，配额抽样是按判断抽样法抽取样本。所以在一定意义上讲，配额抽样也是一种分层判断抽样法。

实行配额抽样的理论依据是：认为特征相同的调查对象，如相同类别年龄、收入、职业、文化程度的消费者，其需求和行为也大致相同，误差不大，因而不需要再按随机抽样法抽取样本。

配额抽样简便易行，可以保证总体的各个类别都能包括在所抽样本之中，所以与其他几种非随机抽样方法相比，其样本具有较高的代表性。它广泛应用于市场营销调查方面，是非随机抽样中最常见的一种方法。

按照配额的要求不同，配额抽样可分为独立控制和交叉控制两种类型。

（一）独立控制配额抽样

独立控制配额抽样，即只对某种特性的样本数目规定配额，而并不规定具有两种特性或两种以上特性的样本数目。

例如，某企业进行笔记本电脑消费需求调查，确定样本总数为200，选择消费者收入、年龄、性别三个标准分类，按独立控制配额抽样，其各个标准样本配额比例及配额数目如表5-2所示。

表5-2

样本按收入分类		样本按年龄分类		样本按性别分类	
收入	人数	年龄	人数	性别	人数
1 500元以下	20	30岁以下	40	男	100
1 501元～3 000元	50	31岁～40岁	60		
3 001元～5 000元	70	41岁～50岁	70	女	100
5 001元以上	60	51岁以上	30		
合计	200	合计	200	合计	200

从表5-2中可以看出，对收入、年龄、性别三个标准分别规定了样本数额，而没有规定三者之间的关系。因此，在实际抽样时，抽取不同收入层的消费者，并不需要考虑年龄和性别标准。同样，在抽取不同年龄或性别的消费者时，也不需要考虑其他两个分类标准。这种方法操作简单，而且所抽出的样本不偏重于某一层或某个标准。缺点是调查人员选择弹性大，对层内样本的抽取不易控制。例如，调查人员为了方便，可能过多地抽取了

高收入的男性消费者，从而影响样本的代表性。

（二）交叉控制配额抽样

交叉控制配额抽样，即考虑各种控制特性之间的相互关系，采用交叉控制表来分配样本配额。上例中如果采用交叉控制配额抽样，就必须对收入、年龄、性别这三项特征同时规定样本配额数，如表 5-3 所示。

表 5-3　　交叉控制表

	1 500 元以下		1 501 元～3 000 元		3 001 元～5 000 元		5 001 元以上		合计
	男	女	男	女	男	女	男	女	
30 岁以下	2	2	5	5	7	7	6	6	40
31 岁～40 岁	3	3	20	6	10	16	1	1	60
41 岁～50 岁	10	1	3	4	12	7	3	30	70
51 岁以上	5	2	2	5	8	3	3	2	30
合计	20	8	30	20	37	33	13	39	200

从表 5-3 可以看出，交叉控制配额抽样对每一种控制特性所需的样本数都做了具体规定，调查人员必须按规定在总体中抽取调查单位。由于各个特性都同时得到了控制，从而克服了独立控制配额抽样的缺点，提高了调查结果的准确性。

四、滚雪球抽样

滚雪球抽样是指通过使用最初被调查者的推荐来挑选其他被调查者的抽样方法。这种方法适用于调查总体单位数少，或调查现象发生率低的情况。通常情况下，调查人员要找到这些少量的调查个体，需要花费较高的代价，为降低调查费用，可采取滚雪球抽样方式。

滚雪球抽样的程序是，首先找到少数样本单位，然后通过这些样本单位找出其他样本单位，最后通过其他样本单位再找出更多的样本单位，依此类推，如同滚雪球一样，使调查结果越来越接近总体。例如，欲对家政服务市场中的小时工进行调查，调查人员可先找到若干名小时工进行面谈调查，然后请他们再提供其他小时工的名单，最后逐步达到所需样本数，完成该项调查。

滚雪球抽样的优点是可以方便快速地找到目标被调查者，且费用较低。缺点是有些被调查者不愿意提供其他调查对象的信息，或提供的名单是与自己关系较好或特征相同的人，从而使样本不能客观地代表总体。

第四节　抽样误差与样本容量

样本容量是指在抽样设计中确定的样本单位数。抽样误差是指抽样所得的样本指标值与总体的实际指标值之间的差异。在抽样设计过程中，较大的样本容量可以减少抽样误差，但样本容量的增加，又不可避免地会增加抽样调查的费用，这就需要调查者进行综合考虑，合理安排样本大小、误差多少和费用高低之间的关系。

一、抽样误差

(一) 影响误差大小的因素

抽样误差是反映样本代表性程度的指标，其大小受以下三个因素的影响。

1. 调查总体各单位之间的差异程度

在其他条件不变的情况下，总体各单位之间差异越大，抽样误差就越大；总体各单位之间差异越小，抽样误差也越小。如果总体各单位之间无差异，则抽样误差也就不存在。

2. 样本容量

抽样误差的大小可由样本数量的调整而得到控制。在其他条件不变的情况下，样本容量越大，抽样误差就越小；反之，抽样误差就越大。

3. 抽样方式

采用不同的抽样方式也会有不同的抽样误差。一般来说，分层随机抽样比单纯随机抽样误差小，整群随机抽样又比分层随机抽样误差小。

(二) 抽样误差的估算

对于不同的抽样方式，抽样误差的估算方法也不一样。但各种不同的抽样方式都是以简单随机抽样为基础的，故可以把简单随机抽样误差的计算方法作为其他抽样方式误差计算的基础。简单随机抽样误差的计算公式为：

$$\mu=\frac{\sigma}{\sqrt{n}}$$

其中：μ 代表抽样误差，σ 代表总体标准差，n 代表样本单位数。

由于在实际调查中，总体标准差 σ 往往不知道而无法计算抽样误差 μ，所以常用样本标准差 S 代替 σ 进行计算。样本标准差 S 可以根据抽样结果来计算，计算公式为：

$$S=\sqrt{\frac{\sum(x_i-\overline{x})^2}{n-1}}$$

其中：x_i 代表样本观察值，$\overline{x}$ 代表样本平均值。

二、样本容量的确定

(一) 确定样本容量的方法

1. 教条式方法

认为样本容量至少应该是调查总体的 5%。事实上，营销经理经常认为调研人员所建议的样本容量还不到调查总体的 1%，希望样本数量越多越好。这种方法简单实用，但忽略了企业规模与抽样的精确度问题。

2. 约定式方法

认为某一个“约定”或某一个数量就是正确的样本容量，如以往调查采用的样本容量，或竞争对手进行调查时采用的样本容量。这种方法假定以前调查所确定的样本容量是正确的。但如果以往调查的精确度超过了本次调查的实际所需，则会增加样本容量。

3. 成本计算法

成本计算法将调查的成本作为确定样本容量的基础。采用这种方法确定样本容量不是将调查所获得的信息价值作为首要考虑因素，而是以预算作为标准，这通常会忽视调查结果对管理决策的价值。因此实际调查中还要考虑成本与调研结果对管理者的价值。

4. 置信区间法

运用差异性置信区间、样本分布以及平均数标准误差或百分率标准误差等概念来创建一个有效的样本。所谓差异性，是指受访者对某一特定问题的答案在差异性或相似性方面的概括。如果多数受访者在某一问题上具有相同的观点，那么答案分布的差异性就小；反之，如果受访者均衡地选择某一问题的答案选项，则差异性就大。而置信区间是指一个范围，其终点指定了对于一个问题的某一应答百分率。正态分布的属性是，标准分布的1.96倍从理论上表示95%的分布终点，标准分布的2.58倍表明了99%的分布终点。在市场调研中，通常使用95%或99%的置信区间。

（二）影响样本容量的因素

1. 调查总体各单位之间的差异程度

前述样本标准差 S 是在计算抽样误差 μ 时替代总体标准差 σ 的，而总体标准差 σ 则是用来说明总体各单位之间的差异程度的。总体标准差越大，样本容量越小；总体标准差越小，样本容量越大。

2. 允许误差数值的大小

允许误差是根据抽样资料估计总体参数所允许的误差范围，用 Δx 表示。允许误差与样本容量也成反比，即允许误差越小，样本数目越多；允许误差越大，样本数目越少。

允许误差 Δx 在抽样调查中通常是事先规定的。

3. 概率度 t 值的大小

概率度 t 值的大小是指对抽样误差范围估计可靠程度的大小。可靠程度要求越高，即 t 越大，样本数就越多；可靠程度要求越低，即 t 越小，则样本数就越小。可靠程度在统计学中称概率度，可根据标准正态分布表由给定的置信度 $F(t)$ 查出相应的概率度 t 值。例如，抽样调查中常用的几个置信度90%、95%、99%，相对应的 t 值分别为1.65、1.96、2.58。

在抽样调查中，置信度通常也是事先规定的。

4. 抽样的方式和方法

采用分层抽样和整群抽样比简单随机抽样所需样本数多，采用不重复抽样比重复抽样所需样本数要少。

（三）样本容量的计算

了解了总体标准差 σ、允许误差 Δx、置信度 F_t、概率度 t 值等概念以后，就可以计算抽样误差 μ 和样本容量 n。在实际抽样调查中，允许误差 Δx 和置信度 F_t 通常事先给定，总体标准差 σ 一般用样本标准差 S 代替，而样本标准差 S 可通过试调查获得，或直接采用过去调查的经验数据。

样本容量的计算公式是根据允许误差 Δx 的公式推导而来的，即允许误差公式为：

$$\Delta x = t \cdot \mu$$

将 Δx 公式代入抽样误差的公式 $\mu=\frac{\sigma}{\sqrt{n}}$，可以得出计算样本容量的公式：

$$n=\left(\frac{t\sigma}{\Delta x}\right)^2=\frac{t^2\sigma^2}{\Delta x^2}$$

例如，某高校准备采用简单随机抽样调查大学生每月消费支出情况。已知大学生平均每人月消费支出的标准差为 30 元。

问题：

(1) 如果抽取 400 人进行调查，计算抽样误差。

(2) 如果要求以 95%的置信度推断总体，且允许误差为 3 元，计算调查的样本容量。

解：

(1) 已知条件：$\sigma=30$，$n=400$，求抽样误差 μ。

$$\mu=\frac{\sigma}{\sqrt{n}}=\frac{30}{\sqrt{400}}=1.5\text{（元）}$$

(2) 已知条件：F_t 为 95%，$t=1.96$，$\Delta x=3$，$\sigma=30$，求样本容量 n。

$$n=\frac{t^2\sigma^2}{\Delta x^2}=\frac{1.96^2\times 30^2}{3^2}=384\text{(人)}$$

即要达到题中所规定的抽样要求，需要抽取 384 名大学生进行调查。

本章小结

本章从抽样调查的优点入手，对随机抽样和非随机抽样方法进行了较详细的阐述，并对样本容量和抽样误差的含义和计算方法进行了讲解和说明。

【复习思考题】

1. 抽样调查方案设计包含哪些内容？
2. 简述分层比例抽样的含义和计算方法。
3. 什么是整群随机抽样？它与分层随机抽样的区别是什么？试举例说明。
4. 简述等距抽样的含义和计算方法。
5. 简述配额抽样与分层随机抽样的异同。
6. 解释样本容量与抽样误差的含义和计算方法。

【实例】

万方商城抽样调查方法

北京万方商城位于西城区三里河大街繁华商业区的黄金地段，营业面积 10 000 平方米，后改为万方西单商场，是集购物、餐饮、娱乐于一体的区域性综合性商场。

1. 调查的目标总体

调查的基本元素为居民户。

抽样单位分层：第一步，三里河地区的九个街区；第二步，每个街区中的居民楼；第三步，每个居民楼的楼层；第四步，每层的单元（居民户）。

调查范围：月坛北街以南，复兴门外大街以北；三里河路以东，复兴门北大街以西。其中不包括：南礼士路头条以南，复兴门外大街以北；二七剧场以东，南礼士路以西。

2. 抽样框描述

整个调查区域共有居民 16 414 户。

随机数确定根据兰德公司（RAND）的 *A Million Digits with 100 000 Normal Deviates* 得到。

3. 样本规模确定

（1）参照以前类似抽样的协变系数（$s/\bar{x}$）为 0.50。

（2）以置信度 95%为基本要求，相对许可误差 β 为 5%。

（3）按公式：$\pm\beta\bar{x}=\pm2\frac{s}{\sqrt{n}}$计算可得出 $n=400$。

（4）估计拒访率为 40%，因而样本规模为 670。

4. 确定抽样方法

可能的随机抽样方法有简单随机抽样、分层抽样、等距抽样和整群与子群抽样，尽管其中分层抽样的成本最高，我们还是决定采用，理由如下：

（1）简单随机抽样很少单独使用。

（2）目标调查区中居民楼类型不同，有大量居民户的“塔楼”数量较少，等距抽样可能会漏掉塔楼；同时一栋楼内的建筑具有一定的规律，等距抽样可能会只抽到特定类型的居民，如两居室居民。

（3）整群与子群抽样随机抽取九个居民区，由于每个居民区对于万方商城具有不同的商圈距离，漏掉任何一个都是不恰当的；在一个具体的居民区中的子群抽样也具有同样的问题。

调查情况如下：

抽样调查结果

街区号	目标总体	调查总体	抽样数	回收数	受访率	权值	加权受访率
一区	1 536	1 116	50	29	58%	0.07	4%
二区	2 304	2 304	100	89	89%	0.14	13%
三区	2 304	2 304	100	58	58%	0.14	8%
四区	1 194	1 194	60	56	93%	0.07	7%
五区	1 674	1 674	60	45	75%	0.10	8%
六区	2 259	2 259	90	45	50%	0.14	7%
七区	822	822	30	15	50%	0.05	3%
八区	2 757	2 757	120	90	75%	0.17	13%
九区	1 564	1 564	60	30	50%	0.10	5%
合计	16 414	15 994	670	457		1	67%

第六章

文案调查法

本章要点

1. 市场信息的来源：企业内部资料、企业外部资料。

2. 企业外部资料的来源：国际组织与政府机构资料，行业协会资料，书籍、杂志资料等。

3. 文案调查法的原则：针对性、广泛性、时效性、经济效益性。

4. 文案调查资料的评估标准：信息资料的来源、资料调研的原始目的、信息的内容、资料收集的时间、资料的收集方法、资料信息的一致性。

5. 文案调查的阶段：确定收集信息类型、查找信息、收集信息资料、编排整理信息、补充完整资料、分析信息并提出调查报告。

6. 资料查询的方法：参考文献查找法、手工检索查找法、电子网络搜索。

文案调查也称二手资料调查或文献调研，是调查人员从各种文献、档案材料中收集有关市场信息资料的方法。它不仅是独立的一种调查方法，而且是其他调查方法的基础与前期环节。

第一节　市场信息来源与文案调查法的基本原则

一、市场信息来源

文案调查应围绕调查目的，收集一切可以利用的现有市场信息。信息的来源非常广泛，存在于各种相关的资料源里。从企业经营的角度来讲，文案调查的市场信息包括企业内部资料的信息和企业外部资料的信息。

（一）企业内部资料

企业内部资料是与企业生产经营活动有关的各种资料，包括订货单、进货单、发货单、合同文本、发票、销售记录、业务员访问报告等。通过对这些资料信息的收集和分析，可以掌握本企业所生产和经营商品的供应情况，分地区、分用户的需求变化情况等。

1. 企业内部统计资料

企业内部统计资料主要包括企业内部的各类统计报表，企业生产、销售、库存等各种数据资料，各类统计分析资料等。企业统计资料是研究企业经营活动数量特征及规律的重要定量依据，也是企业进行预测和决策的基础。

2. 企业财务资料

企业财务资料是企业财务部门提供的各种财务、会计核算和分析资料，包括生产成本、销售成本、各种商品价格及经营利润等。通过对这些资料的研究，可以确定企业的发展前景，考核企业的经济效益。

3. 企业的其他资料

企业的其他资料主要有日常简报、经验总结、各种调研报告、顾客意见和建议、同业卷宗及有关照片和录像等。这些资料都对市场研究有一定的参考价值。

（二）企业外部资料

企业外部资料是存在于企业外部的资料，既包括外部机构资料，也包括各种书籍、杂志等出版物方面的资料。

1. 国际组织与政府机构资料

国际组织资料是指国际组织的统计调查报告等资料。如国际贸易中心的《产品及国家的市场调查分析性目录》，联合国一年一本的《统计年鉴》，经济合作与发展组织、世界银行的年度和季度报告等。政府机构资料是指国家政府机构所发布的有关资料，如政府普查机构定期调查获得并发布的普查材料，政府颁布的方针、政策、法律、法令和发表的声明，党和国家领导人的指示、讲话，党和国家重要的决议、党报党刊的重要社论以及其他有关国家政治、外交、财经、工农业生产、交通运输、文教卫生、体育运动等方面的重大事件和重要文件资料等。

寻找这类资料信息的途径有很多，如《中国统计年鉴》《中国百科年鉴》等各种综合性年鉴资料汇编。

2. 行业协会资料

行业协会资料主要是指大量用来为本行业或协会内部服务的信息资料，如一般的行业文献以及各企业的年度报告，各种专业及贸易协会的内部或公开出版资料，还有个别企业（特别是上市公司）的财务报告等。

3. 书籍、杂志等资料

图书馆的部分专业书籍、杂志能提供大量的有关本国和外国的市场背景资料、贸易统计数字资料等；工商业名录能提供地区所有工商企业的名录和某个特定专业的名录，如《世界工商行业名录》《国际银行名录书目》《中国企业登记年鉴》等。

此外，研究机构、高等学校的各类专业研究报告和专著、论文，国内外博览会、交易会，各地电台、电视台、互联网等，可以提供有关调研课题的大量资料，对企业市场调研也有重要参考价值。

二、文案调查法的基本原则

文案调查法的关键在于如何快捷、科学、全面地收集有关的文案资料。要保证文案调查法的成功应用，文案资料的收集必须遵循以下原则。

（一）针对性原则

针对性原则，即文案资料的收集必须针对市场调查的目的、任务来进行。要把与调查主题密切相关的资料收集起来，要把对企业生产经营活动有用的资料收集上来。善于对一般性资料进行摘录、整理、传递和选择，以得到对企业生产经营有参考价值的信息。

（二）广泛性原则

广泛性原则，即文案资料的收集必须全面、系统，能满足市场调查课题的要求。为此，要通过各种信息渠道，利用各种机会，采取多种方式广开信息源，大量收集各方面有价值的文献，既要有宏观资料，又要有微观资料；既要有历史资料，又要有现实资料；既要有综合资料，又要有典型资料。这些资料在时序上要保持连续性，以便反映客观事物的发展变化情况。

（三）时效性原则

文献资料大多数是历史性资料，随着信息时代的到来，知识更新的速度加快，市场活动的节奏也越来越快，资料适用的时间在缩短，这就要求调查人员在资料的收集过程中，必须考虑资料的时间背景，摒弃过时的、与目前市场情况不相符的资料内容，确保收集的资料能够准确反映调查对象的发展规律性。

（四）经济效益性原则

文案资料的收集必须要考虑其经济成本和使用后的效益。文案调查的好处就是省时省钱，如果费用支出过高，就失去了它的经济效益。在具体操作过程中，应该考虑调查投入和产出之间的对比关系。从表面上看，文案调查产出的市场信息的数量越多、质量越高，花费的人力、物力和财力也就越多。事实上，从文案调查的实际应用效果上看，高的投入未必总是产生好的使用效果。因此，进行投入产出的比较，采用适合的投入方案是保证调查经济性的重要因素。

第二节　文案调查的特点、功能、局限性及资料评估

进行市场调查必须选用科学的方法，调查方法的选择恰当与否，对调查结果的影响非常大。各种方法都有各自的优点和缺陷，只有了解各种方法的特点和功能，才能正确地选择和应用。

一、文案调查的特点

与实地调查相比，文案调查有以下几个特点：

（1）文案调查收集的是已经加工过的第二手资料，而不是对原始资料的收集。

（2）文案调查不受时空的限制，可以获得实地调查难以取得的大量历史资料。

（3）文案调查所收集的资料包括动态和静态两个方面，尤其偏重于从动态角度，收集各种反映市场变化的历史与现实信息。

（4）文案调查以收集文献性信息为主，它具体表现为各种文献资料。在我国，主要以收集印刷型文献资料为主，当代印刷型文献资料又有很多新的特点：数量急剧增加、分布十分广泛、内容重复交叉、质量良莠不齐等。

二、文案调查的功能

文案调查的功能具体表现在以下三个方面。

（一）企业运用文案调查可做经常性的市场调查分析

文案调查与其他调查方法相比省时、省力，组织起来也比较容易，如果经过调查人员的精心策划，尤其是在建立企业文案市场调查体系的情况下，具有较强的机动性和灵活性，随时能根据企业经营管理的需要来收集、整理和分析各种文案信息，为决策者提供相关的市场情况报告。

（二）文案调查经常是市场调查的首选方式

在市场调查的实践中，文案调查常被作为市场调查的首选方式，几乎所有的市场调查都开始于收集现有资料，只有当现有资料不能为解决问题提供足够的依据时，才进行实地调查。

在对市场的研究中，文案调查经常对以下几种情况进行研究：

（1）市场占有率分析。这是根据文案方面的资料，计算出本企业产品的市场占有率，以了解企业目前的市场地位。

（2）相关和回归分析，即利用一系列相互联系的现有资料进行相关和回归分析，以研究现象之间相互影响的方向和程度，并可在此基础上进行市场的预测分析。

（3）市场供求情况分析。通过收集市场变化的动态资料，并加以分析研究，可以发现市场的发展方向。

（三）文案调查经常是实地调查的前期环节

根据具体的调研目的，如有必要进行实地调查，文案调查可为实地调查提供有价值的参考资料，从而为将要进行的实地调查奠定基础。具体表现在：

（1）指导实地调查的设计方案，即通过参考以往类似调查资料的研究来指导实地调查的设计。

（2）通过文案调查，能够大致了解调查对象的范围、性质和重点，并提供企业所处的市场环境等宏观信息，从而有益于下一步进行的实地调查。

（3）通过文案调查资料与实地调查资料的对比，可以鉴别和证明实地调查结果的准确性和可靠性。

（4）有时，利用文案调查资料并经过适当的实地调查，就可以推算出所需要应用的数据信息。

三、文案调查的局限性及资料评估

（一）局限性

文献调查本身也存在一些局限性，主要表现在以下几个方面：

（1）使用的资料都是静态的二手资料，难以适应和反映现实中正在发生的新情况、新问题，不能使企业对市场现状动态产生全面的了解。

（2）所收集到的资料原来的目的、收集方法等与现在调查者的使用目的和研究项目要求有一定的差别，调查数据对解决目前的问题不能完全适用。

（3）难以把握文案调查所收集资料的准确程度。由专业水平较高的人员采用科学的方法收集和加工的数据准确性较高；而有的资料只是粗略估算和推测的，准确度较低。因此，应明确资料的来源并对其可用性加以评价或说明。

（4）文献资料中有价值的信息大多是零散的，并不能完全满足企业某项市场研究的需要，有些资料可能会丧失时效。例如，对于报刊上的文章，因为调查者自己无法亲自调查，但又难以恰好找到最近的资料，所以往往不得不引用那些几年前文章中的信息来说明问题，从而丧失了调查资料的时效性和结论的可信度。

（二）文案调查资料的评估

由于存在上述的各种局限性，在运用文案调查法进行分析研究时，就需要对所收集的二手资料的质量进行评估。考察文案调查资料主要有以下几个标准。

1. 资料信息的来源

二手资料的来源是信息正确性的关键。一般来说，中央政府机关、省市地方政府机关和大型商业性的市场调研机构发布的信息是可以信赖的。这些组织机构做的是非常专业化的研究，在收集、处理、分析和发布信息时应该是比较科学、谨慎和负责的。

2. 资料调研的原始目的

市场调查资料总是为了一定的目的而收集的，了解二手资料原始的调研目的也可以为我们提供一些评估资料质量的线索。例如，一个企业为了吸引外地资金而对本地经济市场环境所做的调查，对这样的资料在进行分析时应该特别小心仔细。

3. 信息的内容

调研者应该准确地判断所收集的二手信息是什么样的信息。例如，在对一项牛奶消费的调查中，是对袋装、盒装、瓶装等的消费者都进行了调查，还是仅仅调查了袋装的消费者。

4. 资料收集的时间

在分析二手资料的时候，应该了解资料的信息是什么时候收集的。例如，某日在下午2点到下午4点的电话访谈，是不能反映上班消费者的情况的。

5. 资料的收集方法

要了解资料是通过邮寄、电话还是个人访谈的方式收集的。因为每种方法都有其各自的优点和局限性，调研者需要知道这些资料中由于信息收集的方法和过程而带给资料的倾向性。

6. 资料信息的一致性

二手资料的一个特点就是相互之间缺乏一致性，这在实际操作当中是需要注意的一个问题。调研者要深入考察造成偏差的各种可能原因，包括样本的结构、时间、抽样方法、问卷设计、分析方法等导致调研结果不同的因素。尽量能够评价各种调研的可靠性，决定最后使用哪一种资料结果来进行决策。

第三节 文案调查的阶段

在实践中，文案调查的过程实际上也是一个资料的筛选和归纳的过程。为了使文案调查具有较高的效率，调研人员应结合调研的内容将文案调查分成若干阶段。

一、确定收集信息类型

文案资料收集的第一步，就是辨别能达到研究目的的信息类型。这些信息可能是初步的、一般性质的（如某行业的年销售量），也可能是较具体的（如具体企业的年销售金额和数量）。不过，当市场调查人员对研究的主题不太熟悉时，开始辨别的信息可能是比较粗浅的；只有当对主题有了进一步了解后，才能详细辨别符合调研目的所需的信息。

二、查找信息

辨别出所需信息后，具体的查询工作就可以开始了。这时，文案调查人员应尽可能有效地使用各种检索工具，如索引、指南、摘要等，从多如牛毛的文案资料中寻找或发现与研究主题有关的信息源和信息资料，并减少搜寻时间和扩大信息量。对于文献性资料，科学地查询资料具有十分重要的意义，它也是整个文案调查过程中最主要的工作。

（一）二手资料查询的程序

1. 查询内部资料

专业的调查人员一般非常注重对内部资料的整理和储存。每次进行新的市场调查时，从内部资料获取信息是首先应该进行的工作。这些资料就在手头，而且花费少，同时会明确外部资料的查询方向。

2. 查询外部资料

在内部资料缺乏时，就需要去寻找有用的外部资料。最先想到的就是在互联网上搜索，通过网络搜索引擎，输入关键字，就会出现所有网上公开的信息，从中挑选使用。这是最便捷的方法，但这可能还不能完全满足调查的需要。接下来的工作，经常是到一个比较大型的、专业性的图书馆，根据调查的主题和项目收集资料。这时需要重点查询市场营销、市场信息、统计年鉴等方面的书籍刊物。另外，可以充分利用图书馆所拥有的完整的文献索引，根据索引来发现有价值的文献资料信息。

3. 寻访查询

再往下，就需要进一步地访问有关企业协会等行业组织、新闻媒体、政府部门和统计机关。从这些地方所得到的资料信息具有很强的专业性、权威性、科学性和及时性，是最值得信赖的二手资料信息。

4. 购买资料

如果通过以上手段所获得的二手资料仍然不能满足调查的需要，调查人员就应该考虑去市场上购买调查信息。这主要是指从专业的信息经营单位、市场调研企业以及专业的网站等机构购买。

总之，在进行文献资料的查询时，不应该盲目、凌乱地收集信息，而应该根据调查目的确定所需的信息内容、类型，设计出合理科学的收集步骤，以便用最少的时间和费用，获取最适当的二手资料，收到事半功倍的效果。

（二）文献资料查询的方法

1. 参考文献查找法

参考文献查找法就是以相关的书籍等所列出的参考文献的名字，或者文章所提到的某些文献线索为依据，进行文献资料查找的办法。

2. 手工检索查找法

手工检索需要运用适当的检索工具，这些检索工具根据不同的出版形式、收录范围、著录形式而分成多种不同的类型。以著录方式来分，可以分为：目录，它是根据信息资料的题名进行编制的，平时常见的目录是产品目录、企业目录、行业目录等；索引，它是将信息资料的内容特征和表象特征录入，标明出处，按一定的排检方法组织排列；文摘，它是对资料主要内容所做的一种简要的介绍，能使人们用较少的时间获得较多的信息。

在实践查询中，除了使用检索工具以外，还需要按照一定的检索途径去查询，这样才能迅速准确地找到信息。从表象特征来检索时，主要有以下几个途径：

（1）作者途径。作者是指信息资料的编写者或信息提供的个人或单位。把他们按一定的次序排列起来，这样，在知道作者的情况下，就能够很方便地找到文献资料。

（2）资料名称的途径。就是将有关资料的名称按照一定的次序排列起来的检索系统。

（3）资料顺序号的途径。在专业的数据库和图书馆中，每篇资料都有一个序号，用序号便可以组成一个检索系统以方便查找。如果首先知道顺序号，根据序号查找资料就非常简单了。

从内容特征来检索时，主要的途径有：主题检索，就是利用信息资料的主题词所组成的检索系统，根据主题词就能查到所需要的资料；分类途径，即利用信息资料分类或者编码的目录和索引来进行查找。

3. 电子网络搜索

互联网是现在迅速发展起来的信息传输方式，通过上网查询可以获取大量的第二手资料。与其他方法相比，它不仅拥有更方便、快速、低费用等方面的优势，而且还可以打破获取信息资料的地理障碍和时间约束，能向各类用户提供完善的、可靠的信息。随着计算机网络的普及，这种方法已经成为文案调查获取二手资料的一个重要手段。

互联网上有不计其数的网站、网页等，内容无所不有，但对于调查人员来说，怎样迅速地获得自己所需要的网页内容是文案调查的关键，这时就需要借助于网络的搜索工具。常用的网上搜索工具可以分成四大类：互联网目录服务类网站、搜索引擎网站、集成搜索工具类网站和其他软件工具。

互联网目录服务类网站的搜索方式是先将各种网站按类别进行分组，然后通过逐步缩小搜索范围来指引使用者找到其所要查找的网页。例如，www. google. com，www. sohu. com 就是互联网目录服务类网站，它们通过人工对信息进行分类处理来建立和维护自己庞大的站点信息数据库，用户查找时显示的分类目录就是它们数据库中的信息。互联网目录服务网站除了能提供目录检索之外，还可以进行关键词查询，此时它们就会调用别人的搜索引擎来完成用户的查询工作，例如搜狐则是用 Snap 的搜索引擎。互联网目录服务类网站的使用方法是：如果你想在搜狐中查找关于北京市房地产方面的信息，你就可以在网站首页上打开房产专题的页面，打开后再点击“北京”，像这样按主题依次往下寻找，直到找到你所需要的内容。假如你所需要的内容在网站上没有找到，你还可以通过关键词查询，在主页的搜索栏中输入你要查询的关键词，这样也可以找到你所需要的二手资料信息。

搜索引擎通过经常扫描 Web 页面来更新其关键词索引。搜索引擎一般是按照关键词进行网络查询的，除 WWW 网址外，通常的搜索引擎还可以查找其他的互联网的项目，如网页、新闻、通信地址、人名录等。

集成搜索工具网络和相关软件允许用户将关键词同时提交到相应搜索引擎上进行检索，能够节省时间、提高效率、增加找到资料信息的概率，它查找的结果是多个搜索引擎搜索结果的大集合。例如，现在我国的 3721 网站就是一个集成搜索工具类网站，它可以把用户输入的关键词同时提交到网易、新浪、雅虎、搜狐、263 等 7 个搜索引擎上，一起查找的结果是这 7 个搜索引擎查找结果的大集合。集成搜索工具类网站还把它们的这一功能设计成软件，成为集成搜索工具类软件，供用户下载。

三、收集信息资料

在弄清了具体的信息源后，调研者就要开始收集所需资料。一方面要尽可能多地收集丰富的资料；另一方面一定要记录下这些资料的详细来源（作者、文献名、刊名，或出版商、刊号，或出版时间、页码等），以便在日后要检查、辨明资料的正确性时，能准确地查到其来源和内容。

四、编排整理资料

收集到的第二手资料，要真正做到为我所用，必须去粗取精，从众多的资料中选取对研究主题有价值的资料，摒弃那些虚伪的或不确切的资料，然后再将分散的资料加以分类整理，还可以制成图表，以便于分析和比较。

五、补充完整资料

通过对已收集的资料做进一步加工整理，针对市场调查所需信息的要求，明确其欠缺资料或不完整信息，并分析其欠缺或不完整对预测、决策的影响程度。必要时，应通过补充调查或通过收集原始资料来满足研究工作的需要。

六、分析信息并提出调查报告

收集到较充分的第二手资料之后，便采用科学的、合理的方法加以分析，得出恰如其分的意见或建议，并通过调查报告或其他形式反映给决策者。

本章小结

本章首先介绍了文案调查法的基本原则，然后较为详细地论述了文案调查的特点、功能、局限性及资料评估，最后重点讲述了文案调查的方法。

【复习思考题】

1. 文案调查的特点是什么？
2. 文案调查的功能有哪些？
3. 简述文案调查资料的评估标准。
4. 文案调查的阶段有哪些？

【实例】

北京市中型商场调查分析

北京市中型商场调查是20世纪90年代，对营业面积在4 000～15 000平方米的商场进行的资料收集和分析，包括每平方米销售额、人均销售额、经营商品结构、综合毛利率等。

1. 营业面积与每平方米销售额的关系（见下表）

营业面积与每平方米销售额

名称	营业面积（平方米）	每平方米年销售额（万元）
蓝岛大厦	17 991	5.25
城乡贸易中心	17 309	7.60
长安商场	10 296	7.21
双安商场	9 500	6.98
复兴商业城	8 792	4.90
隆福大厦	8 199	6.18
天桥百货商场	8 156	3.92
星座商厦	7 999	2.60
顺义国泰大厦	7 991	2.14
贵友商场	6 500	7.71
西单购物中心	6 000	9.00
国华商场	4 800	4.88
和平里百货商场	4 650	3.87
华奥商场	4 170	3.95
地安门百货商场	4 000	3.69
菜市口百货商场	3 698	7.29
新街口百货商场	3 002	6.99

（1）17家商场每平方米年销售额平均为5.54万元。

（2）去掉其中较特殊的，如西单购物中心、新街口百货商场与菜市口百货商场等地处繁华闹市区的商场，以及面积最大的蓝岛大厦后，平均每平方米销售额为5.07万元。

(3) 8 000平方米左右的商场平均每平方米销售额为4.85万元，其中最低的为2.14万元，最高的为7.21万元。

(4) 新开业的星座商厦和顺义国泰大厦由于商圈地区性强，交通不是很便利，导致每平方米销售额较低，分别为2.6万元和2.14万元。

(5) 10 000平方米左右的商场，每平方米销售额平均高于5 000平方米以下商场1～1.5倍。

2. 人均销售额

4 000～15 000平方米商场人均销售额为34.57万元，后6家人均销售额为33.89万元，顺义国泰大厦、星座商厦两家的人均销售额只有22.73万元。

3. 经营商品结构

本次调查有关商品结构比例是从营业面积角度统计的，而不是从销售额角度统计的。

计算方法为：

某商品比例＝某类商品所占营业面积/商场总面积×100％

经营商品结构比例调查结果为：食品8％，服装纺织品31％（包括成人鞋、帽），家用电器14％，日用百货25％（不包括化妆品和金银首饰），化妆品3％，儿童用品5％（包括儿童鞋、帽、服装、用品等），五金及装饰材料4％，其他10％（包括金银首饰、文体用品及其他小商品等）。

4. 综合毛利率

本次重点调查了双安商场、贵友商场、国华商场、和平里百货商场、华奥商场等5家商场，综合毛利率平均数为19.75％，其中贵友商场最高，为23％。商场规模越小，毛利率越低，如华奥商场仅为17％。

第七章

调查数据处理

本章要点

1. 数据处理的必要性：是市场调查中不可缺少的组成部分、可以产生新的资料信息、可以提高市场调研原始资料的价值、可以发现前期调查过程中的不足和失误。

2. 数据处理的原则：适用性、时效性、精确性、系统性。

3. 数据处理的步骤：资料审核、资料分类、数据编码、资料录入。

4. 资料审核的方法：检查访问员、调查资料的审核。

5. 资料编码的方法：顺序编码法、分组编码法、信息组码编码法。

调查资料处理是运用科学方法，对调查所得的各种原始资料数据进行审查、检验和初步加工综合，使之系统化和条理化，成为适用的信息资料，从而能以集中、简明的方式反映调查对象总体情况的工作过程。

市场调查取得的原始资料都是从各个被调查者那里收集的，是零散的、不系统的资料，而且在资料的收集过程中难免出现虚假、差错、遗漏、多余的现象。因此我们需要对这些资料数据进行加工处理，才能进一步分析研究，达到深刻认识事物本质的目的。对市场调查资料数据的处理和分析，既是具体的工作过程，又是市场调查人员的思维活动过程。在这个过程中，不仅要投入各种原始的信息资料，还要采用科学的方法，耗费大量的智力劳动，使原始资料成为适合深入分析、预测研究的加工信息。

第一节　调查数据处理的必要性及原则

一、调查数据处理的必要性

调查数据处理的必要性主要体现在以下几个方面。

（一）调查数据处理是市场调查中不可缺少的组成部分

在调查过程中，通过各种方法和途径收集上来的各种信息资料，尤其是第一手资料，大都处于杂乱无章的状态；对于第二手资料，也会由于调查目的、分析方法等方面的不同而很难直接运用，因此数据资料必须经过科学的加工处理，从而形成完整的、系统的、有针对性和适用的调查资料，为下一步的深入分析研究奠定基础。

（二）调查数据处理可以产生新的资料信息

在对原始资料数据的处理过程中，通过调研人员的智力劳动和创造性思维，对调查上来的资料数据进行整理处理，可以使之产生交合作用，从而有可能产生一些新的信息资料。

（三）调查数据处理可以提高市场调研原始资料的价值

市场调研资料数据的处理过程是一个去粗取精、去伪存真、由表及里的过程，它能大大提高信息的浓缩度、清晰度和准确性，大大提高调研资料的利用价值。

（四）调查数据处理可以发现前期调查过程中的不足和失误

在前面的调查过程中，由于调查设计的不全面、调查过程的不精确等问题，会出现诸如调查员虚假采访、收集到错误或残缺的信息等现象。在对原始资料数据的处理过程中，就可以发现这些失误，及时纠正，为下一步的深入研究提供可靠、适用的分析资料。

二、数据处理应该遵循的原则

调查数据处理是一项比较费时、费力的工作，但它对调查资料的最终质量和统计分析的效果却有很重要的意义。因此，对数据处理工作进行周密的计划，对调查资料的质量进行严格的监控，就显得十分重要。在实际应用过程中，调查资料的处理工作必须遵循以下几个原则。

（一）适用性原则

这就是要求调查资料的处理要根据市场调查的目的、任务来进行。当今企业所处的社会是信息爆炸的社会，从企业外部环境收集到的信息数量巨大，类型各异。资料的处理就是要把与调查主题密切相关的资料筛选出来，并将其整理，转换成适用于下一步研究分析的资料。同时，要达到资料适用性的目的，采用适当的数据处理的方法，也是一个不可忽视的重要因素。实践中，数据处理的方法和工具有很多，每种方法都有各自的针对性和局限性，我们只有真正了解了它们，才能根据各种市场调查的各自目的、所需要资料的不同特点，采用最为适合的处理方法和工具，从而保证资料的品质，使市场调查的结果真正起到指导企业发展的目的。

（二）时效性原则

随着信息时代的到来，知识更新速度加快，市场活动的节奏也越来越快，信息适用的时间在缩短，这就要求数据处理人员必须考虑信息资料的时效性，在最短的时间内完成调查资料的处理工作，同时摒弃过时的、与目前市场情况不相符的信息资料，确保资料的结果准确反映调查对象的变化规律。

（三）精确性原则

如上所述，在市场调查的前期阶段，由于抽样方法的误差、调查采访过程中的人为错误等原因，调查收集上来的资料会出现这样或者那样的疏漏和错误。数据处理的精确性，就是要求在工作过程中，调查人员要运用科学的处理方法和工具，对这些原始资料进行严格的审查和处理，及时发现其中的问题，并及时解决。

精确性是数据处理工作的生命，也是整个市场调查获得成功的决定性因素。企业的管理人员需要通过市场调查来了解市场情况、预测环境变化、进行企业决策，只有当所依据的调查结果是可靠的、准确的，才可能正确认识企业目前所面临的形势和未来发展的方向，进行正确的决策。因此，数据处理的正确性甚至对企业的生存发展都会产生重要的影响和作用。

（四）系统性原则

客观世界的各个部分都存在相互联系、相互作用的关系，世界是以系统的形式存在的。任何客观事物都可以看成一个系统，系统内部以及各系统之间都存在相互联系、相互制约的关系。数据处理的系统性就是指在数据处理过程中，要强调分析资料之间的联系，形成系统化的资料，从而全面客观地反映调查对象的特征和变化。

第二节　数据处理的步骤

数据处理过程，就是对收集上来的原始资料进行验收检查、编辑转录的过程。在检查过程中对发现的错误进行编辑修改，然后进行恰当的分类，而且转换为直观的数字或字符形式，以便使用相应的统计方法和工具进行分析。随着计算机的普及，人们逐渐告别了人工处理资料的时代，这就需要我们对资料进行编码，将经过编码的调查数据输入计算机中，使计算机可以直接对资料进行处理。所以，数据处理其实大致可以分为四个步骤：资料审核、资料分类、数据编码和资料录入（如图 7－1 所示）。

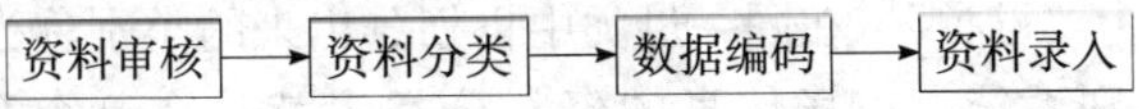

图 7－1　数据处理的步骤

一、资料审核

对收集上来的调查问卷等原始资料首先要进行审核，因为调查资料的精确程度直接决定了调查结果的准确程度。审核工作是一种程序化较强的工作，审核人员要检查问卷中的回答是否有缺失，是否进行了正确的跳转和存在一些明显的逻辑错误等。实践中，需要审核的前期调查访问的误差主要有如下几种。

（一）回答不真实

回答不真实，即在采访员面访过程中，受访者出于有意或无意的目的而不真实地回答调查问题的现象。这是问卷调查中经常出现的一种情况，而且这些回答含有强烈的主观色彩，多数情况下很难发现和鉴别。因此要求审核人员在处理这种问题时应该十分谨慎。

（二）回答不准确

这主要是指受访者由于未能理解访问员的问题或表达出现模糊，而使答案与问题不相关或不确切。对于这些资料，审核人员应该认真鉴别，将无效的回答剔除，筛选出有用的问卷。

下面列举了一些常见的不能接受的错误问卷形式：

（1）问卷不是此次调查的目标受访者回答的。

（2）受访者回答明显敷衍，如问卷答案一致，所有回答均为“是”或“不是”。

（3）问卷只有开头部分回答完全。

（4）问卷在截止日期之后收回。

（5）回收的问卷有缺页或者多页的情况。

（6）受访者的回答表明他没有搞清楚问题的含义或没有注意问卷说明，如出现了跳转错误等。

（三）访问员的失职

这种情况的突出表现就是，访问人员没有进行原本计划的访问，而是自己填写问卷的欺骗行为。这种情况一经发现，审核人员应该拒收问卷并及时报告给调查管理人员，对访问员进行处罚。

二、资料分类

资料分类就是根据所得信息资料的性质、特点、用途等将所有资料归入适当的类别，以利于进一步的数据处理和分析。由于市场调研所得的信息资料十分繁多复杂，对它们进行适当的分类处理有着重要的作用，有利于人们清楚地认识各种资料的内容，使调查人员能够更加有效地管理和分析这些原本分散、复杂、类别各异的资料，同时有利于形成系统化的信息资料，便于以后的加工处理和资料分析。

资料分类首先要进行的工作是设计分类表，要根据市场调研的目的和实际工作的情况，制定资料分类的依据和标准。根据内容、时间、地点的不同可将相同的信息资料划归为一类，这些类别称为“母类”，在同一母类中再划分出来的类别称为“子类”。这样依此类推就形成了一个类别系统。市场信息的资料分类表就是在这个系统的基础上设计出来的。

对于具体的各类市场资料的分类工作，一般按以下的过程进行：首先，是资料的划分，就是将收集的资料进行细致正确的划分，保证这些信息资料可以准确地编进它们所属的类别，不会出现误差；其次，是将这些资料编入分类表中适合于它们的类别；最后，将这些资料进行互相对比、分析和参照，因为有些信息的性质比较复杂，编入某一个类别不能充分反映它的实际内涵，通过这一过程的处理，可以将信息之间、类别之间相互联系、相互补充的关系整理出来。

三、数据编码

编码，就是将问卷信息转化为统一设计的计算机可以识别的代码，以便于对其进行资料整理和分析的过程。

编码设计主要包括的内容有：设计问卷的代码，举个简单的例子来说，假如一份问卷的代码为“2160608”，开头的代码“2”表示中国人民大学，下面两个数字“16”代表了学校具体班级的名字，再后面两位“06”代表调查人员的编号，最后的“08”表示这是调查员在本班级收集到的第 8 张问卷；对变量的定义，这包括定义变量的名称、类型、位数、对应问题等；对取值的定义，包括对取值范围、对应含义等方面的定义。

在进行资料编码时，应该注意以下几个方面的问题：

(1) 设计代码要系统化。对于规模较大的调查项目来说，资料涉及的方面很多，各个方面的内容又相互关联、相互影响，所以代码设计的结构要对各方面都有实际的意义，能够适应这个调查大系统的所有要求。

(2) 编码的内容要保持一致。在实际操作中，经常使用固定的数字顺序表示回答项的顺序。例如，统一地用“1”表示同意，“2”表示弃权，“3”表示反对，“4”表示无答案或无效答案。

(3) 代码的设计要标准化。也就是说，一个代码一般代表一个资料，代码设计要等长，要避免混淆和误解。

(4) 编码时应该预留足够的位置，以适应需要的变化。因为编码体系一旦确定，要插入新的号码是不太可能的，要改变整个结构非常困难。

(5) 尽量使编码具有兼容性和通用性，以便与其他系统的信息共享。

四、资料录入

在计算机已经普及的今天，资料的录入是调查数据处理分析不可缺少的组成部分。目前，它主要涉及通过键盘录入把编码资料从问卷或其他资料中转录到计算机内。

如果资料的收集是通过 OMR（光学标记识别技术）或 OCR（光学字符识别技术）完成的，数据收集上来就是电子形式的，这个过程就可以跳过。除了键盘录入还可以通过光学扫描、计算机传感器等方法进行录入。在大量单调的资料录入过程中，录入人员要尽量减少出现录入的错误，应该注意以下几个方面的问题。

(一) 要避免完全依赖计算机、只求速度的想法

许多录入人员在进行键盘录入时，盲目地追求速度，不顾质量，认为即使录入出现差错，计算机软件的查错和纠错功能也能够即时予以纠正，结果虽然录入的速度很快，而实际用于查错纠错的时间却很长。

(二) 要了解所要录入的调查内容

录入人员在录入前，要能够充分了解所要录入的调查内容并熟练掌握所使用的计算机软件的功能特点。只有这样，录入人员在录入过程中才能及时发现录入信息中被忽视的错误，同时极大地提高录入的质量和速度。

(三) 录入人员要善于总结经验，积累经验

因为计算机录入是一项知识和经验密切相关的工作，资料录入的质量和速度，与录入人员的技巧或经验有着密切的关系。录入人员注意及时地、经常性地总结录入操作中的经验，加强彼此之间的交流，对提高录入的质量和速度会有很大的好处。

(四) 要采用科学合理的录入方法

这是资料录入中最重要的一点，它可以有效避免资料录入的错误。目前社会上有很多种资料录入的方法，选择和采用正确的录入方法是保证资料精确性、分析准确性的重要保障。

第三节　数据处理的方法

一、资料审核的方法

资料审核鉴别的方法主要有如下几个方面。

（一）检查访问员

对于检查访问人员是否失职，主要的方法是复查法。职业的调查者根据以往的经验和教训都了解，访问员说谎的现象相当普遍，因此许多市场调查企业或机构在进行问卷访问之后，常常通过电话对一定比例的受访者进行复查，复查内容大致包括以下一些内容：

（1）询问受访者是否曾经接受了访问员的调查。

（2）确定受访者是否属于此次调查的目标范围。例如，调查是针对北京市海淀区的消费者，那么就需要确定受访者是否真的符合这个要求，而不是其他地区的消费者。

（3）确定整个访问过程是否是遵照调查设计的程序进行的。例如，原本调查设计的计划是进行实地调查，而访问员的访问却采用了电话或邮递的方式，这在复查中可以检验出来。

（4）复查实际的调查过程是否完整。在访问中，访问员有时由于种种原因，没有按要求完成整个问卷的调查过程，可能仅仅对开头和结尾的几个问题进行了询问，而对其余的问题由自己填写。这种情况，在复查过程中也是需要重点留意的。

（5）除了上述一些关于问卷内容的问题之外，还应该询问一些其他方面的问题。例如，受访者对于此次访问有什么意见或建议；访问员是否有礼貌，表达是否准确；受访者是否被明确告知了此次调查的目的等。

（二）调查资料的审核

调查资料审核的方法有如下几种。

1. 分析判断法

这种方法主要依靠鉴别人员本身的知识和经验，结合实际的具体情况对所需鉴别的调查资料的信息进行分析和判断，发现疑点和问题。可以从信息资料本身内部之间的关系进行，如在同一问卷中前后表述的矛盾；也可以根据经验、常识进行分析判断。分析判断法是实际应用中最简单、也是最常用的一个审核方法。

2. 核对法

这种方法就是把信息资料同客观事实进行核对，或同权威的资料相核对。同客观事实相核对，就是通过直接的、现场的再调查来检查初始信息资料的真实性和准确性。这要花费较多的人力、时间和财力，故通常只针对某些重要的信息资料，或对某些重点问题进行核对。权威资料是指那些准确性不容置疑的信息资料。把初始资料与权威资料进行对照、比较，可能发现初始信息中的差错。这时掌握直接的、足够的权威资料是关键。但这个办法对于主观性的问卷调查显然是不完全适合的。

3. 比较法

比较法就是把来自不同渠道或者不同表现形式的信息资料相互比较，从中证实某些信息资料的准确性，发现问题和疑点。

4. 佐证法

通过调查、收集能验证原始信息资料真实性、准确性、适用性的佐证，来鉴定初始信息资料的质量。

二、资料分类的方法

资料的分类是针对市场信息的性质、特点、用途等进行的归类处理，实践中的资料主要有量化和非量化两种，这两种性质的资料的分类方法也有所不同。

（一）定性资料的分类

定性资料的分类是根据研究目的、主题和统计分析的需要，确定分类标准，进行分类汇总。但分类时应注意：分类的标准是简洁和互斥的，每个回答只能放在一个间隔里；分类涵盖所有可能的回答，经常使用“其他”来包括没有给出的答案选择；对开放性问题，一般不要求被调查者从备选答案中做选择，而是由研究人员根据研究的实际需要来分类；分类前要看是否存在定量的问题。

（二）定量资料的分类

在实际应用中，许多问题问卷本身就已经对答案进行了分类，并转化成了定量的形式；但当问题的答案是一个具体的数值时，就需要对答案根据调查分析的需要，按答案显示的规律，选择合适的标准进行归类。

一般情况下，资料的分类要注意以下几个方面的问题：

（1）分类各标准之间要相互排斥和全面涵盖，以方便被调查者回答。例如，分类为100～150件、150～200件、200～250件，这样就使大于250件、小于100件，或者正好等于150件和200件的调查对象，无法进行编类。

（2）分类标准应该根据研究的目的、主题和统计分析的要求而定。

（3）分类间隔要使最常出现的答案在中间。例如，如果很多的消费者关于月收入的调查数据是1 350元左右和1 720元左右，这样的话，分类的间隔应该是1 000元～1 500元和1 501元～2 000元，而不能使用1 000元～1 400元或1 301元～1 800元。

（4）分类间隔要尽量多。因为如果分类多，就可以减小综合的难度；分类少或太粗略，就可能影响分析的精确程度。

（5）使用复合分类。在调查人员对调查的资料数据还未确切掌握的情况下，应该使用多种分类，以便进行符合调查主题的分析。

三、资料编码的方法

根据编码设计的时间与方法的不同，可分为前设计编码和后设计编码两种类型。前设计编码适用于事先已知答案类型的问题，如结构式问卷中的封闭题和数字型开放题。这种编码设计简单易行，但可能会因为答案选项的设计少了或多了某些项而影响资料的质量。后设计编码主要适用于事先无法知道确定答案类别的问题，如非结构式问卷和结构式问卷中的文字型开放题。这种编码的设计要在资料收集完成后根据被调查者的回答进行。这种编码表的分类可能相对更准确、有效，但比较复杂、费力。常用的编码方法有如下几种。

（一）顺序编码法

顺序编码法，即用某个标准对市场资料的信息进行分类，并根据一定的顺序用连续的数字或字母进行编码的方式。例如，调查消费者月收入的项目把不同消费的家庭分为五个档次，然后用1～5分别代表从低到高的五个档次，具体如下：

1＝小于1 000元

2＝1 001元～3 000元

3＝3 001元～5 000元

4＝5 001元～7 000元

5＝大于7 000元

这种编码的方式比较简便，易于管理，但是不适合用于进行分组处理。

（二）分组编码法

分组编码法，即根据调查对象的特点和信息资料分类及处理的要求，把具有一定位数的代码单元分成若干组，每个组的数字均代表一定的意义。所有项目都有着同样的数码个数。例如，对目前在校大学生进行一次关于使用信用卡意向的调查，相关的信息包括性别、类别、月消费、使用意向四项。用分组编码法进行编码如下：

性别	类别	月消费	意向
1＝男性	1＝本科生	1＝小于150元	1＝已有卡
2＝女性	2＝硕士生	2＝151元～300元	2＝准备使用
	3＝博士生	3＝301元～500元	3＝不准备使用
		4＝501元～700元	4＝无意向
		5＝701元～1 000元	
		6＝1 001元～2 000元	
		7＝大于2 000元	

则编码1243就表示一名男性硕士研究生，每月消费在501元到700元之间，并且不准备办理信用卡。

分组编码法应用比较广泛，容易理解记忆，处理比较方便，但如果位数过多的话，也会造成数据处理和系统维护的困难。

（三）信息组码编码法

信息组码编码法，即把信息资料区分为一定的组，每个组给予一定的组码进行编码的方法。例如，在对某书店的书目调查中使用的信息组码如下：

组别	名称码
文艺体育类	0000～3000
计算机、通信类	3001～6000
经济金融类	6001～9000
工商管理类	9001～12000
法律类	12001～14000
政治军事类	14001～15000
……	……

这种编码的方法可以用较少的位数分组，但一旦编码的体系建立以后，当组内的数据大幅增加时，编码工作就会出现困难。

四、数据录入的方法

随着计算机技术的高速发展，计算机应用的迅速普及，数据的录入工作已逐渐从手工处理转变为计算机操作。目前，常用的数据录入方式有键盘录入、OMR、OCR以及语音识别。其中后三种属于自动识别技术，适合比较大型的市场调查及处理大量的数据输入工作。

（一）OMR

OMR是目前经常使用的问卷调查数据的处理方法。在这种方法中，研究人员通过一种间接的方式识别问卷中有关被调查者手工填写的问题答案，即把数据在表中某一位置是否填涂有黑色标记而确定是否是某一数据。这种方式从识别的角度出发，不需要识别字形，而只需要确定有无涂点，是一种简单的光标识别方法。但这种方法对纸张、印刷和填表人的要求比较高。

（二）OCR

随着市场信息变化的不断加快，信息数据的急剧膨胀和计算机技术的高速发展，OMR已经不能满足一些超大型的市场调查分析的需要，OCR也就成为世界各国致力发展应用的一种数据录入的方法。

OCR的数据表示方式和传统数据的表示方式类似，通常和手工表区别不大。一张用OCR表示的表，完全可以用手写方式来完成。OCR识别时，先要将表中的数据图形一一分离出来，接着对每一数据图形进行详细分析，描述其特征，然后判定该数据的类别。

OCR技术的具体操作有以下几个部分：

（1）利用扫描仪或者其他图像输入设备将印刷文本或手写文稿实现光电转化，获得原始文本的电子图像信息，再选择适当的阈值二值化，得到二值文本图像。

（2）预处理图像。主要是除去文本图像信号中的噪声干扰和进行图像倾斜矫正，进行版面的分析和区域分割。

（3）字符的切割。对正文区域的图像进行切割，以获得文本文字的单字图像。

（4）归一化处理。单个字符图像特征提取之前，应该进行归一化处理，包括位置的归一化和大小的归一化，以便对各种大小的字符都可以识别。

（5）基于单字图像的特征提取和模式分类。

（6）将被分类的模式进行标记，即给模式赋予计算机编码的码字，根据每一字符特征的预分类，得到要识别字符较少的候选字符集合，之后再从候选字符集中将待识别字符划分出来。

（7）利用上下文语法不同需求的规则，对识别结果进行比较和纠错。

本章小结

本章首先阐述了调查数据处理的必要性及应遵循的原则；然后介绍了数据处理的步骤，主要包括资料审核、资料分类、数据编码及资料录入；在此基础之上，本章最后讲述了数据处理的方法，主要包括资料审核的方法、资料分类的方法、资料编码的方法及数据录入的方法。

【复习思考题】

1. 在市场调查过程中，数据处理的必要性主要表现在哪些方面?
2. 数据处理的步骤大致分为哪几步?
3. 在进行资料录入时应该注意哪几个方面的问题?
4. 调查资料审核的方法有哪几种?

【实例】

美国顾客满意度指数（ACSI）调查

美国顾客满意度指数（ACSI）是根据顾客对在美国本土购买、由美国国内企业提供或在美国市场上占有相当份额的国外企业提供的产品和服务质量的评价，通过建立模型计算而获得的一个指数，它是一个测量顾客满意程度的经济指标。

1. ACSI 调查方法

选择 200 个左右的企业和提供服务的政府机构，包括一定数量的、在某一行业市场占有率较高的外国企业。

对于选定的大多数企业，一般通过抽样方法访问 50 名左右的顾客；对于小部分企业，则要访问 100～225 名顾客。样本总量为 30 000～50 000 名顾客，访问方法一般为电话访问。所抽取的顾客样本必须购买或消费过被列入调查企业名单中企业所提供的产品或服务。

2. ACSI 模型的结构变量

（1）顾客预期（Customer Expectations），指顾客在购买和使用某种产品或服务之前对其质量的估计。决定顾客预期的观察变量有三个：产品符合个人特定需要的预期、产品可靠性预期和对产品质量的总体预期。

（2）感知质量（Perceived Quality），指顾客在使用产品或服务后对其质量的实际感受，包括对产品符合个人特定需求程度的感受、产品可靠性感受和对产品质量总体的感受。

（3）感知价值（Perceived Value），感知价值体现了顾客在综合产品或服务的质量和价格后对他们所得利益的主观感受。感知价值的观察变量有两个，即给定价格条件下对质量的感受和给定质量条件下对价格的感受。

（4）顾客满意度（Customer Satisfaction），是通过计量经济学模型计算最终得到的顾客满意度指数。ACSI 模型在构造顾客满意度时选择了三个观察变量：实际感受同预期质量的差距、实际感受同理想产品的差距和总体满意程度。顾客满意度主要取决于顾客实际感受同预期质量的比较。同时，顾客的实际感受同顾客心目中理想产品的比较也影响了顾客满意度，差距越小，顾客满意度水平就越高。

（5）顾客抱怨（Customer Complaints），即顾客的正式或非正式抱怨。通过统计顾客正式或非正式抱怨的次数可以得到顾客抱怨这一结构变量的数值。

（6）顾客忠诚（Customer Loyalty），顾客忠诚是模型中最终的因变量。它有两个观察变量：顾客重复购买的可能性和对价格变化的承受力，顾客如果对某产品或服务感到满意，就会产生一定程度的忠诚，表现为对该产品或服务的重复购买或向其他顾客推荐。

3. 数据处理方法

调查时，通过收集顾客对其感知到的质量状况和预期的质量水平等相关问题的回答结果，并将其进行量化，带入计量经济学模型，计算出一个百分制的分数来显示用户的满意程度。

指标量化可以用态度测量表，如使用李克特量表测评顾客对产品质量的满意程度。

数据汇总可以用 Excel 的柱状图或饼状图表示。

指数分析也可以采用加权平均法计算顾客满意度指数，然后对顾客满意度指数模型进行检验。

4. 2016 智能手机顾客满意度指数（ACSI）调查

此次调查覆盖了 36 000 多名美国的消费者，所有的调查都采取随机面访的方式。

苹果 iPhone SE 以 87 分的成绩位居榜首，苹果 iPhone7 Plus 和三星 Galaxy S6 edge+以 1 分的差距并列第二位，三星 Galaxy S6 edge 以 85 分排在第三位。

iPhone SE 作为一款加强版 iPhone 5S 于 2016 年初推出，其灵活的 A9 芯片和低廉的价格使其成为了新兴市场的热门选择。

美国顾客满意度指数（ACSI）调查，通过对顾客满意度进行细分和测评，可以增加顾客的忠诚度，降低产品价格弹性，提高市场占有率，减少吸引新顾客的成本，帮助企业建立和提升品牌及市场形象。

第八章

调查资料分析

本章要点

1. 调查资料分析的内涵。
2. 调查资料分析的原则：针对性、完整性、客观性和变动性。
3. 定性分析方法的特点：注重整体发展的分析、对象是质的描述性资料、研究程序具有一定弹性、方法是对收集资料进行归纳的逻辑分析、主观因素影响及对背景的敏感性。
4. 描述性统计分析方法：集中趋势分析、离散程度分析、综合指数分析。
5. 解析性统计分析方法：方差分析、相关分析、回归分析、主成分分析和聚类分析。

在调查数据处理之后，还需要进行具体、深入的分析，才能为市场调查所应用。调查资料的分析包括定性分析方法和定量分析方法，两种方法相互补充，在市场调查中都具有广泛的实用价值。正确的数据分析可以避免企业做出错误的判断和得出错误的结论。

第一节　调查资料分析的内涵与原则

一、调查资料分析的内涵

分析是把事物、现象、概念分成较为简单的组成部分，找出这些部分的本质属性和彼此之间的关系。**市场调查的资料分析就是以某种有意义的形式或次序把收集的资料重新展现出来。**分析实际上是告诉人们，每组资料里到底隐藏了哪些有用的信息。分析是分别检查每组资料以找出其内涵的信息，并以恰当的形式表现出来。

提到市场分析，许多人都认为它就是对调查资料进行简单的处理，把资料表面显示的内容表达出来或换一种方式解释出来。其实，市场调查分析不仅是这些内容。第一，要对本次调查的核心目的进行分析，确定此次调查分析的方向和最终目的，以及资料分析的重点等情况；第二，要确定调查资料收集的具体方法是否适合调查的总体目标，是否具有针对性；第三，要对收集资料的可靠性和代表性进行分析；第四，选用适当的分析方法，对调查资料的数据进行分析，总结资料所反映的问题；第五，得出综合的分析结论。

总之，市场调查资料分析是一项综合性很强、内涵丰富的工作。对其含义的全面把握和深刻理解，无疑可以帮助我们更好地从事调查研究。

二、调查资料分析的原则

(一) 针对性

任何一种分析方法，无论是现代的还是传统的方法，总有各自的优势和不足，各有不同的使用范围和分析问题的角度。某种情况可能就需要某一种或几种特定的统计分析方法，所以分析人员就需要对各种分析方法的特点和作用有准确的把握，将与调查目的相匹配的方法组合应用，形成最准确、恰当的方法系统，取长补短，相互配合，从而得出全面和准确的结论。

(二) 完整性

调查资料的分析要把调查资料的总体特征反映出来。它不是对资料进行局部的分析，而是全面考察各种相关因素的现状和趋势，分析现象之间的关系。如果就事论事就可能得出片面的结论，产生较大的偏差。

(三) 客观性

调查资料的分析是对调查资料的信息进行深层发掘探索，为经营者提供经营策略的参考依据。调查资料分析的人员必须以客观事实和调查的资料为依据，不能受到外来因素或内部主观倾向的影响，否则，就会使前面各阶段的努力化为乌有，更重要的是会误导企业决策者做出背离实际的决策，而使企业陷入困境。

(四) 变动性

企业面临的市场是在不断变化的，调查资料的分析也不能仅对调查问题的现状进行研究，更要分析其变化的趋势。要注意分析各相关因素的变化特点，用发展的观点、动态的方法来把握问题，从而正确地引导企业的发展。在具体的操作中，要主动掌握并合理运用科学的预测方法，得出符合市场变动趋势的分析结论。

第二节 定性分析的特点与方法

定性调查在企业市场调查实践中，常用来确定市场的发展态势与市场发展的性质，主要用于市场探究性分析。定性调查是市场调查和分析的前提和基础。没有正确的定性分析，就不能对市场做出科学和合理的描述，也不能建立起正确的理论假设，定量调查也就因此失去了理论指导。没有理论指导的定量分析，不可能得出科学和具有指导意义的调查结论。

一、定性分析的特点

定性分析是市场调查资料的基础分析方法之一，它主要具有以下几个特点。

(一) 定性分析注重整体发展的分析

定性分析的目的在于把握事物的质的规定性，因此必须立足于对研究对象的整体分析，获得对研究对象的完整透视。

与定量分析不同，定性分析在内容上是关注事物的发展过程以及相互关系，并立足于从哲学、心理学、伦理学、历史学、社会学、经济学、政治学、人类学、语言学等层面上进行探讨，从而整体、发展及综合地把握研究对象质的特性。也只有将研究对象作为一个发展的整体加以分析，才有可能揭示调查资料各组成部分之间内在的关系、过程及与其他方面的联系，透过现象看到本质，说明研究对象变化发展的真正原因。

（二）定性分析的对象是质的描述性资料

定性分析是以反映事物质的规定性的描述性资料为研究对象。这些资料通常以书面文字或图片等形式表现，而不是精确的数据形式；是在各种自然场合，以定性研究的方法，如通过参与观察和深入访谈得来的资料，带有很大程度的模糊性和不确定性；定性分析的资料来自小的样本以及特殊的个案，而不是随机选择的大的样本。正由于此，决定了定性分析有自己独特的分析方法，且需要量的资料来进行补充。

（三）定性分析的研究程序具有一定的弹性

在分析程序上，定性分析也不同于定量分析。定量分析有一个标准化程序，使用数学方法做出一个量的刻画，用数学语言表示事物的状态、关系和过程，在此基础上加以推导、演算和分析，以形成对问题的解释和判断，具有逻辑的严密性和可靠性。而定性分析是一个不太严格的研究程序，前一步收集资料的数量与质量往往决定下一步应该怎么做，原因是调查对象作为一个不断变化的主体所具有的变动性，使定性分析过程常常出现变动，具有很大的灵活性。

（四）定性分析的方法是对收集资料进行归纳的逻辑分析

归纳分析有一个不同于演绎分析的一般程序。演绎分析是先有一个假设，然后收集能检验假设的资料或者事实，将事实与假设加以比较分析，最后得出结果。而归纳分析却是先列出事实材料，将这些资料与事实加以归类，然后从中得到一些启示，抽象概括出概念和原理。这是一种自下而上的分析路径。定性分析的客观性基于对所研究对象是否有丰富的合乎实际的材料，它不仅可以从各个不同的事物经验中找出共同性的联系，而且也可以从许多不同的观察事例中找出共同的特点，同时研究事物的特例，找出相异之处及其原因。

（五）定性分析中的主观因素影响及对背景的敏感性

定性分析是一种价值研究，一方面很容易受到研究者和被研究者的主观因素影响，如主体的能动性、独立性和创造性，若干差异的存在，以及较强的主观体验色彩，从而影响分析的客观性；另一方面，市场调查对象的表现状况又总是与特定的情境相关联的，离开这一特定情境，一定的市场现象就不会发生，这就是背景的敏感性。因此定性分析很关注对背景的分析。

二、定性研究的主要方法

（一）对比法

对比法是将被比较的事物和现象进行对比，找出其异同点，从而分清事物和现象的特征及相互联系的思维方法。在市场调查中，就是把两个或两类问题的调查资料相对比，确定它们之间的相同点和不同点。市场调查的对象不是孤立存在的，而是与其他事物存在或多或少的联系，并且相互影响，而对比分析有助于找出调查事物的本质属性和非本质属性。在运用比较分析法时要注意：可以在同类对象间进行，也可以在异类对象间进行；要分析可比性；应该是多层次的。

（二）演绎法

演绎法是由一般性的前提推导出个别性的结论的思维方法。市场调查中的演绎分析法，就是把调查资料的整体分解为各个因素、各个方面，形成分类资料，并通过对这些分类资料的研究分别把握其特征和本质，然后将这些通过分类研究得到的认识联结起来，形成对调查资料整体和综合性认识的逻辑方法。

（三）归纳法

由特殊的事例推导出一般性规律及特征的思维方法，称为归纳法。在市场调查所收集的资料之中，应用归纳法可概括出一些理论观点。归纳分析法是市场调查分析应用最广泛的一种方法，分为完全归纳法、简单枚举法和科学归纳法。

1. 完全归纳法

完全归纳法是根据调查问题中的每个对象的某种特征属性，概括出该类问题的全部对象整体所拥有的本质属性。应用完全归纳法要求分析者准确掌握某类问题全部对象的具体数量，而且还要调查每个对象，了解它们是否具有所调查的特征。但在实际应用中，调查者往往很难满足这些条件，因此使完全归纳法的使用范围受到一定的限制。

2. 简单枚举法

简单枚举法就是根据目前调查所掌握的某类问题中的一些对象具有的特征，而且没有个别不同的情况，来归纳出该类问题整体所具有的该种特征。这种方法是建立在应用人员经验的基础上的，操作简单易行。但简单枚举法的归纳可能会出现偶然性，要提高结论的可靠性，则分析考察的对象就应该尽量多一些。

3. 科学归纳法

科学归纳法是根据某类问题中的部分对象与某种特征之间的必然联系，归纳出该类问题所有对象都拥有的某种特征。这种方法应用起来很复杂，但很科学。

第三节　描述性统计分析

描述性统计分析属于定量分析，是指对被调查总体所有单位的有关数据作相应的整理、加工和概括，用来描述总体特征的统计分析方法。描述性统计分析既是统计分析的重要组成部分，也是市场调查分析中最常用的分析方法。

一、集中趋势分析

数据的集中趋势是指大部分变量值趋向于某一点，将这一点作为数据分布的中心，数据分布的中心可以作为整个数据的代表值，还可以用于几组数据的比较。如表 8-1 中是描述月均生活费开支的数据。

表 8-1　　月均生活费开支表

月均生活费开支（元）（变量值）	消费者数（人）（次数）	各组人数比重（%）（频率）
100～150	11	4.66
151～200	20	8.47
201～250	37	15.68
251～300	46	19.49
301～350	52	22.03
351～400	42	17.80
401～450	21	8.90
451～500	7	2.97
总计	236	100

以上资料显示，月均生活费开支额在 301～350 元的各组消费人数较多，这里就是数据分布的中心区域。从整体的数据分布状况来看，数据集中趋向于变量值 301～350 元这一组。

显然，集中趋向数据的特征是，总体各单位的数据分布既有差异性，又有集中性。它反映了社会经济状况的特性，即总体的社会经济数量特征存在差异，但客观上还存在一个具有实际经济意义的、能够反映总体中各单位数量一般水平的数值，描述性统计分析就是用来找出这个数值。描述数据分布中心的统计量，常用的有均值、众数、中位数等。

（一）均值

均值即各类平均数，它是数据的偶然性和随机性特征相互抵消后的稳定的数值，是数据数量规律性的一个基本特征值，反映了一些数据必然性的特点。平均数包括算术平均数、调和平均数和几何平均数，我们这里只说明其中最简单的算术平均数。简单的算术平均数的一般公式为：

$$\overline{x}=\frac{x_1+x_2+\cdots+x_n}{n}=\frac{\sum x}{n}$$

利用均值，我们可以将处在不同空间的现象和不同时间的现象进行对比，反映现象一般水平的变化趋势或规律，分析现象间的相互关系等。

（二）众数

众数是数据中出现次数最多的变量值，也是测定数据集中趋势的一种方法。它克服了平均数指标会受数据中极端值影响的缺陷。从统计分析的角度来看，众数反映的是数据中最大多数的数据的代表值，可以使我们在实际工作当中抓住事物的主要问题，有针对性地解决问题。

需要注意的是，由于众数只依赖于变量出现的次数，所以对于一组数据，可能会出现两个或两个以上的众数，也可能没有众数。同时，众数虽然可以用于各种类型的变量，但是由于对定序和定距的变量，用众数描述数据的分布中心会损失很多有用的信息，所以一般只用众数描述定类变量的分布中心。

在调查实践中，有时没有必要计算算术平均数，只需要掌握最普遍、最常见的标志值就能说明社会经济现象的某一水平，这时就可以采用众数。

(三) 中位数

中位数是将数据按某一顺序(从大到小,或相反)排列后,处在最中间位置的数值。例如,对某项顾客购买日用品次数的调查,对15个顾客的调查结果按顺序排是0、0、0、0、1、1、1、1、1、2、2、2、3、7、9,则它们的中位数应该为1。

计算中位数很简单,对于N个数据,若N为奇数,则排序之后的第$(N+1)/2$位置的数据就是中位数;若N是偶数,则排序后的第$N/2$位置的数据与$N/2+1$位置的数据的平均值就是中位数。在中位数的应用中,因为先进行了排序,所以对于定序变量的分布中心,中位数是一个很好的统计量。但是,在这里中位数不适用于定类变量,因为定类变量无法排序。

另外,中位数是将定序数据分成了两等份,我们如果将其划分为相等的四部分,就可以得到三个分位点,这三个分位点由大到小依次称为第一四分位点、第二四分位点和第三四分位点。在将来的应用当中,我们可能会根据不同的需要对数据进行更多的划分,但具体原理和过程都是不变的。

均值、众数和中位数都是反映总体一般水平的平均指标,彼此之间存在着一定的关系,但其各自含义不同,确定方法各异,适用范围也不一样。在实际应用中,应注意对这几个指标的特征进行细致的把握,根据不同的调查数据类型,采用不同的指标进行分析,以期能够把被调查总体数据的集中趋势最准确地描述出来。

二、数据的离散程度分析

数据的离散程度分析,是指数据在集中分布趋势状态下,同时存在的偏离数值分布中心的趋势。例如,表8-1反映月均生活费开支的数据,消费者的月均开支在100元/月～500元/月这个范围内,虽然其中大多数消费者的开支都在250元/月～400元/月之间,但也有一些消费者的开支偏高或偏低,从而使数据的分布出现离散状态。对于一组数据规律性的研究,集中趋势是数据数量特征的一个方面,离散程度则是数据特征的另一方面。集中趋势反映的是数据的一般水平,我们用均值等数值来代表全部数据,但要更加全面地掌握这组数据的数量规律,还应该分析反映数据差异程度的数值。数据的离散程度通常由全距(也叫极差)、平均差、方差和标准差等来反映。

(一) 全距

全距是所有数据中最大数值和最小数值之差,也就是,全距=最大值−最小值。

在表8-1中,全距为500−100=400(元)。

因为全距是数据中两个极端值的差值,不能反映中间数据变化的影响,只受最大值和最小值的影响,所以它是一个粗略的测量离散程度的指标,在实际调查中,主要用于离散程度比较稳定的调查数据。同时,全距可以一般性地检验平均值的代表性大小,全距越大,平均值的代表性越小;反之,平均值的代表性越大。

(二) 平均差

平均差即平均离差,是总体各单位标志值与其算术平均数离差绝对值的算术平均数。它也可以反映平均数代表性的大小,由于平均差的计算涉及了总体中所有的数据,因而能够更加综合地反映总体数据的离散程度。其计算公式为:

$$平均差=\frac{\sum(X-\overline{X})}{n}$$

其中：$X-\overline{X}$ 代表离差，即每一个标志值与平均指标之间的差数，n 为离差的项数。

从公式可以看到，平均差受数据的离散程度和总体的平均指标两个因素的共同影响。所以，当需要对比两个总体变量的离散程度时，如果它们的平均指标水平不同，就不能简单地直接用两个平均差来对比。另外，平均差具有和平均指标相同的计量单位，所以，对于计量单位不同的总体平均差也不能直接比较。这里，可以引入平均差系数的方法。

平均差系数就是将平均差除以相对应的平均指标得到的数值。因为平均差系数计算出来的结果是一个相对数，所以就解决了以上平均差的局限，可以应用于比较两个平均指标水平不同的总体问题。

（三）方差和标准差

方差和标准差之间是平方的关系。这两个指标都是反映总体中所有单位标志值对平均数的离差关系，是测定数据离散程度最重要的指标，其数值的大小与平均数代表性的大小是反方向变化的。

样本的方差是所有观测值与均值的偏差平方和除以样本量减 1，具体计算公式是：

$$S^2=\frac{1}{n-1}\sum_{i=1}^{n}(X_i-\overline{X})^2$$

我们可以看到，计算方差时用到了所有的数据。方差越小，数据的离散程度越小。

样本的标准差是方差的平方根，公式为：

$$S=\sqrt{\frac{1}{n-1}\sum_{i=1}^{n}(X_i-\overline{X})^2}$$

我们应该注意的是，方差的单位是观测数据单位的平方，标准差的单位与观测数据的单位相同。

三、综合指数分析

综合指数分析是根据一定时期的资料和数据，从静态上对总体各数据进行分析的方法。它主要说明观测总体的规模、水平、速度、效益、比例关系等综合数量特征，通过总体数量的汇总、运算和分析，排除个别偶然因素的影响，认识观测现象的本质及发展规律。它包括总量指标、平均指标、相对指标、强度指标等。

（一）总量指标

总量指标反映的是观察现象在具体时间和空间内的总体规模和水平。总量指标是认识现象的起点，也是计算相对指标和平均指标的基础，因此，它也称作基础指标。总量指标有以下几种分类方法。

1. 按反映的总体内容分类

按反映的总体内容不同，总量指标可分为总体单位总量和总体标志总量，前者是总体内所有单位的总数，后者是总体中各单位标志值的总和。总体单位是标志的直接承担者，标志总量不会独立于单位总量而存在。在一个特定的总体内，只存在一个单位总量，而同时并存多个标志总量，构成一个总量指标体系。同一总量指标在不同情况下可有不同的性质。例如，对各企业工人总数指标来说，当研究企业平均规模时，以企业为总体单位，企业总数为单位总量，各企业工人总数为标志总量；当研究企业劳动效益时，以工人为总体单位，各企业工人总数为单位总量，这时企业的总产量成为标志总量。所以说，总体单位总量和总体标志总量并不是固定不变的，二者随着研究目的的不同而变化。

2. 按反映的时间状况分类

按反映时间状况的不同，总量指标可分为时期指标和时点指标。时期指标是反映某种社会经济现象在一段时间发展变化结果的总量指标；时点指标是反映社会经济现象在某一时点（瞬间）状况的总量指标。

3. 按采用的计量单位分类

按所采用计量单位的不同，总量指标可分为实物指标、价值指标和劳动量指标。实物指标是以实物单位计量的统计指标，价值指标是以货币单位计量的统计指标。按实物单位计算的指标最大的特点是，它直接反映产品的使用价值或现象的具体内容，能具体表明事物的规模和水平，但指标的综合性能较差，无法进行汇总。按价值单位计量的最大优点是，它具有广泛的综合性和概括能力，可以表示现象的总规模和总水平，但它脱离了物质内容。所以，二者要结合应用。劳动量指标是以劳动单位即工日、工时等劳动时间计量的统计指标。

（二）平均指标

平均指标是指在一定的条件下，同质总体内各单位某一数量标志的一般水平。平均指标又称为统计平均数，用以反映社会经济现象总体各单位某一数量标志，在一定时间、地点条件下所达到的一般水平的综合指标。平均指标的特点是把总体各单位标志值的差异抽象化了；同时平均指标是一个代表值，代表总体各单位标志值的一般水平。

平均指标的种类有：算术平均数、调和平均数、几何平均数、众数和中位数。前三种平均数是根据总体所有标志值计算的，所以称为数值平均数，后两种平均数是根据标志值所处的位置确定的，因此称为位置平均数。平均指标的作用主要表现在：它可以反映总体各单位变量分布的集中趋势，可以用来比较同类现象在不同单位发展的一般水平，用来比较同一单位的同类指标在不同时期的发展状况，还可以用来分析现象之间的依存关系等。

（三）相对指标

相对指标是两个有联系的指标的数值之间对比的比值，也就是用抽象化了的数值来表示两个指标数值之间的相互关系和依赖程度。相对指标是统计分析的重要方法，是反映调查现象之间数量关系的重要手段。市场调查分析中常用的相对指标主要有结构相对指标、比较相对指标、比例相对指标和强度相对指标等。

1. 结构相对指标

结构相对指标是总体中各个构成部分与总体数值对比所得到的比率。它反映了静态现象总体内部的结构，揭示了事物的本质特征，它的动态变化还能反映事物结构变化的趋势和规律。其计算公式为：

结构相对指标 =各组（或部分）总量/总体总量

2. 比较相对指标

比较相对指标是不同总体同类现象指标数值的比率。它反映了同类现象在不同空间中数量对比的关系，通常应用于某一现象在不同地区、不同单位之间的差异程度比较。其计算公式是：

比较相对指标＝甲单位某指标值/乙单位同类指标值

3. 比例相对指标

比例相对指标是总体中不同部分数量对比的相对指标，用来分析总体范围内各个局部、各个分组之间的比例关系和协调平衡状况，如国民经济结构中的农业、轻工业和重工业的比例。其公式为：

比例相对指标＝总体中某一部分数值/总体中另一部分数值

比例相对指标和比较相对指标的区别是：首先，两者子项与母项的内容不同，比例相对指标是同一总体内，不同组成部分的指标数值的对比；比较相对指标是同一时间同类指标在空间上的对比。其次，两者说明的问题不同，比例相对指标说明总体内部的比例关系；比较相对指标说明现象发展的不均衡程度，如甲地职工平均收入是乙地职工平均收入的1.3倍。

4. 强度相对指标

强度相对指标是两个性质不同但有一定联系的总量指标之间的对比，用来表明某一现象在另一现象中发展的强度、密度和普遍程度。它和其他相对指标的不同就在于，它不是同类现象指标的对比。强度相对指标以双重计量单位表示，是一种复名数。

强度相对指标＝某种现象总量指标/另一个有联系而性质不同的现象总量指标

强度相对指标的分子分母位置可以互换，因而有正指标、逆指标之分。实际应用时应注意其与其他指标的区别。

强度相对指标和其他相对指标的区别表现在：首先，其他各种相对指标都属于同一总体内的数量进行对比，而强度相对指标除此之外，也可以是两种性质不同但又有联系的属于不同总体的总量指标之间的对比。其次，计算结果的表现形式不同。其他相对指标用无名数来表示，而强度相对指标是用有名数表示。另外，当计算强度相对指标的分子、分母位置互换后，会产生正指标和逆指标，而其他相对指标不存在正、逆指标之分。

第四节　解析性统计分析

解析性统计分析也属定量分析，是对事物内部隐藏的本质规律进行深入的剖析。这种方法主要以数学理论为基础，因而对分析人员的要求较高。在实际应用过程中，经常采用的方法有：方差分析、相关分析、回归分析、主成分分析、聚类分析等。

一、方差分析

方差分析也称作变异数分析，是一种常见的统计数据分析方法。它的用途是分析市场调查和实验数据中不同来源的变异对总变异的影响大小，从而了解数据中自变量是否对因变量有重要的影响。在这里主要介绍单因素方差分析的原理及应用。

（一）因素方差分析的基本原理

在方差分析中，经常会用到因素这个术语，因素就是一个独立的变量，也是方差分析研究的对象。因素中的内容称为水平。在具体应用中，如果进行方差分析研究的是一个因素对于调查结果的影响，就称作单因素方差分析。

假设对某公司的 A、B、C 三种不同型号产品在五家超市的销售情况进行调查，以确定产品的型号是否对销售量产生影响。数据如表 8 - 2 所示。

表 8 - 2　　A、B、C 三种产品在五家超市的销量表

	A	B	C	(K=3)
超市 1	10	15	10	
超市 2	14	20	12	
超市 3	12	17	6	
超市 4	8	8	12	
超市 5	11	15	10	
$\overline{X}_j$	11	15	10	$\overline{X}=12$

从表 8 - 2 可以看出，所有的数据是不完全相同的，它们受到了销售地点和产品型号的影响。因此，可将上述问题归结为一个检验的问题。

从方差分析的目的看，是要检验各个水平的均值 X_A、X_B、$X_C \cdots X_j$ 是否相等，而实现这个目的的手段是通过方差的比较。观察值之间存在的差异来源于两个方面，一是由于因素中的不同水平造成的，例如，产品不同型号带来不同的销售量，对此可称为系统性差异；二是由于抽选样本的随机性而产生的，例如，相同型号的产品在不同的商场销售量不同。两个方面产生的差异可以用两个方差来计量，一个称为水平之间（组间）的方差，一个称为水平内部（组内）的方差。前者既包括系统性因素，也包括随机性因素；后者仅包括随机性因素。如果不同的水平对结果没有影响，如产品的型号对销售量不产生影响，那么在水平之间的方差中，就只有随机因素的不同，而没有系统性的差别，它与水平内部方差就应该近似，它们之间的方差比值就应该接近于 1；反之，如不同水平内部方差对结果产生了影响，则两者的方差比值就会远大于 1。当比值大到某临界点，就可以做出判断：不同水平之间存在着显著的差异。

（二）因素方差分析的公式推导

1. 推导离差平方和

假设我们对某一观测样本进行单因素方差分析，得到了 K 组数据，如表 8 - 3 所示。

表 8 - 3　　单因素方差分析的 K 组数据表

X_{11}	X_{12}	X_{13}	…	X_{1K}
X_{21}	X_{22}	X_{23}	…	X_{2K}
…	…	…	…	
X_{n1}	X_{n2}	X_{n3}	…	X_{nK}

通常情况下，在数据表中的任何数据 X_{ij}（第 j 组的第 i 个数据）与总平均数 X_t 的离差，同样等于 X_{ij} 与该组平均数的离差加上该组平均数与总平均数的离差。即：

$$(X_{ij}-\overline{X}_t)=(X_{ij}-\overline{X}_j)+(\overline{X}_j-\overline{X}_t)$$

接着，我们可以将第 j 组的 n 个数据的平方和相加：

$$\sum_{i=1}^{n}(X_{ij}-\overline{X}_t)^2=\sum_{i=1}^{n}[(X_{ij}-\overline{X}_j)+(\overline{X}_j-\overline{X}_t)]^2$$
$$=\sum_{i=1}^{n}(X_{ij}-\overline{X}_j)^2+2(\overline{X}_j-\overline{X}_t)\sum_{i=1}^{n}(X_{ij}-\overline{X}_j)+\sum_{i=1}^{n}(\overline{X}_j-\overline{X}_t)^2$$

我们知道，因为在观测样本的数据表中：

$$\sum_{i=1}^{n}(X_{ij}-\overline{X}_j)=0$$

将其代入上边方程，我们可以得到：

$$\sum_{i=1}^{n}(X_{ij}-\overline{X}_t)^2=\sum_{i=1}^{n}(X_{ij}-\overline{X}_j)^2+n(\overline{X}_{ij}-\overline{X}_t)^2$$

然后将表中所有 K 组的这种关系全加起来，就得到：

$$\sum_{j=1}^{k}\sum_{i=1}^{n}(X_{ij}-\overline{X}_t)^2=\sum_{j=1}^{k}\sum_{i=1}^{n}(X_{ij}-\overline{X}_j)^2+n\times\sum_{j=1}^{k}(\overline{X}_j-\overline{X}_t)^2$$

在这个公式中，$\sum_{i=1}^{n}$ 表示的是每一组数据从 1 加到 n 的和，而 $\sum_{j=1}^{k}$ 表示从第 1 组加到第 K 组的和。它的产生主要是由于不同实验方法造成的差异及由实验误差导致的差异。

在单因素方差分析中，离差的平方和有三个，分别是：总离差平方和，我们用 SST 来表示；水平项离差平方和，我们用 SSA 来表示；误差项离差平方和，我们用 SSE 来表示。

$$SST=\sum_{j=1}^{k}\sum_{i=1}^{n}(X_{ij}-\overline{X}_t)^2$$

总离差平方和主要反映了离差平方和的总体情况。

$$SSA=n\times\sum_{j=1}^{k}(\overline{X}_j-\overline{X}_t)^2$$

水平项离差平方和反映了组间的差异，既包括了随机因素，也包括了系统因素。

$$SSE=\sum_{j=1}^{k}\sum_{i=1}^{n}(X_{ij}-\overline{X}_j)^2$$

误差离差平方和反映的是水平内部或组内观察值的离散状况，实质上反映了随机因素带来的影响。

根据上边公式的推导，我们可以得出：

$$SST=SSA+SSE$$

2. 计算平均平方

平均平方可以用离差平方和除以自由度获得。离差平方和的计算前面已经介绍了，那么如何确定离差平方和的自由度呢?

对 SST，它的自由度为 $n-1$，因为它只有一个约束条件，即 $\sum_{j=1}^{k}\sum_{i=1}^{n}(X_{ij}-\overline{X}_t)=0$。

对 SSA 来说，它的自由度为 $K-1$，这里的 K 表示水平个数。水平项离差平方和反映了组间的差异，故它也有约束条件，要求：$n\times\sum_{j=1}^{k}(\overline{X}_j-\overline{X}_t)=0$。

而 SSE 的自由度为 $n-K$，因为对每一水平而言，其观测值个数为 n_j，该种水平下的自由度为 n_j-1，共有 K 个水平，因此拥有的自由度的个数为 $K(n_j-1)=n-K$。显然，与离差平方和一样，SST、SSA、SSE 之间的自由度也存在着加法的关系：$n-1=(K-1)+(n-K)$。

确定了自由度的值，就可以计算出平均平方。

对于 SSA，它的平均平方 MSA 为：$MSA=SSA/(K-1)$。

对于 SSE，它的平均平方 MSE 为：$MSE=SSE/(n-K)$。

(三) 单因素方差分析的基本步骤

接下来就前面某公司三种产品的销售进行单因素方差分析。

1. 计算出表中数据的平方和

$$\begin{aligned}SST=&[(10-12)^2+(14-12)^2+\cdots+(11-12)^2]+[(15-12)^2+(20-12)^2+\cdots\\&+(15-12)^2]+[(10-12)^2+(15-12)^2+\cdots+(10-12)^2]=192\end{aligned}$$

$$SSA=5[(11-12)^2+(15-12)^2+(10-12)^2]=70$$

$$\begin{aligned}SSE=&[(10-11)^2+(14-11)^2+\cdots+(11-11)^2]+[(15-15)^2+(20-15)^2\\&+\cdots(15-15)^2]+[(10-10)^2+(12-10)^2+\cdots+(10-10)^2]-122\end{aligned}$$

在这里可以看到，192=70+122，即从实际应用中验证了前面公式推导的结果。

2. 确定自由度并求平均平方

因为有三个型号的产品，$K=3$，因此，组间的自由度为 $K-1=2$，每一组内的自由度为 5－1＝4；组内自由度为 12，而总的自由度是 14。

运用上边公式得：$MSA=SSA/2=35$

$$MSE=122/12=10.17$$

我们可以看到，组间均方比组内均方大，但是还不能确定二者的差异是否达到了显著的水平。

3. 进行 F 检验

需要注意的是，在方差分析中，我们关心的是组间均方是否显著大于组内均方，如果组间均方小于组内均方，是无须检验其是否小到显著性水平的。这里我们将组间均方除以组内均方，进行单侧检验。

运用到例子中，$F=MSA/MSE=35\div10.17=3.44$。通过查 F 值表可以找到：$F_{0.05(2,12)}=3.89$。因为 $F< F_{0.05}$，即 $P>0.05$，还没有达到 0.05 显著水平。这就是说，在总变异中的 A、B、C 三种产品型号的不同引起的部分变异并不显著地大于销售地点不同所引起的部分变异，所以，我们可以认为产品型号不同引起销售量的差异并不显著。

二、相关分析

（一）相关分析研究的基本问题

相关分析主要用来分析那些具有密切关联又不能用函数关系精确表达的变量之间的关系。它主要表述两类随机变量间线性相关的密切程度。例如，购买者的消费额和自身的收入密切相关，但是购买者的收入并不能完全确定他们的消费额，因为影响消费的因素还有很多，包括消费观念、生活习惯、季节气候等。对于这种不能用线性关系或其他函数关系式来精确描述的变量间的关系，我们就用相关分析等方法来解决它。

（二）计算相关系数

所谓相关系数，就是指在直线相关条件下，说明两个现象之间相关关系密切程度的指标。也就是，设（x_i，y_i），$i=1$，$2\cdots n$ 是（x，y）的 n 组样本数据，我们称 r 为 x 和 y 的关系系数。下面是关于关系系数的公式：

$$P_{xx}=\sum_{i=1}^{n}(x_i-\overline{x})^2=\sum_{i=1}^{n}x_i^2-\frac{1}{n}\Big(\sum_{i=1}^{n}x_i\Big)^2$$

$$P_{xy}=\sum_{i=1}^{n}(x_i-\overline{x})(y_i-\overline{y})=\sum_{i=1}^{n}x_iy_i-\frac{1}{n}\Big(\sum_{i=1}^{n}x_i\Big)\Big(\sum_{i=1}^{n}y_i\Big)$$

$$P_{yy}=\sum_{i=1}^{n}(y_i-\overline{y})^2=\sum_{i=1}^{n}y_i^2-\frac{1}{n}\Big(\sum_{i=1}^{n}y_i\Big)^2$$

上述公式中：

$$\overline{x}=\frac{1}{n}\sum_{i=1}^{n}x_i,\overline{y}=\frac{1}{n}\sum_{i=1}^{n}y_i$$

关系系数就等于：

$$r=\frac{P_{xy}}{\sqrt{P_{xx}P_{yy}}}$$

关系系数 r 表示 x 和 y 的线性关系的密切程度。当 $r=1$ 时，表示 x 与 y 之间完全正相关，所有的点都应该在一条直线上；当 $r=-1$ 时，表示 x 与 y 之间完全负相关，对应点也应该在一条直线上；当 $r=0$ 时，x 与 y 没有相关关系，在实际应用中这种情况很少。事实上，这几种情况并不是我们相关分析研究的问题，我们这里主要研究 $-1<r<1$ 时的线性统计关系。

下面来举个例子，假设我们得到了某连锁超市的十家分店的人均销售额和利润率的相应数据，分析它们之间的关系，如表 8－4 所示。

表 8-4　　人均销售额与利润率数据表

人均销售额（万元）X		利润率（%）Y	X^2	Y^2	XY
6		12.6	36	158.76	75.6
5		10.9	25	118.81	52.0
8		18.5	64	342.25	148.0
1		3.0	1	9.00	3.0
4		8.1	16	65.61	32.4
7		16.3	49	265.69	114.1
6		12.3	36	151.29	73.8
3		6.2	9	38.44	18.6
3		6.6	9	43.56	19.8
7		16.6	49	275.56	117.6
总数	50	111.1	294	1 468.97	654.9

人均销售额 X 与利润率 Y 的相关系数，我们可以通过上边的关系系数公式直接求得：

$$r=\frac{P_{xy}}{\sqrt{P_{xx}P_{yy}}}=\frac{10\times 654.9-50\times 110.8}{\sqrt{[10\times 294-(50)^2][10\times 1\,465-(110.8)^2]}}=0.987$$

我们得到 $r=0.987$，这说明连锁分店的人均销售额和利润率之间有很强的正相关关系。

这里应该注意的是，相关系数有一个很明显的缺点，就是它接近于 1 的程度与数据组数 n 相关，这很容易造成误导。当 n 较小时，相关系数的波动和差异比较大，有些样木关系系数的绝对值容易接近于 1；当 n 较大时，相关系数的绝对值容易偏小。特殊情况下，当 $n=2$ 时，相关系数的绝对值总为 1。因此，当样本容积 n 较小时，我们根据相关系数接近于 1 而认为变量 x 与 y 之间有密切线性关系是非常不谨慎的。

三、回归分析

回归分析是对自变量和因变量的调查数据进行分析、计算，并归纳出一个反映因变量与自变量之间统计数据关系的经验公式，$y'=a+bx$。也就是说，它和相关分析一样，都是研究变量间关系的方法，但两者的应用范围不同：在回归分析中，因变量被放在了被解释的主要地位，而相关分析关注的因变量和自变量之间的密切程度，两者地位平等；在回归模型中，我们通常假定自变量是一个非随机的固定变量，这和相关分析中的因变量和自变量都是随机变量不同；回归分析还有一个重要的用途，就是进行预测分析。

在实际应用中，回归分析能够解决诸如汽车销售量受哪些因素的影响、降价能否增加销量、降价能在多大程度上增加销量等问题，这些在数据上可归纳为若干变量之间是否存在相互依存或相互依存程度有多大的问题。如果在回归分析中，只包括一个自变量和一个因变量，且两者关系可用一条直线近似表示，这种回归分析称为一元线性回归；如果两者关系不能用一条直线近似表示，则称为非线性回归；如果回归分析中包括两个或两个以上的自变量，那么就称作多元回归分析，当然它也包括曲线关系的情况。下一章在预测分析中，将讲述回归分析的原理和具体应用。

四、主成分分析

（一）主成分分析的概念

主成分分析是利用降维的思想，把多指标转化为几个综合指标的多元统计分析方法。在市场调查中，由于社会经济现象彼此相互联系，所研究的现象会同时受到众多因素的影响，这些因素对所研究的现象的影响程度不一样，而且因素和因素的指标之间有一定的相关性，反映的信息在一定程度上有重叠。我们需要全面考虑处理这些因素，但若对每一个影响因素的相应指标都进行分析，则不仅工作量浩大，操作复杂，也不容易找到主要的问题，使问题复杂化，分析不出现象的本质。主成分分析能够有效地解决这个问题，由于各因素指标之间有一定的相关性，就必然存在起支配作用的共同因素，因此，通过主成分分析法对原始指标变量相关矩阵内部结构关系进行研究，找出影响过程的几个综合指标，使综合指标变为原来指标变量的线性组合，从而不仅保留了原始变量的主要信息，彼此之间又不相关，更有助于抓住问题的主要矛盾。

（二）主成分分析法的基本原理

设 $X=(X_1, \cdots, X_p)$ 是一个 p 维随机向量，有二阶矩存在，即 $\mu=\varepsilon(x)$，$\sum=D(x)$，考虑它在约束条件 $\begin{cases} l'_i l_i=1 \\ i=1, \cdots, p \end{cases}$ (1)

下的线性变换 $\begin{cases} Y_1=l'_i=l_{11}X_1+\cdots+l_{p1}X_p \\ \vdots \\ Y_p=l'_p=l_{1p}X_1+\cdots+l_{pp}X_p \end{cases}$ (2)

显然：

$$Var(Y_i)=l'_i\sum l_i$$

$$Cov(Y_i,Y_j)=l'_i\sum l_j$$

$$i, j=1, \cdots, p$$

假如我们希望用 Y_1 来代替原来的 p 个变量 $X_1, \cdots, X_P$，这就要求 Y_1 尽可能地反映原 p 个变量的信息，这里的信息用 Y_1 的方差来表示，在上述条件下，使得 $Var(Y_1)$ 达到极大，Y_1 可称为第一主成分。如果 Y_1 不足以代表所有变量，可以考虑采用 Y_2，为了最有效地代表原变量的信息，Y_1 与 Y_2 不线性相关，即：

$$Cov(Y_1, Y_2)=0 \quad (3)$$

于是求 Y_2，即在（1）（3）的约束下，使 $Var(Y_1)$ 达到极大，所求的 Y_2 称为第二主成分。用类似的方法可以定义第三主成分、第四主成分。一般来说，X 的第 i 主成分 $Y_i=l'_ix$ 是指在约束条件（1）及 $Cov(l'_ix, l'_kx)=0$ $(k<i)$ 的情况下，使得 $Var(Y_i)$ 达到极大。

当然，用主成分分析法的目的在于减少变量的个数，故一般绝不会用 p 个主成分，而用 $m<p$ 个主成分，并称 $\lambda_k/\sum_1^p\lambda_i$ 为主成分 Y_k 的贡献率，称 $\sum_{i=1}^m\lambda_i/\sum_{i=1}^p\lambda_i$ 为主成分 Y_1，…，

Y_m 的累计贡献率。根据实际需要取一定值的贡献率时，可以得出需要引入的主成分数量。

（三）最佳指标集的获取

通过主成分分析计算，导出原始变量的 p 个主分量，它们所对应的特征值反映了各个主分量对原变量集的贡献大小。由于特征值最小的主分量对原变量集的贡献最小，而该特征值对应的特征分量中，最大分量所对应的变量对该主分量的贡献最大。因此，为了获得最佳变量子集，可以将该变量删除。依次进行主成分分析和删除最小特征值对应的特征向量中的最大分量所对应的变量，可以获得稳定的最佳变量集，该变量集体现了原始变量集中包含的最大信息量。

五、聚类分析

聚类分析是一种多元统计方法，是从数值分类的学科中发展而成的，它已经逐渐成为统计学中一个重要的分析方法。聚类分析的应用范围也很广，在市场调研中，企业可以通过聚类分析了解市场细分的情况，了解不同细分市场的特征，借此明确主要的竞争对手。另外，通过聚类分析和其他分析方法的结合，还可以确定景气指数等国民经济的预警指标。

聚类分析是根据研究总体内各个单位的亲疏远近关系对样本或指标进行分类的统计方法。其优点主要是，对所研究的对象进行了全面的综合分析，归类比较客观，避免了简单统计的片面性，有利于分类指导。

对于样本和指标的聚类，一般有两种方法，一种是依据相似系数，将比较相似的样本归为一类，把不太相似的样本放在不同的类中；还有一种是依据距离，将每一个样本看作 M 维空间的一个点，并在空间上定义距离，将距离较近的点归为一类，距离较远的点放在不同的类中。

下面简单地介绍一下聚类分析的基本过程。还是继续主成分分析的推导过程，对上述的原始数据进行标准化处理，得到 n 个样本：x_1，x_2，…，x_n，每个样本具有 m 个样本指标：y_1，y_2，…，y_m。x_{ij} 表示样本 x_i 的第 j 个特征值。

$$R=\begin{bmatrix} r_{11} & r_{12} & r_{13} & \cdots & \cdots & r_{10} \\ r_{21} & r_{22} & r_{23} & \cdots & \cdots & r_{20} \\ \vdots & \vdots & \vdots & & & \vdots \\ r_{n1} & r_{n2} & r_{n3} & \cdots & \cdots & r_{n0} \end{bmatrix}$$

首先利用距离法计算相似系数，建立相似矩阵。相似系数 r_{ij} 表示两个样本 x_i 和 x_j 之间的相似程度，r_{ij} 越接近 1，表明两个样本越相似。然后根据相似矩阵进行聚类分析。利用平方法可以求 R 的传递矩阵 $t(R)$，矩阵 $t(R)$ 是论域 U 上的一个模糊等价矩阵。可以证明，按照下述次序：$R\rightarrow R_2\rightarrow R_4\rightarrow\cdots\rightarrow R_{2K}$，经过有限次运算，必有 $R_{2K}=(R_{2K})2$，即得到一个模糊等价矩阵 $t(R)=R_{2K}$。

对模糊等价矩阵 t（R）取不同水平的 λ 截矩阵，可以得到不同分类。λ 越大，分类数越多；当 λ 降低到一定程度，分类数就变为 1。在当 λ 由 1 变为零的过程中，其对应的 λ 截矩阵确定的分类由细变粗，逐步回归，形成动态的聚类图。根据实际问题的需要，取不同的置信水平，就可以得到恰当的分类。对每一类别的特点进行分析，提出措施，从而可避免逐一提出解决方案的烦琐。

本章小结

调查资料分析是一项复杂的工作，主要包括定性分析方法和定量分析方法。定性分析方法包括对比法、演绎法和归纳法。要重点掌握定量分析方法，学会应用定量研究方法对一些简单的调查资料进行分析研究。在学习两类方法后应认识到，定性调查可以指明事物发展的方向及趋势，得到有关新事物的概念，但却不能表明事物发展的广度和深度，也无法得到事物数量上的认识。定量调查则恰好弥补了定性分析的缺陷，它可以深入细致地研究事物内部的构成比例，研究事物规模的大小，以及水平的高低。定性分析和定量分析相互补充，并同等重要。在市场调查中，应根据事物的性质及调查的目的分别选用，或混合使用，不应主观偏向一方。

【复习思考题】

1. 简述调查资料分析的原则。
2. 定性分析的主要特点有哪些?
3. 说明单因素方差分析中 *SST*、*SSE* 和 *SSA* 的含义，并说明它们之间的关系。
4. 某企业生产四种颜色不同的饮料，分别为黑色、红色、黄色和无色。现从地理位置、经营规模相仿的五家超市收集了各种颜色饮料的销售情况，如下表所示。

单位：箱

超市	无色	红色	黑色	红色
1	26.5	31.2	27.9	30.8
2	28.7	28.3	25.1	29.6
3	25.1	30.8	28.5	32.4
4	29.1	27.9	24.2	31.7
5	27.1	29.6	26.5	32.8

请用单因素方差分析法分析饮料的颜色是否对销量产生影响。

【实例】

麦当劳选址的商圈调查

麦当劳在考虑餐厅的选址前需要进行商圈调查，并估计当地的市场需求和潜能。

1. 确定商圈范围

麦当劳把确定商圈称作绘制商圈地图，商圈地图的画法首先是确定商圈范围。

一般来说，商圈范围是以餐厅中心，以 1～2 公里为半径，画一个圆形作为它的商圈。如果该餐厅有汽车通道，则可以把半径延伸到四公里，然后把整个商圈分割为主商圈和副商圈。

商圈的范围一般不要越过公路、铁路、立交桥、地下通道、河流等，因为顾客不会越过这些阻隔到不方便的地方购物。

商圈确定后，麦当劳的市场分析专家便开始分析商圈的特征，以制订公司的地区分布战略，即规划在哪些地方开设多少家餐厅，从而达到通过消费导向去创造和满足消费者需求的目标。

因此，商圈特征调查必须详细统计和分析商圈内的人口特征、住宅特点、聚集场所、交通和人流状况、消费倾向及同类商店分布，要对商圈的优缺点进行评估，并预计开店后的收入和支出，对可能的净利润进行分析。

在商圈地图上，需要标注下列数据：

(1) 餐厅所在社区的总人口、家庭数。

(2) 餐厅所在社区的学校数、事业单位数。

(3) 构成交通流量的场所，包括百货商店、聚集场所、娱乐场所、公共汽车站和其他交通工具的集中点等。

(4) 餐厅前的人流量（区分平日和假日）及人潮走向。

(5) 有无大型公寓或新村。

(6) 商圈内的竞争店和互补店的店面数、座位数和营业时间等。

(7) 街道的名称。

2. 进行抽样统计

在分析商圈的特征时，还必须在商圈内设置几个抽样点，进行抽样统计。抽样统计的目的是取得基准数据，以确定顾客的准确数字。

抽样统计可将一周分为三段：周一至周五为一段，周六、周日为一段，节假日为一段。从每天早晨7时开始至午夜12点，以两小时为单位，计算通过的人流数、汽车和自行车数。人流数还要进一步区分男、女、青年、少年、上班和下班人群等，然后换算为每15分钟的数据。

3. 实地调查

除了进行抽样统计外，还要对顾客进行实地调查，或称作商情调查。

实地调查可以分为两种：以车站为中心和以商业区为中心。

以车站为中心的调查方法可以是到车站前记录车牌号码，或者是乘公交车了解交通路线，或从车站购票处取得购票人的信息。

以商业区为中心的调查需要调查当地商会的活动计划和活动状况，调查路边的购物纸袋和商业印刷品，看看人们常去哪些商店或超市，从而准确地掌握当地的购物行动圈。

通过访问购物者，调查他们的地址，向他们发放问卷，了解他们的生日。

然后把调查的所有资料一一载入最初画圈的地图，将这些调查的数据以不同的颜色标明，最后就可以在地图上确定选址的商圈了。

第九章

预测分析

本章要点

1. 市场预测按期限可分为：短期预测、近期预测、中期预测和长期预测。

2. 集合分析法的形式包括：集合意见法、专家会议法、德尔菲法。

3. 德尔菲法的步骤：确定预测题目，选定专家小组；制定征询表，准备有关材料；采用匿名方式进行多轮函询；做出最后的预测结论。

4. 德尔菲法的特点：匿名性、多次有控制的反馈、小组的统计回答。

5. 时间序列分析法的种类：简单平均法、移动平均法、指数平滑法、趋势延伸法、季节指数法。

6. 回归分析的分析模型：$y'=a+bx$。

市场预测是根据市场调查所取得的有关资料，运用相应的统计方法，对市场供求变化及其他因素的发展变化趋势所作的描述和量的推断。市场预测也是一门应用学科，它是把握市场未来需求发展变化趋势的科学，也是企业经营管理的主要工具。

第一节 市场预测的基本原理

一、市场预测的概念和作用

（一）市场预测的概念

预测是根据事物过去和现在的状况，对未来不确定事件的预见和推测。预测活动普遍存在于人类社会和现实生活中。人们在社会实践中，为达到某种目的，总要事前对所关心事物的发展趋势或可能的结果做出判断和估计。预测对象范围很广，几乎涉及人类社会的各个领域，如社会预测、经济预测、技术预测、军事预测等。例如，军事家们预测新的世界大战爆发的可能性极小；又如，政府部门预测到 2020 年，我国人均国民生产总值将达到 3 000 美元。这说明人类的实践活动离不开预测。

预测作为人类的一种探索性认识活动，与主观臆断完全不同。预测是运用各种知识和科学的手段，分析研究历史与现实资料，对所关心事物的未来发展趋势或可能结果进行事先的推测和判断。而主观臆断是没有任何事实材料作为基础，缺乏科学知识的依托，因而是一种随心所欲的臆断，如占卜术、星相术等。

一般来说，预测是由预测依据、预测分析、预测技术和预测结果四个基本要素组成。预测依据是指在调查研究中所掌握的反映过去、现实的有关情报、数据和资料；预测分析是对各种预测依据经过核对、比较、综合，进行科学思维分析与估计和预算；预测技术是预测分析所运用的科学理论、方法、工具和手段；预测结果是预测者在预测分析的基础上，对事物发展的趋势、规模、程度、性质、特点以及各种可能性水平做出的结论。

市场预测是指在掌握市场信息的基础上，运用科学的理论和方法，对市场有关因素未来变化发展趋势及可能水平做出估计和测算，为企业经营决策服务。企业生产经营活动离不开市场预测。正确理解市场预测概念，应把握以下几点：

（1）市场预测的目的是把握市场未来需求变化的趋势，为企业经营决策服务。

（2）市场预测的依据是关于市场的历史资料和现在的市场信息。

（3）市场预测的对象是市场有关因素未来的发展趋势和可能水平。例如，某企业对自己产品未来1年的销售量或市场占有率进行预测。

（4）市场预测要采用科学的方法和知识，如定性预测法中的专家意见法，定量预测法中的移动平均法，还有数理统计知识等。

（二）市场预测在企业经营管理中的作用

企业是市场经济主体，各项经济活动都离不开市场。企业各项生产要素从市场购进，各项生产成果要符合市场的需求，并在市场竞争中接受对手的挑战。所以，企业只有重视市场预测，顺应市场发展的规律，才有可能提高经营效果，提高经济效益。具体来讲，市场预测对企业经营管理的作用主要包括：

（1）市场预测可以帮助企业了解各项市场环境的变化，如政治环境、经济环境、自然环境、法律环境等可能出现的变化，并根据预测结果采用适当的措施，从而能够利用环境的变化，确保企业生产经营活动的顺利开展。

（2）市场预测可以探察消费者消费趋向的变化、购买力的增减，并结合企业自身条件，分析具体情况，采取可行的解决方法，以适应消费需求的变化，避免盲目生产。

（3）市场预测可以预先判断市场未来的发展情况，为企业确定正确的经营方向、制订生产经营的计划提供依据。企业只有符合市场未来发展的方向，才能够生存发展；只有努力开发有更大需求量的商品，才能够获得更高的收益。

（4）市场预测还可以搞清楚竞争对手的状况，如竞争对手的数量、竞争力、策略、市场占有率等方面的现状和变化，从而制定相应的策略，进行有效的竞争。

（5）市场预测有利于提高企业管理的水平。同行业企业在管理内容、管理方法、管理手段等方面，时时处于不断变化之中，市场预测能够帮助企业掌握环境变化对企业管理的影响，依据本企业的特定条件，制定管理变革的方案，提高管理的效率和水平。

二、市场预测的类型

市场预测可从不同的角度进行分类，主要有如下几种。

（一）按预测的要求分类

1. 定性市场预测

定性预测又称为直观判断预测，它是指通过直观材料或判断的方法对事物未来发展变化趋势进行质的分析。它是经验形态的预测，是对市场未来发展变动的方向、态势进行预测。它侧重于对事物未来变化的性质进行推测和估计，而不揭示事物数量的变化。例如，预测今年某地区彩电市场将供大于求，即为定性市场预测。

定性预测可以充分考虑政治、经济等宏观因素对预测问题发展趋势的影响，有一定的科学性，既可以直接为决策服务，也可以为下一步的定量预测提供依据。同时，定性预测简便易行，不需要复杂的数学方法和计算公式。但是，定性预测也存在先天的缺陷：它对未来变化的趋势不能做出精确的说明；对预测结果难以估计预测误差和评价它的可信程度。因此，在实际操作中，需要把定性预测与定量预测结合起来，将定性预测的结果以量化的形式表示出来，从而提高定性预测的准确性和可靠性。

2. 定量市场预测

定量预测是根据调查得来的数据，采用适当的数学公式或模型对未来的发展趋势进行量的分析。这是对市场有关事物未来变化的规模、水平、速度、比例等数量方面进行推测和估计。例如，预测今年某地区的彩电市场供给超过需求达30%。

定量预测的优点非常明显，一是利用数学模型作为定量分析的手段，不受人为因素的影响，预测结果比较科学和客观；二是定量预测可以估计预测误差和可信度，使预测者了解预测目标的误差范围；三是定量预测的结果是以数字和函数的形式表示的，精确程度比较高，可以为决策者提供更精确、可信和全面的信息。但定量预测也有以下不足：对预测者的要求较高，需要一定的基础知识才能掌握和运用；数据要求较高，缺乏数据或不能保证数据的质量，定量预测很难进行；定量预测运算操作过程复杂，需要借助计算机来处理，而且费用较高。

总之，定性市场预测和定量市场预测的区分不是绝对的。两者相互联系，定性预测是定量预测的前提，定量预测是定性预测的补充和深化。

（二）按预测的范围分类

1. 宏观市场预测

宏观市场预测是对整个国民经济发展前景和整个社会经济活动趋势的预测。宏观市场预测的主要内容有：国民生产总值及其增长态势、物价总水平及其变动、商品零售总额、商品需求总量、基本建设投资规模及其增长、新技术和新产品发展动向、消费结构变化等的预测。宏观市场预测还包括世界范围的市场动态、商品结构、进出口贸易行情、国际金融市场对国际贸易的影响趋势等。宏观市场预测的直接目标是商品的全国性市场容量及其趋势变化、商品的国际市场份额及其变化。宏观市场预测内容多，覆盖范围广，一般由政府部门、全国性研究机构、协会等来承担。

2. 微观市场预测

微观市场预测主要是指企业对产品的市场需求量、销售量、市场占有率等内容的预测。微观市场预测的内容比较具体、细致，对指导企业的生产、经营活动有直接的影响和作用。

（三）按预测的对象分类

1. 单项商品预测

单项商品预测是对某种品牌、规格、花色、款式等具体商品市场需求或销售量的预测，如对36英寸彩电各种品牌的需求预测。单项商品预测是十分具体细微的。

2. 同类商品预测

这是对某一类别商品的市场需求量或销售量的预测。大的类别有生产资料的预测与生活资料的预测。每一类别又可分为较小的类别层次，如生活资料类预测可分为食品类、服装类、日用品类、家电类等。按不同的用途与等级，上述各类生活资料还可分为更具体的类别层次，如家电类可分为电视类、音响类、冰箱类、微波炉类等。

3. 对象性商品预测

这是对某一类消费群体所需商品的需求量或销售量的预测，如对儿童玩具的需求预测。还可按消费者年龄、性别等分类，如分为青年服装市场预测、女性服装市场预测等。

（四）按预测的期限分类

1. 短期预测

预测的时间期限是以日、周、旬、月为时间单位，对一个季度内市场需求量的预测，如预测下一月份冷饮的销售量。它主要为企业日常生产经营计划服务，为确定短期内生产经营任务提供依据，讲究预测的时效性。

2. 近期预测

预测的时间期限一般在一年内，常以月或季为单位，对季度内或年内的市场需求及发展情况进行预测。它为企业制订年度生产或经营计划服务，为采购原材料等生产要素，组织货源提供依据。

3. 中期预测

预测的时间期限一般在1年以上，5年以内。它的目的是为企业制定中期发展规划提供依据。

4. 长期预测

预测的时间期限在5年以上。它为企业发展的长远规划提供依据。

此外，按预测的空间范围不同，可分为全国性市场预测、地区性市场预测和本地市场预测等。

三、市场预测和市场调查的关系

（一）市场预测和市场调查的联系

1. 市场预测和市场调查具有共同点

（1）两者主体相同。市场预测和市场调查的主体都是对市场信息资料具有强烈需求的生产企业和销售企业。

（2）两者研究的客体相同。市场预测和市场调查的客体都是市场现象及相关因素。

（3）两者目的相同。市场预测和市场调查的具体任务虽然不同，但目的是一致的，都是为企业的经营决策和制订科学的营销计划提供依据。

2. 市场预测和市场调查是密切相关的

市场调查是市场预测的前提和基础，市场调查为市场预测提供必要的市场变化的数据和资料，没有市场调查，市场预测是盲目和无根据的，不可能具有科学性和准确性。市场预测是市场调查的延续和深化。只有市场调查，没有市场预测，企业对市场信息的掌握将是不完整的。只有在市场调查的基础上，开展市场预测活动，企业才能获得包括市场的历史、现状和未来变化趋势在内的完整的市场信息，才能为企业正确经营决策服务。

（二）市场预测和市场调查的区别

虽然市场预测和市场调查有许多共同点，两者又密切相关，但市场预测不等于市场调查，它们的主要区别如下。

1. 两者的研究重点不同

市场调查和市场预测虽然都研究市场商品供求关系及其影响因素，但市场调查侧重于市场现状和历史的研究，它是一种客观的描述性研究，目的是了解市场客观实际情况，弄清事实真相，并及时捕捉市场信息；市场预测则侧重于对市场未来的研究，它是一种预测性研究，着重探讨市场供求关系的发展趋势及各种影响因素，目的是对未来的市场及时做出推断和估计。

2. 两者的研究结果不同

市场调查和市场预测的最终目的是通过对市场的研究，为各种决策提供依据。但市场调查所获得的直接结果是市场现象的各种数据、资料和调查报告，涉及的内容比市场预测要广泛，因而既可作为市场预测的依据和资料，也可直接为经济管理部门和企业的日常决策提供依据；而市场预测所获得的结果是关于市场未来发展变化的趋势和市场需求的可能水平，是一种有一定科学根据的假定，主要为制订计划和管理决策服务。

3. 两者的研究方法不同

市场调查的方法多是了解市场现状、捕捉市场信息的方法，如访问调查、问卷调查、观察调查等。市场预测方法包括定性预测法和定量预测法，目的是科学预测市场未来的需求量和需求状况。两者的研究方法有很大区别。

第二节　集合分析法

一、集合意见法

集合意见法是指企业内部经营管理人员、业务人员凭自己的经验判断，对市场未来需求趋势提出个人的预测意见，再集合大家的意见做出市场预测的方法。集合意见法是短期或近期的市场预测中常用的方法。企业经营管理人员和业务人员在日常工作中积累了丰富的经验，掌握着大量的实际资料，非常熟悉市场需求的变化情况，对他们的意见进行充分调查并加以集中，可以对市场的未来情况做出预测。

集合意见法的主要操作步骤如下：

（1）预测组织者根据企业经营管理的要求，向参加预测的有关人员提出预测项目和预测期限的要求，并尽可能提供有关背景资料。

（2）预测有关人员根据预测要求及掌握的背景资料，凭个人经验和分析判断能力，提出各自的预测方案。在此过程中，预测人员应进行必要的定性分析和定量分析。定性分析主要分析历史上生产销售资料、目前市场状态、产品适销对路的情况，商品资源、流通渠道的情况及变化，消费心理变化、顾客流动态势等。定量分析主要确定未来市场需求的几种可能状态（如市场销路好或市场销路差的状态），估计各种可能状态出现的主观概率，以及每种可能状态下的具体销售值。

（3）预测组织者计算有关人员预测方案的方案期望值。方案期望值等于各种可能状态主观概率与状态值乘积之和。

（4）将参与预测的有关人员分类，如厂长（经理）类、管理职能科室类、业务人员类等，计算各类综合期望值。综合方法一般是采用平均数、加权平均数或中位数统计法。

（5）确定最后的预测值。预测组织者将各类人员的综合期望值通过加权平均法等计算出最后的预测值。

例如，某机械厂为了预测明年的产品销售额，要求经理和业务科、计划科、财务科及营销人员做出年度销售预测。

运用集合意见法预测的具体步骤如下：

（1）各位经理、科室负责人和营销人员分别提出各自的预测方案意见，如表9-1、表9-2、表9-3所示（单位：万元）。

表9-1　经理的预测方案意见表

经理	销售估计值						期望值	权数
	销售好	概率	销售一般	概率	销售差	概率		
甲	500	0.3	420	0.5	380	0.2	436	0.6
乙	550	0.4	480	0.4	360	0.2	484	0.4

表9-2　科室负责人的预测方案意见表

科室人员	销售估计值						期望值	权数
	销售好	概率	销售一般	概率	销售差	概率		
业务	600	0.5	400	0.2	360	0.3	488	0.3
计划	540	0.4	480	0.3	340	0.3	462	0.3
财务	580	0.3	440	0.3	320	0.4	434	0.4

表9-3　营销人员的预测方案意见表

营销人员	销售估计值						期望值	权数
	销售好	概率	销售一般	概率	销售差	概率		
甲	480	0.3	400	0.5	300	0.2	404	0.4
乙	520	0.3	440	0.4	360	0.3	440	0.3
丙	540	0.2	420	0.5	380	0.3	432	0.3

在前面的表格中，未来的市场销售前景有三种可能性：销售好、销售一般、销售差，每一种可能性发生的机会称为概率。例如，销售好的概率为0.3，即指“销售好”发生的可能性有30%。销售好、销售一般、销售差三种可能性的概率之和等于1。

对于表中的权数，不同人员由于在企业中的地位不同，权威性不同，其预测意见的影响力也不同，如经理甲是正经理，经理乙是副经理，显然经理甲的权威性大于经理乙的权威性，因此，经理甲的权数应大于经理乙的权数。经理甲的权数为0.6，经理乙的权数为0.4，也可以是0.7和0.3，具体数字由预测人员主观确定。其他人员的权数确定也一样，凡是权威性大的人员，其权数也就大。

(2) 计算各预测人员的方案期望值。方案期望值等于各种可能状态的销售值与对应的概率乘积之和。

如经理甲的方案期望值：

$$500\times0.3+420\times0.5+380\times0.2=436\text{（万元）}$$

业务科人员的计算期望值：

$$600\times0.5+400\times0.2+360\times0.3=488\text{（万元）}$$

营销人员甲的方案期望值：

$$480\times0.3+400\times0.5+300\times0.2=404\text{（万元）}$$

其他人员的方案期望值都依此计算，并填入表中。

(3) 计算各类人员的综合预测值，即分别求出经理类、科室人员类、营销人员类的综合预测值。

综合预测值公式为：

$$\hat{Y}=\frac{\sum W_i\hat{Y}_i}{\sum W_i}$$

其中，$\hat{Y}$ 代表某类人员综合预测值，$\hat{Y}_i$ 代表某类各人员的方案期望值，W_i 代表某类各人员的方案期望值权数。

经理类综合预测值为：

$$\frac{436\times0.6+484\times0.4}{0.6+0.4}=455\text{（万元）}$$

科室人员类综合预测值为：

$$\frac{488\times0.3+462\times0.3+434\times0.4}{0.3+0.3+0.4}=459\text{（万元）}$$

营销人员类综合预测值为：

$$\frac{404\times0.4+442\times0.3+432\times0.3}{0.4+0.3+0.3}=424\text{（万元）}$$

(4) 确定最后预测值，即对三类人员的综合预测值采用加权平均法再加以综合。由于三类人员综合预测值的重要程度不同，所以应当给予三类人员综合预测值不同的权数。现假定：经理类权数为4，科室人员类权数为3，营销人员类权数为2（权数可以是小数，也可以是正整数），最后预测值为：

$$\frac{455\times4+459\times3+424\times2}{4+3+2}=\frac{1\,820+1\,377+848}{9}=449\text{（万元）}$$

从预测的结果来看，综合预测值低于管理人员和科室人员的预测值，高于营销人员的预测值，这说明集合意见法本身是个人的主观判断，上边三类人员的预测也是分别从各自的角度进行的，难免出现过于保守或过于乐观的情况。这就要求在最终确定预测值之前，要对综合预测值进行必要的调整，通过召开会议，互相交流看法，互相补充，从而克服主观上的局限性，在充分讨论和综合各方意见的基础上，由预测组织者确定最终的预测值。

二、专家会议法

专家会议法是邀请有关方面的专家，通过会议的形式，对市场未来需求趋势或企业某个产品的发展前景做出判断，并在专家们分析判断的基础上，综合专家们的意见，进行市场预测的方法。

专家会议法预测能否取得成功，在很大程度上取决于专家的选择。专家选择应依据以下要求：

一是专家要有丰富的经验和广博的知识。专家一般应具有较高学历，有丰富的与预测课题相关的工作经验，思维判断能力敏锐，语言表达能力较强。

二是专家要有代表性。要有各个方面的专家，如市场营销专家、管理专家、财务专家、生产技术专家等，不能局限于一个部门。

三是专家要有一定的市场调查和市场预测方面的知识和经验。

（一）专家会议法的实施步骤

1. 做好会议的准备工作

这包括确定会议的主题、确定合适的主持人、选好会议的场所和时间、确定会议的次数、准备会议的记录分析工具。

确定主持人对于会议的成功与否起着非常重要的作用。主持人要具有丰富的调查经验，掌握与讨论内容相关的知识，并能左右或引导会议的进程和方向。

2. 邀请专家参加会议

邀请出席会议的专家人数不宜太多，一般以8～12人最好，要尽量包括各个方面的专家，要独立思考，不被某个权威意见所左右。

3. 控制好会议的进程

会议主持人提出预测题目，要求大家充分发表意见，提出各种各样的方案。主持人不要谈自己有什么设想、看法或方案，以免影响与会专家的思路。对专家所提出的各种方案和意见，不应持否定态度，均应表示肯定和欢迎。

在这一步中，需要强调的是会议上不要批评别人的方案，要打开思路，畅所欲言，方案多多益善，气氛民主热烈。同时，要做好会议的记录工作。可以由主持人边提问边记录，也可以由助手进行记录，还可以通过录音、录像的方法记录。

4. 确定预测方案

在会议结束后，主持人再对各种方案进行比较、评价、归类，最后确定出预测方案。另外，为了使专家会议法更有成效，会前应进行一定的调查研究，提供相关的资料，如市场动态资料，不同厂家所生产的同类产品的质量、性能、成本、价格对比资料，以及同类产品的历史销售资料等。同时，会前还需要做一些组织准备工作。组织准备工作包括如何选择专家，如何让专家充分发表意见。在专家会议上，会议主持人应让与会者畅所欲言，各抒己见，自由讨论；召集会议的预测者不发表可能影响会议的倾向性观点，只是广泛听取意见。在充分讨论的基础上，综合各专家的意见，形成有关市场未来变化发展趋势或某一产品未来需求前景的预测结果。

（二）专家会议法的形式和优缺点

1. 专家会议法的形式

专家会议法根据会议的程序和专家交换意见的要求分为下列三种具体的形式：

（1）非交锋式会议。在这种方法中，参与的专家可以独立地、任意地发表意见，不带发言稿，以便充分发挥灵感，鼓励创造性思维；但不争论，不批评他人意见。这种非交锋式会议法也称为头脑风暴法。

（2）交锋式会议，就是与会专家都可以围绕预测的问题各抒己见，直接争论，经过会议达成共识，做出一个较为一致的预测结论。

（3）混合式会议，又称为质疑头脑风暴法，是交锋式与非交锋式会议的混合使用。即第一阶段实施头脑风暴法；第二阶段对前一阶段提出的各种想法意见进行质疑，在质疑中争论、批评，也可以提出新的设想，不断地交换意见，互相启发，最后取得一致的预测结果。

2. 专家会议法的优缺点

专家会议法的优点是：它将一些专家集合成一个小组，由主持人对他们同时进行访谈，这会比个人的访谈产生更多、更全面的信息和观点；与会专家能自由发表意见，各种观点能互相启发、借鉴，有利于集思广益，有利于预测意见得到修改、补充和完善。同时，专家会议法节省时间，节省费用，应用灵活方便。

专家会议法也存在缺点：会议上与会人员的意见易被个别权威专家的意见所左右；由于与会人员的个性和心理状态，与会者有时不愿发表与众不同的意见，或出于自尊心不愿当场修改已发表过的意见。因此，会议最后的综合意见可能并不完全反映与会专家的全部正确意见。但是，在难以进行量的分析的情况下，专家会议法仍不失为一种很有价值的预测方法。

三、德尔菲法

德尔菲是古希腊地名。相传太阳神阿波罗（Apollo）在德尔菲杀死了一条巨蟒，成了德尔菲的主人。阿波罗不仅年轻英俊，而且对未来有很高的预见能力。在德尔菲有座阿波罗神殿，是一个预卜未来的神谕之地，于是人们就借用此名，作为这种方法的名称。

德尔菲法是采用背对背的通信方式征询专家小组成员的预测意见，经过几轮征询，使专家小组的预测意见趋于集中，最后做出符合市场未来发展趋势的预测结论。德尔菲法是为了克服专家会议法的缺点而产生的一种专家预测方法。在预测过程中，专家彼此互不相知、互不往来，这就克服了在专家会议法中经常发生的专家们不能充分发表意见、权威人物的意见左右其他人的意见等弊病。各位专家能真正充分地发表自己的预测意见。

德尔菲法最早出现于20世纪50年代末，是当时美国为了预测在其“遭受原子弹轰炸后，可能出现的结果”而发明的一种方法。1964年美国兰德（RAND）公司的赫尔默和戈登发表了“长远预测研究报告”，首次将德尔菲法用于技术预测中，以后便迅速地应用于其他领域的预测。此外，还用来进行评价、决策和规划工作。据《未来》杂志报道，从60年代末到70年代中，专家会议法和德尔菲法在各类预测方法中所占比重由20.8%增加到24.2%。80年代以后，我国不少单位也采用德尔菲法进行预测、决策分析和编制规划工作。

德尔菲法本质上是一种反馈匿名函询法。其做法是，在对所要预测的问题征得专家的意见之后，进行整理、归纳、统计，再匿名反馈给各专家，再次征求意见，再集中，再反馈，直至得到稳定的意见。其过程大致如图9-1所示。

匿名征求专家意见 → 归纳、统计 → 匿名反馈 → 归纳、统计 → ……

图9-1　德尔菲法的操作过程

(一) 德尔菲法的适用范围

德尔菲法适合在以下情况下发挥作用。

1. 缺乏足够的资料

企业在市场预测中，由于没有历史资料或历史资料不完备，难以进行量化分析时，采用德尔菲法。

2. 作长远规划或大趋势预测

长远规划和大趋势，因为时间久远，不可控制的变量太多，进行具体的量化非常困难，也不准确，这时采用德尔菲法是一个不错的选择。

3. 影响预测时间的因素太多

预测事件的变化总是会受到很多大大小小的因素的影响，某事物受到影响因素过多时，就比较适合采用德尔菲法。

4. 主观因素对预测时间影响比较大

预测事件的变化主要不是受技术、收入等客观因素的影响，而是受政策、法规等主观因素影响时，宜采用德尔菲法。

(二) 德尔菲法的操作步骤

德尔菲法的一般操作步骤分为如下几步。

1. 确定预测题目，选定专家小组

确定预测题目，即明确预测的目的和对象，选定专家小组则是决定向谁做有关的调查。这两点是有机地联系在一起的，即被选定的专家，必须是对确定的预测对象具有丰富知识的人，既包括理论方面的专家，也包括具有丰富实际工作经验的专家，这样组成的专家小组，才能对预测对象提出可信的预测值。专家人数一般为10～20人。

2. 制定征询表，准备有关材料

预测组织者要将预测对象的调查项目，按次序排列绘制成征询表，准备向有关专家发送。同时还应将填写要求、说明一并设计好，使各专家能够按统一要求做出预测值。

制定意见征询表时应当注意以下几个要点：征询的问题要简单明确，使人容易回答；

问题数量不宜过多；问题的回答要尽量接近专家熟悉的领域，以便充分利用专家的经验；意见征询表中还要提供较详细的背景材料，供专家进行判断时参考。

3. 采用匿名方式进行多轮函询

（1）第一轮：预测组织者将预测课题、征询表和背景材料邮寄给每位专家，要求专家一一作答，提出个人的初步预测结果。

（2）第二轮：预测组织者将第一轮汇总整理的意见、预测组的要求和补充的背景材料反馈给各位专家，进行第二轮征询意见。

专家们在接到第二轮资料后，可以了解其他专家的意见，并由此做出新的预测判断。他既可以修改自己原有的意见，也可以仍然坚持第一轮的意见，并将第二轮预测意见按期寄给预测组织者。

（3）第三轮：预测组织者将第二轮汇总整理的意见、补充材料和预测组的要求反馈给各位专家进行第三轮征询意见。要求每位专家根据收到的资料再发表第三轮的预测意见。专家们将第三轮意见（修改的或不修改的）再次按期寄回。这样，经过几次反馈后，各位专家对预测问题的意见会逐步趋于一致。

4. 运用数学统计分析方法对专家最后一轮预测意见加以处理，做出最后的预测结论

用德尔菲法征询专家意见一般要求在三轮以上，只有经过多次的征询，专家们的看法才能更加成熟、全面，并使预测意见趋于集中。

用数学统计分析方法处理专家们的预测数据，得出最终预测值，一般采用平均数法和中位数法。

（1）平均数法，就是用专家所有预测值的平均数作为综合的预测值。公式是：

$$Y=\frac{\sum X_i}{n}$$

其中：X_i 代表各位专家的预测值，n 代表专家人数。

（2）中位数法，是用所有预测值的中位数作为最终的预测值。

中位数的位置：$\frac{n+1}{2}$。

具体做法是：将最后一轮专家的预测值从小到大排列，碰到重复的数值舍去，那么中位数所处的位置（第$\frac{n+1}{2}$位）的数据，就是中位数。

例如，某企业市场环境发生了变化，对产品明年的销售量难以确定，因而聘请了10位专家，用德尔菲法进行预测。具体数据如表 9-4 所示。

表 9-4　　专家意见汇总表　　单位：万台

专家编号 / 专家意见 / 征询次数	1	2	3	4	5	6	7	8	9	10
第一轮	70	80	75	52	75	45	50	60	54	63
第二轮	70	75	73	55	65	47	54	65	60	63
第三轮	70	73	70	62	72	55	58	60	63	65

从表 9-4 不难看出，专家们在发表第二轮预测意见时，大部分专家都修改了自己的第一轮预测意见，只有编号为 1 和编号为 10 的专家坚持自己第一轮的预测意见。专家们发表第三轮预测意见也是如此。经过三轮征询后，专家们预测值的差距在逐步缩小，在第一轮征询中，专家的最大预测值 80 与最小预测值 45 相差 35；在第二轮征询中，专家最大预测值 75 与最小预测值 47 相差 28；在第三轮征询中，专家最大预测值 73 与最小预测值 55 仅相差 18。

若用平均数法确定最终预测值：

$$Y=\frac{\sum X_i}{n}$$

$$=\frac{70+73+70+62+72+55+58+60+63+65}{10}$$

$$=\frac{648}{10}=64.8\text{（万台）}$$

即预测新产品年销售量为 64.8 万台。

若用中位数法确定最终预测值：

首先，将表 9-4 中的专家第三轮预测值，按其数值从小到大排列：

53、58、60、62、63、65、70、72、73（有两个 70，舍去 1 个）。

其次，确定中位数所在的位置：

$$\frac{n+1}{2}=\frac{9+1}{2}=5$$

那么，第 5 个数据为中位数，即预测新产品的年销售量为 63 万台。

（三）德尔菲法的特点

德尔菲法是一种利用函询形式集体匿名的思想交流过程。它区别于其他专家预测方法的明显特点是：匿名性、多次有控制的反馈、小组的统计回答。

1. 匿名性

匿名性是德尔菲法的极其重要的特点，从事预测的专家不知道有哪些人参加了预测，他们是在完全匿名的情况下交流思想的。在整个预测过程中，参加的专家并不直接见面，彼此间不发生横向联系，而是采取书信方式，背靠背地分头征求意见。这种匿名形式可以创造一个平等、自由的气氛，鼓励专家独立思考，消除顾虑和心理干扰，使个人意见得以充分发表。

2. 多次有控制的反馈

小组成员的交流是通过回答组织者的问题来实现的。它一般要经过数轮反馈才能完成预测。通过反馈，专家们在背靠背的情况下，了解全体意见的倾向，以及持不同意见者的想法，有利于互相启发，集思广益，充分发挥专家们的智慧，提高预测的准确性和可靠性。

3. 小组的统计回答

对专家经过多次轮番征询意见和反馈后，意见渐趋一致，再用统计方法加以集中整理，可以得出定量化的综合预测结果。

（四）德尔菲法的优缺点

1. 德尔菲法的优点

（1）便于独立思考，独立估测。德尔菲法的应邀专家是背靠背的，相互不了解，因此能克服权威效应、情感效应，进行独立预测和判断。

（2）能够探索性地解决问题。德尔菲法是采用多轮征询意见，而不是一次达成预测集中值。而且在每轮反馈中，让专家了解到整体意见的倾向以及持不同意见者的理由，可以使专家受到启发，便于更好地修改和完善自己的意见。

（3）既能经济合理，又集思广益。德尔菲法以信函方式征询专家意见，具有经济合理性；同时，又能通过广泛性，向各个方面的专家征询意见，具有集思广益的效果。

（4）具有广泛的应用范围。德尔菲法虽属定性预测方法，但它能解决历史资料缺乏的问题，也能预测有充足历史资料的事件；既能进行近期现实问题的预测，也能用于远期抽象性问题的估测。

2. 德尔菲法的缺点

（1）组织者主观意向明显。德尔菲法的多轮反馈，都是组织者归纳整理前轮专家意见，其意见的取舍、新资料的提供等，都直接影响专家意见的修改情况和集中意见结果，因而带有明显的主观意向。

（2）缺少不同想法的辩论和商讨。德尔菲法是专家背靠背进行的，各自凭个人的知识和经验做估测，难免要受到个人资料占有数量和本身知识范围的影响，带有一定的主观片面性；而且，这种方式使各位专家没有机会正面交锋，互相启发，使预测难以见到更深刻、更有创造性的见解。

（3）可能会忽视少数人的创意。德尔菲法的数据整理是采用众数理论进行的，往往少数人的创意会被预测者所忽视，当这些少数派意见正确的时候，预测结果就会出现错误。

（4）时间较长。德尔菲法采用多轮信函方式，使预测过程较为费时，一般不能应用于近期或即时问题的预测。

第三节　时间序列分析法

一、时间序列分析法概述

时间序列分析法是将预测变量的一组观察值，按时间顺序加以排列，运用一定的数学方法使其向外延伸，预计其未来发展变化趋势的预测方法。时间序列分析法也称为历史延伸法或趋势外推法。

（一）时间序列分析法的特点

时间序列分析法中所依据的时间序列，就是将市场现象的某种统计指标数值，按时间先后顺序排列而成的数列。时间序列也称动态数列或时间数列，时间序列中各指标数值被称为实际观察值。时间序列有很多种类，按时间序列排列指标的时间周期不同，可分为年时间序列、季度时间序列、月时间序列等。时间序列分析法有以下两个特点：

（1）时间序列分析法是根据历史资料所反映出的变化趋势预测未来的发展，它的前提是假定事物的变化趋势不随时间发生改变。事物目前的状态是历史发展的结果，而事物的未来又是时间延伸的结果，事物的历史和未来是有联系的。时间序列分析法就是根据这个原理，运用过去的历史数据，通过统计分析，进一步推测市场未来的发展趋势。同时应该注意，市场的未来发展变化趋势受多种因素的影响，而各种影响因素又在不断地发展变化，在时间序列预测中，要注意研究市场现象的新的影响因素，这样才能做出既符合历史的变化趋势，又适应未来实际结果的可靠预测。由于这一特点，时间序列分析法比较适合短期和近期的市场预测。

（2）市场现象的时间序列观察值是影响市场变化的各种不同因素共同作用的结果。时间序列分析法把时间序列数据的变动分为四种类型：其一是长期趋势变动（T），即时间序列在较长的时间内稳定持续地朝一定方向变化，如国民生产总值；其二是季节变动（S），指时间序列受自然条件的影响在一年中呈有规律的周期性变动，如商品零售额；其三是循环变动（C），即受周期性因素影响，市场间隔数年出现一次的循环变动现象，如农业生产中的丰收和歉收；其四是不规则变动（I），指由偶然因素导致的无规律性的变动，如政策变化引起的房地产波动。市场现象变动是上述四种因素共同作用的结果。

（二）时间序列分析法预测误差的度量分析

市场预测主要是对未来市场需求量各种可能的水平进行预计或推算，预测值与实际值之间必然会产生一定的误差。市场预测的精确度，就是市场预测对象的预测值与其实际值之间的误差程度。误差越小，说明市场预测的精确度越高，误差越大，说明市场预测的精确度越低。市场预测精确度的测定即对市场预测误差的测定。

评价时间序列分析法预测的精确度，主要是通过几种预测误差指标来表示。

1. 平均误差

平均误差（MD）是对预测值与实际值之间离差计算的平均值。其计算公式为：

$$MD=\frac{1}{N}\sum_{i=1}^{n}(Y_i-\hat{y}_i)=\frac{1}{n}\sum_{i=1}^{n}e_i \quad (i=1,2,3,\cdots,n)$$

其中：Y_i 代表实际发生值，$\hat{y}$ 代表理论预测值，e_i 代表预测误差。

用平均误差测定预测精度，要注意 e_i 离差值的方向。一般 e_i 会有正负两种数值，将其相加时会使正负相抵，最终计算出的平均误差 MD 有偏低倾向，故平均误差不能准确地反映预测误差的真实情况。于是有必要引入以下平均误差绝对值的方法。

2. 平均绝对误差

平均绝对误差（MAD）是对预测值与实际值之间离差的绝对值计算平均数。其计算公式为：

$$MAD=\frac{1}{n}\sum_{i=1}^{n}|Y_i-\hat{y}_i|=\frac{1}{n}\sum|e_i| \quad (i=1,2,3,\cdots,n)$$

用平均绝对误差指标测定预测精度，由于对离差 e_i 都绝对值化，其正负值不会出现正负相抵；绝对值化的离差平均值，能更好地反映预测误差大小的实际水平。

3. 平均相对误差 ARE

平均相对误差（ARE）是 n 个预测值的相对误差的平均值。其计算公式为：

$$ARE=\frac{1}{n}\sum_{i=1}^{n}e_i=\frac{1}{n}\sum_{i=1}^{n}\frac{Y_i-\hat{Y}_i}{Y_i}\times 100\% \quad (i=1,2,3,\cdots,n)$$

4. 标准误差 S_0

标准误差（S_0）是 n 个预测值误差的平方和的平均值的开方值，也称均方根误差。其计算公式为：

$$S_0=\sqrt{\frac{1}{n}\sum_{i=1}^{n}e_i^2}=\sqrt{\frac{1}{n}\sum_{i=1}^{n}(Y_i-\hat{Y}_i)^2} \quad (i=1,2,3,\cdots,n)$$

在市场预测实践中，对于各种定量方法所取得的预测值，都必须要测定其预测误差。如果预测误差超出了研究问题允许的误差范围，则不能采纳预测值，必须考虑改变预测方法。

二、时间序列分析法的种类

（一）简单平均法

简单平均法就是计算时间序列观察值的某种平均数，以平均数为基础确定预测模型和预测值的方法。简单平均法适用于市场现象在各期变化不大、变动趋势呈水平状态、各观察值散落于某一直线上下的情况。根据计算平均数的要求不同，简单平均法可分为算术平均法和加权平均法。

1. 算术平均法

算术平均法是将观察期内时间序列值加总平均，求得算术平均数，并将其作为下期预测值。其公式为：

$$\bar{x}=\frac{\sum_{i=1}^{n}x_i}{n} \quad (i=1,2,\cdots,n)$$

其中：$\bar{x}$ 代表算术平均数，x_i 代表时间序列中的各个具体数据，n 代表时间序列中的数据个数。

2. 加权平均法

算术平均法的预测是将观察期的各期数据对预测值的影响等同看待，这不符合市场的实际情况。而**加权平均法则是给时间序列的各个数据以不同的权数，计算出加权平均数，并以其作为预测值的方法。**它认为时间序列中的各个数据对预测值的影响程度是不同的，距离预测期较近的时间序列数据对预测值的影响大一些，它的权数就大；距离预测期较远的数据对预测值的影响小一些，它的权数就小。

设时间序列中有 n 个观察值 X_1，X_2，…，X_n，分别赋予它们的权数是 W_1，W_2，…，W_n，则观察值的加权平均数 $\bar{X}_w$ 就是所求预测值。其公式如下：

$$\bar{X}_w=\frac{W_1X_1+W_2X_2+\cdots+W_nX_n}{W_1+W_2+\cdots+W_n}=\frac{\sum_{i=1}^{n}W_iX_i}{\sum_{i=1}^{n}W_i}$$

（二）移动平均法

移动平均法是对时间序列观察值由远及近，按一定的跨越期计算平均值的一种预测方法。它保持平均的期数不变，随着观察期向后推移，平均值也跟着向后移动，从而形成一个由平均值组成的新的时间序列。

移动平均法是在算术平均法的基础上发展起来的一种预测方法，它在一定程度上消除了时间序列不规则变动的影响。其常用的方法有一次移动平均法、二次移动平均法、加权移动平均法。

1. 一次移动平均法

一次移动平均法是采用算术平均法计算各组数据的移动平均值，并将其作为下一期的预测值。该方法适用于没有明显升降趋势和循环变动的时间序列。其公式为：

$$\overline{x}_{t+1}=M_t^{(1)}=\frac{x_t+x_{t-1}\cdots+x_{t-n+1}}{n}$$

其中：$\overline{x}_{t+1}$代表 $t+1$ 期的预测值，$M_t^{(1)}$ 代表为 t 期一次移动平均值，n 代表是跨越期数，即进行移动平均的历史数据的个数。

2. 二次移动平均法

用一次移动平均法求得的移动平均值存在着滞后偏差，特别是在时间序列数据呈现线性趋势时，移动平均值总是落后于观察值数据的变化。二次移动平均法就是要找出滞后偏差的演变规律，求得移动系数，建立线性时间关系的数学模型，进行市场未来的预测。

二次移动平均法是对时间序列的一次移动平均值再进行一次移动平均，利用一次移动平均值和二次移动平均值的最后一个数据作为依据建立线性预测模型。其公式为：

$$M_t^{(1)}=\frac{Y_t+Y_{t-1}+\cdots+Y_{t-n+1}}{n}$$

$$M_t^{(2)}=\frac{M_t^{(1)}+M_{t-1}^{(1)}+\cdots+M_{t-n+1}^{(1)}}{n}$$

其中：Y_t 代表时间序列中 t 期观察值，$M_t^{(1)}$ 代表第 t 期的一次移动平均值，$M_t^{(2)}$ 代表第 t 期的二次移动平均值，n 代表计算移动平均值的跨越期。

二次移动平均预测法的预测模型为：

$$Y_{t+T}=a_t+b_t\cdot T$$

其中：

$$a_t=2M_t^{(1)}-M_t^{(2)}$$

$$b_t=\frac{2}{n-1}\left[M_t^{(1)}-M_t^{(2)}\right]$$

T 代表由 t 期至预测时间的周期个数。

式中的 $M_t^{(1)}$ 是一次移动平均数序列中的最后一个一次移动平均数，$M_t^{(2)}$ 是二次移动平均数序列中的最后一个二次移动平均数。

3. 加权移动平均法

加权移动平均法是按距离预测期的远近，对时间序列各个数据给予不同的权数，计算出加权移动平均值，并以最后的加权移动平均值为基础确定预测值的方法。其公式为：

$$\hat{Y}_{t+1}=\frac{W_tY_t+W_tY_{t-1}+\cdots+W_tY_{t-n+1}}{\sum W_t}$$

其中：$\hat{Y}_{t+1}$代表加权移动平均预测值，Y_t 代表第 t 期观察值，W_t 代表 t 时刻的权数（$t=1$，2，…，n），n 代表为移动跨越期。

（三）指数平滑法

指数平滑法实质上是一种特殊的加权移动平均法，在市场预测分析中经常使用，它是依据时间序列的有关数据和计算出的指数平滑值，确定市场预测结果的方法。指数平滑法主要适用于时间序列数据具有长期趋势变动和水平变动事物的预测。

1. 一次指数平滑法

一次指数平滑法是以观察期的最后一个一次指数平滑值为基础，确定下期预测值的方法。

若 x_1，x_2，…，x_n 分别为时间序列中观察值的数据，当观察期的时间 $t=1$，2，…，n 时，则 $S_1^{(1)}$，$S_2^{(1)}$，…，$S_n^{(1)}$ 为时间 t 观察值的一次指数平滑值；a 为时间序列的平滑指数，且 $0\leqslant a\leqslant 1$。那么时间序列各观察值的一次指数平滑公式为：

$$S_{t+1}^{(1)}=ax_1+(1-a)\ S_t^{(1)}$$

其中：$S_{t+1}^{(1)}$代表下一期的预测值，x_t 代表本期实际观察值，$S_t^{(1)}$ 代表本期预测值，a 代表平滑系数。

应用一次指数平滑法进行预测，平滑系数 a 的选择很重要，a 取值不同，预测结果就不同。一般的原则是：对于有较明显趋势变动的时间序列，平滑系数 a 应取较大值，即 $a>0.6$，主要是为了突出近期数据对预测值的影响。对水平型的时间序列，平滑系数 a 应取较小值，即 $a<0.3$，因为水平型的数据变动趋势不明显，随机因素多。对于介于上述两者之间的时间序列，平滑系数 a 应取中间值，即 $0.3\leqslant a\leqslant 0.6$。

2. 二次指数平滑法

二次指数平滑法，是指在一次指数平滑值的基础上再作一次指数平滑，然后利用两次指数平滑值来建立预测模型，确定预测值的方法。一次指数平滑法适用于时间序列呈水平变动状态的短期预测，对于有明显上升或下降趋势的时间序列，或进行中长期预测，则应该使用二次指数平滑法。

二次指数平滑法的计算公式是：

$$S_t^{(2)}=aS_t^{(1)}+(1-a)\ S_{t-1}^{(2)}$$

其中：$S_t^{(1)}$ 代表第 t 期的一次指数平滑值，$S_t^{(2)}$ 代表第 t 期的二次指数平滑值，a 代表平滑系数。

二次指数平滑法的数学预测模型为：

$$Y_{t+T}=a_t+b_tT$$

其中：Y_{t+T}代表第 $t+T$ 期预测值，T 代表由 t 期向后推移期数。

$$a_t=2S_t^{(1)}-S_t^{(2)}$$

$$b_t=\frac{a}{1-a}\left[S_t^{(1)}-S_t^{(2)}\right]$$

（四）趋势延伸法

市场现象的长期发展必然表现出一定形式的变化特征及规律性，变化走势也存在延续性。**按照时间序列数据呈现的变动趋势规律，设计相应的数学模型，进行市场未来发展趋势的预测，这种预测方法称为趋势延伸法。**

运用趋势延伸法进行市场预测必须满足两个条件：第一，影响市场现象的主要因素，过去、现在和将来都保持存在；第二，预测对象的发展过程是渐变的，而不是突变的。只有符合这两个条件，才能够以时间为自变量，以预测对象为因变量建立数学模型，进行趋势外推预测。

趋势延伸法主要有直线趋势延伸法和曲线趋势延伸法。

1. 直线趋势延伸法

直线趋势延伸法是根据预测的市场现象具有直线型变动趋势的时间序列数据，建立直线模型进行预测的方法。当预测目标的时间序列资料逐期增减的量大体相等时，长期趋势即基本呈现线性趋势，便可以选用直线趋势延伸法进行预测。直线趋势延伸法的预测模型为：

$$\hat{Y}=a+bt$$

其中：$\hat{Y}$ 代表第 t 期的预测值，a 代表直线方程参数，是直线在 Y 轴上的截距，b 代表直线方程参数，是直线的斜率，t 代表时间变量或时间序数。

要建立直线趋势方程 $\hat{Y}=a+bt$，关键是确定直线趋势方程中参数 a、b 的值。而确定 a、b 参数，最常用的方法是最小二乘法。最小二乘法的基本思想是，时间序列中实际观察值 Y 与直线趋势方程各数值 $\hat{Y}_t$离差平方和为最小，即 $\sum(Y-\hat{Y}_t)$ 最小。若能找到这样的直线，它就是时间序列中实际观察值代表性最高的直线。

2. 二次曲线趋势延伸法

市场现象受诸多因素的影响，市场经济的变量，如商品供应、消费水平、市场需求等，其长期趋势变动轨迹一般会呈现不同形式的曲线。在市场预测中，时间序列数据呈现的曲线形态很多，有指数曲线、二次曲线、多次曲线和戈珀兹曲线。其中常用的是二次曲线的预测模型。

二次曲线趋势延伸法是根据预测对象具有二次曲线（或抛物线）变动趋势的历史数据，拟合成一条二次曲线，通过建立二次曲线模型进行预测的方法。适用于时间序列资料的变动呈现由高而低再升高，或由低而高再降低的趋势形态的预测。

二次曲线趋势延伸法的预测模型为：

$$\hat{Y}_t=a+bt+ct^2$$

其中：$\hat{Y}_t$代表第 t 期预测值，a、b、c 代表二次曲线参数，t 代表时间序列各观察值的时间变量。

与直线趋势延伸法一样，需要采用最小二乘法来推导二次曲线预测模型中的参数 a、b、c。其基本思路是要寻找一条二次曲线，使时间序列中各期实际观察值与这条二次曲线的纵向距离平方和（或称偏差平方和）为最小，即 $\sum(Y-\hat{Y}_t)^2$ 为最小。

（五）季节指数法

季节变动是指某些现象的时间序列，由于受自然气候、生产条件、生活习惯等因素的影响，随季节的变化呈现周期性的变动。例如，农产品生产的季节性引起消费需求的季节性变化。季节变动是经济现象若干年中出现的周期性变动，企业对这种客观存在的变动进行分析，可以掌握季节变动的规律，并对其进行有效的预测。

时间序列的季节变动往往不单独存在，而是伴随趋势变动存在。对于含有季节变动的时间序列，可以建立季节模型进行预测。季节指数法主要有直接平均季节指数法和移动平均季节指数法。

1. 直接平均季节指数法

直接平均季节指数法是根据含季节变动的时间序列数据，用求算术平均值的方法计算各月（季）的季节指数，再进行预测的方法。采用直接平均季节指数法进行预测时，需要先计算各月（季）的数据的平均值，然后求出各月（季）的季节指数，两者的乘积即可作为预测值。公式为：

$$\hat{Y}_t=\overline{X}\cdot S_t$$

其中：$\hat{Y}_t$代表第 t 期预测值，$\overline{X}$ 代表各月（季）平均值，S_t 代表各月（季）的季节指数。

季节指数是一种以相对数表示的季节变动衡量指标。因为只根据一年或两年的历史数据计算而得的季节变动指标往往含有很大的随机波动因素，故在实际预测中通常需要掌握和运用三年以上的分季历史数据。季节指数的计算公式为：

$$S_t(100\%)=\frac{A}{B}\times100\%$$

其中：S_t 代表季节指数，A 代表历年同期平均数，B 代表总的平均数。

一年 4 个季度的季度指数之和为 400%，每个季度季节指数平均数为 100%。季节变动表现为各季的季节指数围绕指数平均数上下变动。例如，某种商品第一季度的季节指数为 60%，这表明该商品第一季度属淡季，其销售量通常低于年平均数 40%，若第三季度的季节指数为 125%，则表明该商品第三季度的销售量通常高于年平均数 25%，属旺季。

2. 移动平均季节指数法

移动平均季节指数法是以市场的循环周期（一般是一年）为跨越期求得移动平均值，并在移动平均值的基础上求季节指数，然后以季节指数为依据进行预测的方法。移动平均季节指数预测模型为：

$$\hat{Y}_t = (a_t + b_t T) S_t$$

其中：$\hat{Y}_t$代表第 t 期预测值，a_t 代表观察期最后一个移动平均值，b_t 代表以观察期最后两个移动平均值为基础的变动趋势值，S_t 代表第 t 周期对应的季节指数调整值。

变动趋势值 b_t 是观察期最后两个移动平均值的差额，季节指数 S_t 表示某月（季）观察值是移动平均值的倍数。在求季节指数之前先要求移动平均值，然后用观察值除以移动平均值即得到季节指数。季节指数调整值是用各月（季）季节指数平均值乘以调整系数，而调整系数是用理论上的季节指数平均数之和除以实际求得的季节指数平均数之和得出的。

第四节　回归分析

上一章已讲过，回归分析是对自变量和因变量的调查数据进行分析、计算，并归纳出一个反映因变量与自变量之间统计数据关系的经验公式。也就是说，它是在掌握大量观察数据的基础上，利用数理统计的方法建立因变量与自变量之间的回归关系函数表达式。**在回归分析中，当研究的因果关系只涉及因变量和一个自变量时，称为一元回归分析；当涉及两个或两个以上变量时，称为多元回归分析。**此外，在回归分析中，又依据自变量和因变量之间关系的函数表达式是线性还是非线性，分为线性回归分析和非线性回归分析。通常线性回归分析是最基本的分析方法，遇到非线性回归问题时，也可以借助数学手段化为线性回归问题进行处理。

一、一元线性回归分析

在对市场信息的分析研究中，经常需要研究某一现象与影响它的一个最主要因素的问题。譬如，影响居民消费额的因素非常多，但众多因素中人均收入是一个最主要的因素，我们就需要研究人均收入和消费额之间的关系。一元线性回归分析，就是用来解决这种两个变量之间有着密切的关系，但又不能由一个变量唯一确定另一个变量的非确定性关系。

（一）一元线性回归方程的建立

一元线性回归方程式为：

$$y' = a + bx$$

其中：y'是 y 的估计值，a 代表直线在 y 轴上的截距。如果方程范围包括 $x=0$，则 a 代表的是 $x=0$ 时，y 概率分布的均值；如果不包括 $x=0$，a 只是作为回归方程中的分开项，没有具体意义。b 表示直线的斜率，又称为回归系数。回归系数的含义是，当自变量 x 每增加一个单位时，因变量 y 的平均增加值。当 b 的符号为正时，表示两个变量是正相关；当 b 的符号为负时，表示两个变量是负相关。a、b 都是待定参数，可以用最小二乘法求得。

$$b = \frac{n\sum xy - \sum x \sum y}{n\sum x^2 - (\sum x)^2}$$

$$a=\bar{y}-b\bar{x}$$

在这两个公式当中，$\bar{y}$、$\bar{x}$ 代表下列含义：

$$\bar{x}=\frac{1}{n}\sum_{i=1}^{n}x_i,\ \bar{y}=\frac{1}{n}\sum_{i=1}^{n}y_i$$

（二）一元线性回归分析的应用

假设某企业上半年产品产量与单位成本资料如表 9－5 所示。

表 9－5　某企业上半年产品产量与单位成本表

月份	产量（千件）	单位成本（万元）
1	2	73
2	3	72
3	4	71
4	3	73
5	4	69
6	5	68

采用一元回归分析法对这组数据进行回归分析。

解：产品产量为自变量（x），单位成本为因变量（y），相关数据表如表 9－6 所示。

表 9－6　x、y 相关数据表

月份	产量（千件）x	单位成本（万元）y	x^2	y^2	xy
1	2	73	4	5 329	146
2	3	72	9	5 184	216
3	4	71	16	5 041	284
4	3	73	9	5 329	219
5	4	69	16	4 761	276
6	5	68	25	4 624	340
合计	21	426	79	30 268	1 481

根据上列公式，我们得到：

$$b=\frac{n\sum xy-\sum x\sum y}{n\sum x^2-(\sum x)^2}=-1.82$$

$$a=\bar{y}-b\bar{x}=77.37$$

代入回归方程 $y'=a+bx$ 得：

$$y'=77.37-1.82x$$

因为回归系数 $b=-1.82$，所以可以得出当产品产量每增加 1 000 件时，单位成本大约平均降低 1.82 元。

假设已知 7 月份的产量为 7 000 件，可用回归模型来预测当月的单位成本。已经求得的回归方程为：$y'=77.37-1.82x$。直接将 $x=7$ 代入，即可得 7 月份单位成本的预测值：

$$y'=77.37-1.82\times 7=64.63\text{（元）}$$

也就是说，当 7 月份的产量为 7 000 件时，其单位成本为 64.63 元。当然，这里的单位成本只是一个预测值，它的可信度还需要进一步检验。

（三）回归方程的检验

下面需要进一步求出这个预测值的波动幅度和实际发生值落在该幅度内的可能性大小，即确定预测值的置信区间。

一般认为，对于自变量 x、y 的实际发生值呈正态分布。假设波动的标准差为 S，则它的计算公式为：

$$S=\sqrt{\frac{\sum(y_i-y'_i)^2}{n-2}}$$

其中：y_i代表实际发生值，y'_i代表回归方程所求得的预测值。

由正态分布理论可知，实际发生值的取值范围在 $y'_i\pm S$ 之内的概率为 68.3%，在 $y'_i\pm 2S$ 之内的概率为 95.4%，在 $y'_i\pm 3S$ 之内的概率为 99%。我们通常取 $y'_i\pm 2S$ 为置信区间，因为在这种情况下，取值的范围不是太宽，置信度也比较高，可达到 95%，即实际发生值超出这个范围的可能性只有 5%。

为了求得置信区间，我们先取平行于回归直线的两条直线：

$$y=y'_i-2S$$
$$y=y'_i+2S$$

也就是说，实际的发生值有 95%的可能落在这两条直线之间。

我们先求出 S：

$$S=\sqrt{\frac{\sum(y_i-y'_i)^2}{n-2}}=2.849\ 3$$

将 S 和 $x=7$ 代入平行于回归直线的两条直线：

$$y_1=a-2S+bx=64.63-5.698\ 6=58.931\ 4$$
$$y_2=a+2S+bx=64.63+5.698\ 6=70.328\ 6$$

从而我们得到了一个置信区间［58.931 4，70.328 6］。这就表示，企业在 7 月份的生产量为 7 000 件时，产品的单位成本落在 58.931 4 元～70.328 6 元的可能性为 95%，而上边求得的 64.63 元位于置信区间的中间，从而检验得出预测的结果具有较高的可信度。

如果在实际应用中，需要再进一步评价以上结果的话，还可以运用上一章所讲的内容，继续对其进行相关分析，以证明产品单位成本和产量之间的相关程度。

二、多元线性回归分析

前面介绍了变量 y 只与一个解释变量 x 有关的线性回归问题，但在实际应用中，经常会遇到更加复杂的研究问题，即分析多种因素对某一指标的影响。例如，公司经理在分析销售额时，要考虑的影响因素不仅有广告宣传费用 x_1，还有产品价格 x_2，个人可支配收入 x_3。这时的因变量 y 就与多个自变量 x_1，x_2，x_3 有关，这就是下面需要讨论的多元线性回归问题。在这里，以二元一次回归为例，建立回归方程：

$$\sum y = na + b_1 \sum x_1 + b_2 \sum x_2$$

这里省略推导过程，可得到：

$$b_1 = \frac{\sum x_1 y \sum x_2^2 - \sum x_2 y \sum x_1 x_2}{\sum x_1^2 \sum x_2^2 - (\sum x_1 x_2)^2}$$

$$b_2 = \frac{\sum x_1 y \sum x_1^2 - \sum x_1 y \sum x_1 x_2}{\sum x_1^2 \sum x_2^2 - (\sum x_1 x_2)^2}$$

$$a = \bar{y} - b_1 \bar{x}_1 - b_2 \bar{x}_2$$

其中：

$$\sum x_1 y = a \sum x_1 + b_1 \sum x_1^2 + b_2 \sum x_1 x_2$$

$$\sum x_2 y = a \sum x_2 + b_2 \sum x_2^2 + b_1 \sum x_1 x_2$$

下面通过举例来说明二元一次回归分析的方法。某工厂总成本（y）和劳动量（x_1），原材料消耗量（x_2）如表 9－7 所示。

表 9－7　　某工厂相关资料表

A	总成本（万元）	劳动量（千时）	原材料消耗量（吨）	$x_1 y$	$x_2 y$	$x_1 x_2$	x_1^2	x_2^2
1	2.6	3.6	2.1	9.36	5.46	7.56	12.96	4.41
2	2.9	3.8	2.3	11.02	6.67	8.74	14.44	5.29
3	2.7	3.9	1.9	10.53	5.13	7.41	15.21	3.61
4	2.8	3.7	1.9	10.36	5.32	7.03	13.69	3.61
5	3.0	3.9	2.1	11.70	6.30	8.19	15.21	4.41
6	3.2	3.8	2.4	12.16	7.68	9.12	14.44	5.76
合计	17.2	22.7	12.7	65.13	36.56	48.05	85.95	27.09

根据上面的公式得出：

$$b_1 = \frac{65.13 \times 27.09 - 36.56 \times 48.05}{85.95 \times 27.09 - 48.05} = 0.39$$

同理，可求得：$b_2 = 0.66$。

而 $a = -0.005\,8$，则建立二元一次回归方程为：

$$\sum y = -0.034\,8 + 0.39 \sum x_1 + 0.66 \sum x_2$$

结果说明，工厂的总劳动量每提高 1 000 小时，生产的总成本上升 0.39 万元；原材料消耗每增加一吨，总成本上升 0.66 万元。

本章小结

市场预测是企业制定营销战略和策略的依据，它有不同的种类，也有多种分析方法。集合意见法简便易行，不需要复杂的公式和计算，但它主要依靠个人的经验和能力预测，结果经常有误差。时间序列分析法是通过对时间序列的分析和研究，采用数学方法建立预测模型，使市场现象的数量向未来延伸，预测未来发展变化趋势。而回归分析是对自变量和因变量的调查数据进行分析，计算并归纳出反映因变量与自变量之间统计数据关系的经验公式，如 $y'=a+bx$。要进行市场调查，掌握基本的预测分析方法是企业调查人员必不可少的技能。

【复习思考题】

1. 市场预测对企业经营管理主要起到哪些作用?
2. 市场预测和市场调查的联系和区别有哪些?
3. 简述德尔菲法的操作步骤。
4. 简述时间序列分析法的主要特点。
5. 某企业 2011—2016 年的销售额分别为 19、22、20、22、24、25（万元），用二次移动平均法预测 2017 年的销售额（$n=3$，保留一位小数）。
6. 某市 2007—2016 年消费品零售额分别为 13、12、14、15、18、17、15、13、12、11（亿元），同期居民人均收入分别为 12、11、15、16、19、17、14、13、12、11（千元）。用一元回归分析法预测 2017 年该市消费品零售额（a、b 保留三位小数，2017 年居民收入预测值为 20）。

【实例】

燕京啤酒市场销售量预测

燕京啤酒是中国最大的啤酒企业集团之一，2016 年公司啤酒销售量 467 万吨，营业收入 115.73 亿元，利润 5.14 亿元。

燕京啤酒曾先后荣获“第 31 届布鲁塞尔国际金奖”“首届全国轻工业博览会金奖”“全国行业质量评比优质产品奖”，并获得“全国啤酒质量检测 A 级产品”“全国用户满意产品”“中国名牌产品”等多项荣誉称号。1997 年，燕京牌商标被国家工商总局认定为“驰名商标”，2004 年燕京啤酒通过中国绿色食品发展中心审核，符合绿色食品 A 级标准，2008 年成为北京奥运会啤酒赞助商。燕京品牌在世界品牌价值实验室（World Brand Value Lab）编制的《2016 中国 500 最具价值品牌》中排名第 42 位，品牌价值达 882.75 亿元。

随着中国啤酒产业集团化、规模化和国际化进程的不断加快，中国啤酒市场竞争形势也发生了深刻变化，出现了巨型啤酒企业、大型啤酒企业、中小型啤酒企业以及国际资本竞争者。同时，由于市场供给能力的增长速度大于市场需求增长的速度，供需矛盾进一步激化。面对严峻的形势，燕京啤酒需要提前制订生产计划，需要结合下表中的数据，采用移动平均季节指数法对第四年各季度的销售量进行预测。

第一年至第三年各季度啤酒销售量 单位：万吨

季度＼年份	第一年	第二年	第三年
1	39	45	59
2	87	88	96
3	90	107	114
4	45	43	62

预测步骤：

（1）依次计算 4 个季度的移动平均值。如第一个移动平均值为第一年 1 至 4 季度销售平均数，放在第一年第 2、3 季度之间，依次类推。

（2）计算 4 个季度中心化的移动平均值，即把移动平均值序列每两个数相加除以 2。

（3）计算每个季度的季节指数，即用销售额除以中心化移动平均值再乘以 100。

（4）求各季度季节指数的平均值。

（5）求季节指数调整值。从理论上讲，四个季度的季节指数总和应等于 400，由于计算过程中有小数点后尾数的取舍，其和并不等于 400，而是 396.67，需要进行调整。调整方法是以调整系数 k 乘以各季节指数平均值。

$$k=\frac{400}{\text{季节指数平均数之和}}=\frac{400}{396.67}=1.0084$$

（6）建立预测模型进行预测。

$$Y_{t+T}=(A_t+B_tT)X_{t+T}$$

其中：A_t是最后一个中心化移动平均值，B_t是最后两个中心化移动平均值的差，X_{t+T}是对应的季节指数调整值。

移动平均值与季节指数计算结果

年份	季度	销售量 X	四个季度的移动平均值 M_t（$n=4$）	中心化移动平均值 A_t	季节指数 $(X/A_t)\times 100$
第一年	1	39			
	2	87	65.25		
	3	90	66.75	66.00	136.36
	4	45	67.00	66.88	67.28
第二年	1	45	71.25	69.13	65.09
	2	88	70.75	71.00	123.94
	3	107	74.25	72.50	147.59
	4	43	76.25	75.25	57.14
第三年	1	59	78.00	77.13	76.49
	2	96	82.75	80.38	119.43
	3	114			
	4	62			

季节指数平均值与调整值计算表（%）

季度	第一年	第二年	第三年	季节指数平均值	季节指数调整值
1		65.09	76.49	70.79	71.38
2		123.94	119.43	121.69	122.71
3	136.36	147.59		141.98	143.17
4	67.28	57.14		62.21	62.73
	4	62		396.67	400

由于 $t=2$，即 A_t 处于 2 季度水平，T 为 t 到预测季度的间隔期。

所以预测结果如下：

第四年一季度预测值：

$$Y_{2+3}=(80.38+3.25\times 3)\times 71.38\%=64.33$$

第四年二季度预测值：

$$Y_{2+4}=(80.38+3.25\times 4)\times 122.71\%=114.59$$

第四年三季度预测值：

$$Y_{2+5}=(80.38+3.25\times 5)\times 143.17\%=138.35$$

第四年四季度预测值：

$$Y_{2+6}=(80.38+3.25\times 6)\times 62.73\%=62.65$$

第四年各季度的预测值分别为 64.33、114.59、138.35、62.65 万吨，与当年各季度实际的啤酒销售量非常接近。

第十章

消费者市场分析

本章要点

1. 企业可从购买者角度和竞争者角度对市场进行分类。
2. 企业的销售潜量不等于市场潜量，计算时还需要考虑产品的市场占有率。
3. 消费者的需要具有多样性、层次性、伸缩性、可诱导性。
4. 消费者的购买动机可归纳为 10 种类型，它是引发消费者购买行为的直接原因。
5. 消费者的购买行为主要有习惯型、理智型、经济型、冲动型、感情型、不定型等多种。
6. 消费者的购买决策过程包括引起需要、收集信息、评估品牌、决定购买及购后感受。

消费者市场分析是市场调查与市场分析中最重要的内容，几乎所有的市场调查都会涉及消费市场的需求数量、种类、结构等方面的信息。消费者市场分析的主要内容包括消费需求与企业需求、市场容量与市场细分、购买动机和购买行为，以及基于消费者需要而产生的品牌偏好与购买决策过程。

第一节　市场与市场需求

营销学意义上的市场是指具有某种特定的需要或欲望，愿意并能够通过交换来满足这种需要或欲望的全部潜在顾客。它是由三个要素组成，即人、购买力和购买欲望。这一概念是站在企业的角度，着眼于顾客（客户）的需求提出的。

一、市场类型

企业可以从不同的角度对市场整体进行划分，常见的划分方法有如下几种。

（一）从购买者角度，可以将市场划分为消费者市场、生产者市场、中间商市场、政府及非营利组织市场

1. 消费者市场

消费者市场是指为了满足个人生活需要而购买商品或服务的个人或家庭。消费者市场是企业面对的最重要的市场，它是企业产品的最终购买者和消费者，也是企业产品价值的最终实现者。

消费者市场主要有以下特点：市场区域广阔，购买者人数众多，购买频率高，单次购买量少；产品种类丰富，更新换代速度快，产品替代性强，需求弹性大；购买者多是外行，缺乏专门的商品知识，容易受广告、促销等因素的影响，购买行为具有较大程度的可诱导性。

2. 生产者市场

生产者市场是指那些购买产品或服务用于生产其他产品，或向社会提供其他服务的个人或组织。它主要是由各种营利性组织，包括工业、农业及服务业的买主组成。

生产者市场的主要特点有：购买者数量相对较少，地理位置集中，购买次数少，每次购买数量多；产品需求具有派生性，导致产品替代性弱，需求弹性小，需求波动大；购买者多为专业人员，具有专门的商品知识，购买时行为理性，受广告、促销等因素的影响小。另外，生产者市场的购买方式较多，有直接购买、互惠式购买和租赁式购买等。

3. 中间商市场

中间商市场是指那些购买产品或服务并将其转卖或出售的个人或组织，它主要由批发商、代理商和零售商组成。

中间商市场的特点与生产者市场相似，但也有其特殊之处，如采购和销售量更大、对价格反映更敏感、重视合同和交货期、需要生产者提供促销服务和技术支持等。

4. 政府及非营利组织市场

政府及非营利组织市场是由政府机构、事业单位、各种非营利性机构组成。其中，非营利性机构包括医院、学校、艺术团、养老院及各种协会组织等。这些机构或组织的购买不以营利为目的，也不追求成本最小化，而是在一定的预算约束下，购买那些质量符合标准而价格又相对较低的商品。

政府机构也是商品和服务的重要购买者，政府购买的主要特点是采购量大，购买商品种类多，重视产品质量和价格，参与购买决策的人多，购买程序复杂，广告和人员推销对采购的影响小。另外，政府采购一般是采取招投标的购买方式。

（二）从竞争者角度，可以将市场划分为完全竞争市场、垄断竞争市场、寡头垄断市场和完全垄断市场

1. 完全竞争市场

完全竞争市场是指由许多提供相同产品或服务的企业所构成的市场。香烟市场、啤酒市场、各种农产品市场等均属于完全竞争市场。该市场的特点是生产者众多，产品或服务同质化，竞争者的价格基本相同，广告宣传作用不大，生产者可自由选择进入和退出市场。

2. 垄断竞争市场

垄断竞争市场是指由许多提供差异化的产品或服务的企业所组成的市场。食品市场、化妆品市场等均属于垄断竞争市场。该市场的特点是企业数量多，竞争激烈，产品替代性强，企业进入和退出市场容易，对广告宣传、人员推销非常重视。

3. 寡头垄断市场

寡头垄断市场是指由少数几家大企业生产差异化或标准化的产品的市场。这些企业在

市场中占有相当大的市场份额。如石油、钢铁、通信等市场即属于此类。该市场的特点是大企业之间关系密切，竞争激烈，对竞争对手的行动和消费者偏好非常敏感，产品价格相对稳定，企业注重品牌形象，新企业进入很难，投资风险大。

4. 完全垄断市场

完全垄断市场是指某种产品或服务完全由一家企业经营和控制的市场。邮政、电力、水务等市场属完全垄断市场。该市场的特点是替代品缺乏，产品价格较高，服务内容较少，企业一般不需要进行广告宣传和促销，新企业进入障碍很大。

二、市场需求、企业需求

（一）市场需求与市场潜量

市场需求是指一种产品在一定的地理区域、一定的时间、一定的营销环境和一定的营销方案下，由特定的顾客群体愿意购买的总量。市场需求是个变量，有时也称为市场需求函数，它受市场类型、市场营销环境、营销费用水平、营销组合措施等多种因素的影响。市场需求变量的上限通常被称为市场潜量。

市场潜量是在一个既定的营销环境下，当行业的营销努力达到最大时，市场需求所趋向的极限值。市场需求具有较高的收入弹性，当经济处于繁荣期，消费者收入提高时，市场需求也会增加，市场潜量就会提高。反之，当经济处于衰退期时，某些产品的市场潜量就会降低。

（二）企业需求与销售潜量

企业需求是指企业在市场总需求中所占的需求份额。企业需求也是个变量，有时也被称为企业需求函数或销售反应函数，它受市场营销组合、营销费用水平、竞争对手实力等因素的影响。企业需求的上限通常被称为销售潜量。

企业销售潜量是当企业的营销努力相对于竞争对手不断增加时，企业需求所能达到的极限值。显然，企业需求的极限是市场潜量，当市场属于完全垄断市场，即该市场只有一家企业时，企业销售潜量就等于市场潜量。但大多数情况下，企业销售量会低于市场潜量，因为每一个竞争企业都有自己的忠诚购买者，他们一般不会轻易转而购买其他企业的产品。

市场需求与企业需求的关系可用公式表示，即：

$$Q_i = S_i Q$$

其中：Q_i代表企业 i 的需求；S_i代表企业 i 的市场占有率，即在特定的时间内，在特定的市场上，某种产品销售额占总销售额的比例；Q 代表市场总需求。

同样，市场潜量与企业销售潜量的关系也可用公式表示，即：

企业销售潜量＝市场潜量×市场占有率

第二节　消费者市场细分

市场细分是指企业在市场调查的基础上，依据消费者的需要和欲望、购买行为和购买

习惯等方面的明显的差异性，把某一产品的市场整体划分为若干个消费者群的市场分类过程。在这里，每一个消费者群就是一个细分市场，其内部的消费者对同一产品具有极为相似的需求倾向。

一、市场细分的客观基础

市场细分的基础是同一产品的消费需求具有多样性和差异性。从消费需求角度看，整个市场可分为两类，一类是同质市场，即消费者对某一产品的需要、欲望、购买行为，以及对企业营销策略的反应等方面具有基本相同或相似的一致性，如柴、米、油、盐等初级产品的市场。显然，这类产品无须细分。另一类是异质市场，即消费者对某种产品的质量、用途、特性等方面的需要和欲望是不相同的，或者在购买行为、购买习惯等方面存在着差异性。大多数产品属于这类市场，正是由于这些差异性市场的存在，使市场细分成为了可能。市场细分实际上就是把一个异质市场划分为若干个相对来说是同质的细分市场。

二、市场细分的程序

企业细分市场可采取以下程序进行。

（一）开展市场调查

开展市场调查，即通过调查了解市场的主要特征，了解消费者的动机、态度和行为等。市场调查需要收集的资料有：消费者购买影响因素的排序、品牌知名度和品牌排序、产品使用方式、对产品类别的态度、被调查对象的人口和心理特点。

（二）确定细分变量

细分变量主要有地理环境因素、人口统计因素、消费心理因素、消费行为因素、消费受益因素等，通过这些因素，可分析细分市场消费者的具体特征。

（三）进行市场分析

进行市场分析，即通过对调查资料的数据处理和统计分析，剔除相关性很强的变量，并找出若干差异性最大的细分市场。

（四）划分细分市场

划分细分市场，即根据消费者不同的态度、行为、人口变量、心理变量和一般消费习惯，划分出每一个群体，然后依据最主要的特性为每一个细分市场取名。

（五）调整细分市场

由于市场营销环境在不断变化，所以细分市场也必须定期进行调整。企业可根据消费者购买商品时的品牌偏好和品牌排序的变化对细分市场进行调整。

（六）选择目标市场

选择目标市场，即按照企业的资源和能力、细分市场的赢利程度等选择企业的目标市场，并针对选定的目标市场设计营销组合策略。

三、有效细分市场的要求

成功、有效的市场细分应遵循以下要求。

（一）可衡量性

可衡量性，即用来划分细分市场大小和购买力特征的指标应该是可以识别和测量的。

凡是企业难以识别和测量的因素和特征，都不能作为细分市场的依据。例如，企业不能按顾客购买化妆品时产生的各种想法去细分市场，因为这些想法多是随机的，且无法测量消费者的数量。

（二）需求足量性

需求足量性，即细分市场的容量应能使企业实施一整套营销方案，所带来的收益可以抵消费用支出并有相应的利润。因此，企业应避免没有足量顾客的市场细分，如汽车公司不能按私人定制的需求特征去细分汽车市场。

（三）可进入性

可进入性，即细分后的市场应能够使企业有效地进入并能更好地为之服务。由此，企业不能对无法进入或难以进入的市场进行细分，如空调企业不应该在电力供应无保障的地区细分空调市场。

（四）反应差异性

反应差异性，即细分后的市场对不同的营销组合因素和方案应有不同的反应程度。例如，如果各细分市场对价格变动的反应一致，则企业就无须为每一个细分市场制定不同的价格策略，这样的细分也毫无意义。

第三节 消费者的需求和动机

消费者的需求和动机反映的是消费者某种生理或心理体验的缺乏状态，以及为满足这种状态而表达的愿望。它是消费者产生购买行为的内在动因，也是消费者采取购买决策的主要驱动力量。

一、消费者的需求

（一）需求的含义和特点

需求是指没有得到某些基本满足的感受状态。人们为了生存和发展，需要食品、衣物、住所、安全、归属、受人尊重等。这些需求并不是社会和营销者所创造的，它们存在于人的生理要求和生存的环境之中。

消费者需求主要有以下特点。

1. 多样性

消费者的需求主要取决于消费者自身状态和客观消费环境两方面因素。不同的消费者在年龄、性别、文化水平、性格特点、经济条件、所处的社会环境等方面具有明显的差异性，导致消费者会产生多种多样的需求。

2. 层次性

消费者的需求具有高低不同的层次，如生理需求、安全需求、尊重需求等。消费者在较低层次的需求满足以后，会追求较高层次的需求。当然，现实生活中消费者的需求也可能是跨越式的，即跨越了某个层次而直接追求更高层次的需求。

3. 伸缩性

消费者的需求具有一定的弹性。当消费者的需求受到某些因素的制约时，如购买力不足或产品价格过高时，消费者会压缩、降低、转化或放弃某种需求。

4. 可诱导性

消费者的需求不是一成不变的，现实生活中的各种诱惑会影响和激发消费者的需求，如企业的广告宣传、产品包装、社会流行和时尚等。在这些刺激物的影响下，消费者经常会提前将潜在的需求转化为现实的需求，或将微弱的需求要变为强烈的需求。

（二）消费者需求的类型

1. 按需求产生的原因，可分为生理需求和心理需求

生理需求是消费者为维持和延续生命，对衣、食、住、行、睡眠、安全等基本生存条件的需求。这些需求是人与生俱来的，是由消费者的生理特征决定的。

心理需求是消费者在社会环境的影响下所形成的具有人类社会特点的某些需求，如社会交往的需求、对荣誉的需求、自我尊重的需求、表现自我的需求等。它是人在后天的社会生活中形成的，是由消费者的心理特征决定的。

2. 按需求的内容，可分为物质消费需求和精神消费需求

物质消费需求是指人们对以物质形态存在的、具体有形的产品的需求。物质需求有生存消费需求和享受消费需求。

精神的需求是指人们为改善和提高生活质量，对某种观念对象或精神产品的需求。这些需求反映了消费者在社会属性上的欲求。

3. 按需求的形态，可分为产品消费需求和服务消费需求

产品消费需求是指消费者对产品的质量、款式、包装、功能等物质形态的需求。

服务消费需求是指消费者对产品销售过程中的技术支持、售后服务、品牌形象等非物质形态的需求。

4. 按需求的实现程度，可分为现实需求和潜在需求

现实需求是指消费者具有明确的消费意识和足够的支付能力的需求，通常表现为消费者已经或即将实现所需产品的购买决策。

潜在需求是指消费者没有明确的消费意识，或是处于朦胧的需要和欲望中，或者已经列入消费计划却未实现的需求。

二、消费者的购买动机

（一）动机与动机理论

动机是人们对某种具体事物的满足愿望。例如，一个人饥饿时想得到食物、水等。通常人们的需求并不多，但人的欲望却无止境，各种社会力量和组织，如学校、家庭、百货商店、美食城等，会不断地刺激人们产生各种各样的愿望，其中一些比较迫切的需求和愿望就形成了购买动机。

心理学中有关人类动机的理论有很多，其中最著名的有以下三种。

1. 弗洛伊德的无意识理论

弗洛伊德假定，形成人们行为的真正心理因素大多是无意识的。他认为人在成长和接受社会支配的过程中有很多欲望受到抑制，这些欲望既无法消除，也无法完善地加以控制。它时常在梦境中，在脱口而出的谈话中，以及在神经质的行为中表现出来。

根据弗洛伊德的理论，一个人并不能真正懂得其受激励的主要原因。顾客在购买产品时，不仅会对产品的使用价值做出反应，而且还会对其他一些暗示做出反应，如产品外观、大小、重量、颜色和包装等，都可以引发顾客一定的情感。因此企业在生产产品时，应注意产品在视觉、听觉、触觉等方面对顾客的影响，因为这些因素也能够刺激或抑制购买。

2. 马斯洛的需求层次理论

马斯洛认为，人类的需求可按层次排列，先满足最迫切的需求，然后再满足其他的需求。例如，按照重要程度排序，可分为生理需求、安全需求、社会需求、尊重需求和自我实现需求。一个人总会首先寻求满足最重要的需求，但当他满足了最重要的需求后，这个需求就不再是一种激励因素，而转向满足下一个重要的需求。

马斯洛理论可以帮助企业了解各种产品和服务怎样才能适应潜在消费者的生活水准、目标和计划。如对于手提电脑，只有当人们满足了生理和安全需求之后，有了一定的经济条件和文化水平，为与他人交往，或工作学习方便，才会真正去购买和使用。

3. 赫茨伯格的双因素理论

赫茨伯格将影响人类动机的因素分为两类，即满意因素和不满意因素。他认为满意的对立面是没有满意，而并非不满意；不满意的对立面是没有不满意，而并非满意。满意和不满意是一种质的差别，而不是量的差异。

根据双因素理论，消费者对产品某一方面的不满意，即是没有满意，尽管该因素并不是顾客对产品真正满意的本质因素，所以企业应该尽最大努力克服影响顾客购买的各种不满意因素，如产品使用说明不规范、售后维修服务不到位等，因为这些因素都会影响产品的持续购买和销售。

曾经有市场调查表明，如果市场上一个消费者对某种产品或服务的质量感到满意，他会告诉另外 6 个人；如果不满意，则会告诉 22 个人。这种传播中的放大作用是企业在营销中应格外重视的。

（二）购买动机的分类

购买动机是消费者为了满足个人需求而引发的购买产品或服务的愿望。它是引起消费者购买行为的直接原因，也是促成购买决策的主要驱动力。

消费者的购买动机主要有以下几种。

1. 生理性购买动机

生理性购买动机是指消费者为满足个人生存和发展的基本需求而产生的购买动机，如为了满足衣食住行的需求而购买食品、服装、药品、住房等。这些需求存在于人的生理要求和生存的环境中，企业通常只能适应而无法改变它。

2. 实用性购买动机

实用性购买动机是指消费者购买产品时追求产品的实用性和使用价值，注重产品质量和耐用性，而不太强调产品的品牌、外观、包装和新颖程度。如果产品的使用价值不明确，或徒有其表，消费者就会放弃购买。这种动机主要是由消费者的价值观念和消费态度决定的。

3. 便利性购买动机

便利性购买动机是指消费者购买产品或服务时追求方便、快捷，如购买自动洗衣机、洗碗机、方便食品、家政服务以及网上购物等。购买的目的主要是为了减少家务劳动的负担，降低时间成本。

4. 价廉性购买动机

价廉性购买动机是指消费者购买产品时追求低价、希望以较少的支出获得较多的收益。这类消费者在购买时往往对价格进行仔细的比较，在同质化的产品中会选择价格相对较低的产品。同时，这些消费者还喜欢购买优惠品、折价品或处理产品，有时甚至因产品价格折让而降低对产品质量的要求。

5. 新奇性购买动机

新奇性购买动机是指消费者购买产品时喜欢追求新颖、独特、时髦的产品。这类消费者一般较为年轻，富有想象力和创造力，渴望变化，具有强烈的好奇心。他们对造型独特，符合时尚，并且不为大众熟悉的产品往往情有独钟，而不大注意产品的实用性和价格高低。

6. 美感性购买动机

美感性购买动机是指消费者在购买活动中，注重产品的美学价值和艺术欣赏价值，对产品的外观造型、色彩搭配和艺术品位很重视。他们喜欢购买格调高雅、色彩协调的产品，也喜欢美化自我形象方面的服务消费。

7. 名望性购买动机

名望性购买动机是指消费者在购买活动中因为追求产品品牌或企业名气而产生的购买动机。这些消费者偏好名牌产品，在购买时对其他同类产品的促销往往不为所动。追求名望的购买动机可以满足消费者的心理需求，也能降低购物风险，加快产品选购过程。

8. 自我实现性购买动机

自我实现性购买动机是指消费者购买产品的目的主要是为了显示身份、地位、威望以及财富等。这类消费者在购买时不太注意产品的实用性和价格，而是重视产品所代表的象征意义，喜欢购买那些名贵产品、稀缺产品、顶级产品，以及价格惊人的奢侈品，以达到宣扬自我、炫耀自我的目的。

9. 攀比性购买动机

攀比性购买动机是指消费者在购买产品时喜欢与他人比较，不甘落后。这类消费者购物时一般不是从实际需要出发，而是争强好胜，赶超他人，以求得心理上的平衡和满足。这种购买行为往往具有一定的冲动性和盲目性，事后经常后悔不已。

10. 嗜好性购买动机

嗜好性购买动机是指消费者在购物时出于生活习惯和业余爱好，偏向购买一些特殊品，如邮币卡类、古玩字画、数码产品、音响设备等。这些消费者在购买产品时购买动机比较理智，购买指向也较稳定和集中，而且具有经常性和持续性。但有时也会为满足嗜好而超出了自己的经济能力。

在现实经济生活中，消费者的购买动机有时还会呈现出其他一些表现形式，如感情型、理智型、信任型、习惯型、纪念型、馈赠型等，这些不同的购买动机会带来不同的购买行为，也会形成不同的购买决策类型。

第四节　消费者的购买行为与购买决策

营销的目标是使目标顾客的需要和欲望得到满足，所以成功的企业不仅要为市场提供有价值的产品，而且还要采取有力的措施吸引和说服顾客购买。这就要求企业必须了解消费者的欲望、知觉、偏好和购买行为，并针对其特点开展有效的营销活动。

一、消费者的购买行为

消费者行为是指消费者为满足其需求和愿望而选择、购买、使用和处置商品或服务的方式和过程。

（一）消费者购买行为的研究方法

企业一般采用消费者调研的方法来认识和分析消费者的购买行为，消费者调研主要回答7个问题。

（1）购买者（Occupants），即由谁组成。

（2）购买对象（Objects），即购买什么。

（3）购买目的（Objectives），即为何购买。

（4）购买组织（Organizations），即谁参与购买行为。

（5）购买行动（Operations），即怎样购买。

（6）购买时间（Occasions），即何时购买。

（7）购买地点（Outlets），即何地购买。

在消费者调研中收集了上述问题的资料后，企业还需要对调研的结果进行深入的分析。例如，对于购买组织，企业还要进一步区分谁是倡导者，谁是决策者，谁是购买者，谁是使用者，因为它关系到企业广告的目标对象、宣传推广的内容、售货过程中的接待方式及售后服务的真正受益者。

（二）消费者购买行为的类型

消费者购买行为的类型可从不同角度进行划分。

1. 根据消费者的性格特征划分

（1）习惯型购买行为，指消费者对某种品牌或某个企业非常信任，有固定的购买习惯和消费偏好。因此，他们在购买产品时目标明确，迅速果断，不受环境变化和周围因素的影响。

（2）理智型购买行为，指消费者购买产品时自主意识强，行为理性。他们在决策之前往往会仔细比较，耐心挑选，而一旦做出购买决定，一般不轻易改变，也很少后悔。

（3）经济型购买行为，指消费者购买产品时特别注意价格因素，对价格变化非常敏感。购买时善于比较、挑选和讨价还价，喜欢经济划算、物美价廉的产品。

（4）冲动型购买行为，指消费者购买产品时性格急躁，容易冲动，受产品外观、广告宣传、人员推销影响大，在选购商品时经常凭直觉决策，随机购买多。

（5）感情型购买行为，指消费者购买产品时善于联想，易受感情支配。他们对产品的款式、造型、色彩、包装比较重视，经常将产品与某些人或事物连在一起，容易受售货员推销的影响。

(6) 不定型购买行为，指消费者购物时没有明确的购买目标，也没有固定的消费偏好。在选择商品时经常犹豫不定，缺乏主见，经常表现出对商品的不信任，也喜欢提一些反向问题。

对于以上不同类型的消费者，企业在营销时应采取不同的销售和接待方式。一般来说，对理智型购买者要耐心服务，多拿出样品让其挑选；对经济型购买者要称赞他是内行，使他相信物超所值；对冲动型购买者要快速出货，迅速结款；对感情型购买者要如实介绍商品，以避免其退货；对不定型购买者要当好参谋，并且多做解释。

2. 根据消费者介入购买的程度和品牌间的差异程度划分

(1) 复杂型购买行为，指消费者购买品牌差异性很大的产品时所发生的购买行为。购买这类商品时，消费者一般要经过认真思考和学习的过程，广泛收集各种产品信息，对可供选择的品牌进行评估，在此基础上建立品牌信念，形成对各个品牌的态度，最后慎重地做出购买决策。

(2) 和谐型购买行为，指消费者购买品牌差异性不大的产品时所发生的购买行为。由于产品本身的差别不明显，消费者一般不必花费很多的时间去收集和评估不同品牌的各种信息，而主要关心价格是否优惠、购买时间或地点是否方便等。因此，和谐型购买行为从引起需要、产生动机到决定购买，所花费的时间较短。

(3) 习惯型购买行为。这是一种比较简单的购买行为，消费者介入购买的程度较低，品牌的差异性也不人。消费者对这些产品很熟悉，已形成了购买习惯和消费偏好。他们不需要主动寻找有关产品的信息，也不需要对品牌特色进行评价。购买过程一般是通过被动的学习而形成品牌信念，随后产生购买行为。

(4) 多变型购买行为。这也是一种比较简单的购买行为，指消费者介入购买的程度低，但品牌的差异性很大的情况。对于这些产品，消费者经常会改变自己的品牌选择。例如，在购买罐头食品时，消费者仅仅是因为想体验一下新的口味，便有可能放弃原来的品牌。在这里，消费者的品牌选择变化只是因为产品种类繁多，而不是因为对原有产品的不满意。

二、消费者的购买决策过程

在复杂的购买行为中，消费者的购买决策过程有引起需求、收集信息、评估品牌、决定购买、购后感受五个阶段。这一过程在实际购买之前就已经开始，而且延续到实际购买之后。企业研究购买决策过程各阶段的特点，可以使企业针对顾客的需求采取相应的营销措施。

(一) 引起需求

消费者的需求往往由两种刺激引起，即内部刺激和外部刺激。内部刺激主要是由生理变化所决定的，如饥饿时产生对食物的需求。外部刺激主要是由环境变化决定的，如看见手提电脑的广告而产生希望拥有的愿望。对企业而言，就是要通过市场调查了解消费者需求的刺激因素，然后采取适当的措施激发顾客的需求和欲望，并促使其采取购买行动。

（二）收集信息

消费者的需求被唤起之后，通常会马上寻找各种信息。消费者的信息来源主要有：个人来源，如家庭、朋友、邻居、熟人等；商业来源，如广告、推销员、经销商、商品包装、展览等；公共来源，如大众传播媒介、消费者评审组织等；经验来源，如处理、检查和使用产品等。这些信息来源对购买决策的作用是不同的，商业和公共信息来源主要起通知和接收的作用，而个人和经验信息来源主要起验证和评价的作用。

通过收集信息，消费者熟悉了市场上一些竞争品牌的特征，也缩小了对将要购买商品的品牌选择范围。对于那些被重点选出的品牌，就是消费者下一步将要评估的对象。

（三）评估品牌

消费者对品牌的判断大多是建立在自觉和理性基础之上的。消费者的评价行为通常会涉及以下几个问题。

1. 产品属性

产品属性，即产品能满足消费者需求的主要特征，如照相机的体积大小、摄影速度、照片清晰度、价格高低等。这些产品属性都是消费者感兴趣的，但又不将其视为同等重要。企业应注意区分不同类型消费者对哪些属性感兴趣，对哪些属性特别重视，以便在此基础上进行市场细分。

2. 属性权重

属性权重，即消费者对产品的不同属性分别赋予的重要性权数。通常情况下，消费者对那些既感兴趣又非常关注的属性会给予较大的权数，而对那些只是感兴趣而又不太关心的属性会给予较小的权数。

3. 品牌信念

品牌信念，即消费者对某种品牌优劣程度的看法。由于消费者个人经验、选择性注意、选择性曲解和选择性记忆的影响，其品牌信念有可能与产品的真实属性不一致。

4. 效用函数

效用函数，即消费者所期望的产品满足感随产品属性的变化而变化的函数关系。它实际表明了消费者对产品属性变化的可接受程度。

5. 评估模型

评估模型，即消费者对不同的品牌进行评估选择所使用的程序和方法。

假设某一消费者想购买计算机，可供选择的品牌已缩小到A、B、C、D四种，消费者感兴趣的产品属性主要有存储能力、图像显示能力、内存大小、价格高低。品牌评估的一般做法是：消费者首先要依据已经形成的品牌信念给各种属性打分，如A品牌的存储能力10分，图像显示能力8分，内存大小6分，价格高低4分；然后要根据各种属性重要性的不同分别给予不同的权数，如四种属性的权数分别为40%、30%、20%、10%；最后，在此基础上求出每种品牌的期望值，如A品牌期望值$=10\times0.4+8\times0.3+6\times0.2+4\times0.1=8$。

采用同样的方法可以分别求出B、C、D品牌的期望值。假设计算的结果是A品牌分数最高，则消费者即会形成对A品牌的品牌偏好。

（四）决定购买

评估品牌会使消费者对可供选择的品牌形成某种偏好，从而形成购买意向。但是有三种因素经常会影响甚至改变消费者的购买行为。

1. 其他人的态度

周围人的态度有时会影响购买者的选择。一般来说，购买者的品牌偏好会随着其他人的喜欢而增加，但如果与购买者关系密切的人坚决反对他购买，则购买者很可能会改变他的购买意向。

2. 突发事件的影响

某些事先未想到的事情也可能会改变购买者的购买意向，如购买者突然下岗失业，家庭收入减少，或媒体刚刚曝光某种品牌的缺陷，这些都可能影响消费者的购买决定。

3. 预期风险的大小

在购买比较复杂、价格较高的耐用品时，由于预期风险大，消费者有时会延迟或回避做出购买决定，或干脆直接购买品牌知名度高的产品。企业应了解消费者产生风险感的因素，采取相应的措施以降低消费者的可承受风险。

决定实施购买意向的消费者往往还要做出以下具体决策：购买的品牌、选择经销商、购买的数量、购买时间以及使用的支付方式。

（五）购后感受

消费者购买产品之后会产生某种程度的满意感和不满意感，进而会表现出一些企业营销部门所关心的行为。在这一阶段，营销工作还远未结束，企业还需要密切关注消费者的购后满意度、购后行为和购后使用等。

1. 购后满意度

消费者的满意度是其产品期望和该产品可觉察性能之间的函数。如果产品符合消费者期望，产品性能良好，顾客就会感到满意；如果产品超出了消费者期望，产品性能极好，顾客就会非常满意；而如果产品不符合期望，企业夸大了产品的性能，顾客就会不满意，甚至会产生被欺骗感。这些感觉在顾客再次购买产品时会产生不同的效果，并且他们还会把对该产品的好恶感传播给其他人。

2. 购后行为

“满意的顾客是企业最好的广告”，消费者对产品的满意度影响着他们以后的购买行为。如果消费者对产品满意，他们很有可能在下次购买中继续购买同一种产品。如果消费者对产品不满意，他们可能会要求退货或寻找能证实产品优点的信息，以减少购物心理的不平衡。也有些消费者会采取公开或私下的行动发泄自己的不满，如对生产或销售企业抱怨，向新闻媒体反映，向消费者协会投诉，或向亲朋好友传达不利于产品的信息等，这些都会给企业的市场营销工作带来伤害和损失。

3. 购后使用

企业还应关注消费者购买后怎样使用和处置产品，如果消费者将产品长期搁置不用，那它一定不会是令人满意的产品，消费者对产品的口头传播也就不会积极。如果他们将产品出售或交换，那么就会阻碍公司对新产品的销售。如果消费者开发了产品的新用途，企业就应该用广告来宣传这种用途。如果消费者使用后要丢弃产品，则企业就应该检讨或完善自己的策略。

分析和研究消费者的购买行为和购买决策过程，是企业市场营销成功的保证。企业通过了解消费者的购买决策过程，可以找到满足消费者需要的思路和方法；通过了解购买过程中各种参与者对购买行为的影响，可以为企业目标市场制订更有效的营销计划和策略。

本章小结

本章首先介绍了市场类型和市场潜量，接着概述了消费者市场细分的程序和要求，在此基础上分析了消费者的需求和购买动机，最后对消费者的购买行为和购买决策过程进行了详细论述。

【复习思考题】

1. 简述消费者市场的含义和特点。
2. 举例说明市场潜量与企业销售潜量的关系。
3. 企业如何区分消费者的需求？
4. 试述消费者购买动机的分类。
5. 简述消费者购买行为的主要类型。
6. 以你所熟悉的产品为例，试述消费者的购买决策全过程。

【实例】

特思购的顾客忠诚计划

顾客忠诚计划是以顾客研究为基础，通过回馈方式传递顾客额外的价值，以获得顾客在态度和行为上的双重忠诚，引发顾客重复购买，增加顾客保留率和市场份额。

传统促销是交易导向，目标是吸引新顾客，强调顾客满意，引发顾客的实际购买。

顾客忠诚计划是关系导向，在顾客满意基础上培养顾客忠诚，注重长期收益和顾客关系的维系。

1. 顾客忠诚计划的模式

（1）独立积分计划。为重复购买产品或服务的消费者提供积分累积，以及不同种类的奖励。

（2）积分计划联盟。多家企业使用一个积分平台，消费者用一张积分卡进行消费和累积积分。

（3）联名卡。企业与银行合作发行积分卡。

（4）会员俱乐部。客户数量少但价值高，加强同客户的情感沟通。

2. 顾客忠诚计划等级

（1）一级。通过折扣、优惠券或奖品赠送，使顾客获得额外利益，并形成习惯性购买。

（2）二级。建立私人档案，进行情感沟通，奖励个性化，提高顾客转换的成本。

（3）三级。提供排他性资源，彰显其特权和优越感，使其转换成本最大化。适合顾客集中、产品边际利润高的企业。

3. 特思购的顾客忠诚计划

世界排第三的英国特思购（Tesco）成立于1919年，现年销售额1 100亿美元，在全球14个国家有6 000家店，员工总数52万人。2004年，特思购通过收购台湾顶新集团旗下的乐购超市股份进入中国。至2013年年底，乐购在中国47个城市已开办了108家大卖场、7家购物中心，会员人数超过700万人。

特思购的核心理念是为顾客创造足够的价值，从而赢得他们的终身信任。特思购的顾客忠诚计划包括：

（1）采用“俱乐部卡”积分，即从消费金额中提取1%的奖励，兑换成“消费代金券”，邮寄给消费者。

（2）通过“俱乐部卡”，了解顾客购买数量、购买偏好、产品使用频率等。

（3）将顾客分为不同的“利基俱乐部”，分别为其制作“俱乐部卡杂志”，刊登促销信息。

（4）通过邮寄方式与顾客进行沟通。

（5）与供应商联手促销，转移成本并提高供应商忠诚度。

（6）推出增值俱乐部卡，对20%的关键顾客给予双倍积分。

（7）在增值卡基础上，推出个人金融服务等衍生服务。

特思购的顾客忠诚计划被业内称为“最善于使用顾客数据库的忠诚计划”，在英国注册会员数达到1 300多万。

美国西北大学凯洛格商学院的唐·舒尔兹教授评价道：零售商未来的成功模式只有两种，一是沃尔玛模式，即通过提高供应链效率，挤压上下游成本，以价格和地理位置作为主要竞争力；二是特思购模式，即通过对顾客的了解和良好的顾客关系，将顾客忠诚计划作为企业的核心竞争力。

问题：

1. 请为你的企业制订顾客忠诚计划。

2. 企业制订顾客忠诚计划时需注意哪些问题？

第十一章

竞争者分析

本章要点

1. 了解竞争对手是企业取得商战胜利的关键。

2. 竞争对手的资料：统计数据、竞争力信息、现行政策信息、竞争对手的判断、战略目标。

3. 企业可通过多种渠道收集竞争对手的信息，如应聘者或者竞争对手的雇员、竞争对手的相关者、公开文件或出版物以及新闻媒体、竞争对手。

4. 竞争环境研究：新进入者研究、替代产业竞争者研究、供应商研究、买方研究、现有竞争者研究。

5. 竞争对手分析的要素：未来目标、假设、现行战略和能力。

6. 企业的竞争战略有三种类型：成本领先战略、差异化战略、目标聚集战略。

对于大多数企业来讲，竞争者都是不能忽视的。在某一产业中，企业有可能和竞争对手结成战略联盟，致力于扩大市场总量以促进该产业成长，但大多数情况下，双方会在某些市场机会上展开竞争，千方百计地争夺既定的市场份额。因此，超过、控制、击败和领先自己的竞争对手，是许多企业管理者追求的目标。

《孙子兵法》中说："知己知彼，百战不殆。"虽然商业竞争与战争有着本质的区别，但二者也存在许多相似之处。迈克尔·波特也认为选择适当的竞争对手和充分了解竞争对手，是企业赢得竞争的关键所在。因此，收集竞争对手情报，分析竞争对手动态，并制定相应的竞争策略，是企业市场调查与分析的一项重要工作。

第一节　竞争者分析的重要性与内容

一、竞争对手分析的重要性

了解竞争对手是企业取得商战胜利的关键。竞争对手分析的重要性可归纳为以下几点。

（一）充分了解竞争对手的经营情况，可以帮助企业准确把握整个产业的动态与前景

要判断整个行业的需求与供给的现状和发展趋势，单靠本企业现有的数据是远远不够的。因为在产业中还存在其他企业，这些企业提供相同或类似的产品，并且替代产业中的竞争对手也会影响到本行业的需求。所以，企业要想了解整个市场的情况，必须得到相关竞争者的数据，只有这样，企业才能及时做出决策，调整自己的经营战略。

（二）拥有合适的竞争对手作为参照，企业可以提高自身差异化的能力

在缺乏竞争对手或者对竞争对手一无所知的情况下，企业可能更多地关心现有产品的价格和成本，而忽视企业为消费者提供的服务在多大程度上能够满足消费者的需求。企业可能更沉湎于降低生产成本、扩大生产规模或者与销售商讨价还价，而忽视消费者真正的需要。而只要存在某些合适的竞争者，或者企业对现有和潜在的竞争者提供的产品或服务更加了解，企业就能更清晰地了解消费者的需求。通过对这些竞争者现有产品和服务的信息的收集，企业就能及时调整产品策略，提高自身差异化的能力。

（三）尽可能详细地了解竞争对手的信息，可以帮助企业找到行业中有前景的细分市场

如果企业对竞争对手一无所知或者一知半解，那么企业将只能局限于已经开发出来的细分市场，或者盲人摸象般地探索新的细分市场。这将增加企业经营上的风险和市场开发的成本。而竞争对手的市场行为向企业免费提供了这方面的信息。企业可以通过研究竞争对手新的产品和市场沟通行为，了解潜在的细分市场的信息，及时做出决策，以进入这个细分市场。

（四）充足的信息可以帮助企业选择合适的成本与价格

也许选择成本会被认为是异想天开，但只要企业掌握了足够的竞争对手的信息，企业就可以了解现有价值链中存在哪些压缩成本的余地。例如，如果竞争对手可以从其上游供应商那里得到更低的报价，企业也有理由要求自己的供应商提供相同的价格。在定价方面，竞争对手的相关性体现得更为明显。在其他条件相同的情况下，比竞争对手更低的价格显然可以带来更大的销售量。

（五）对竞争对手的分析，可以指导企业对整个产业结构进行有效的调整

有时候，作为某些行业的领导者的企业必须考虑到整个产业目前的产业结构和未来的发展前景，从而发挥适当的影响力，调整经营政策，以改善整个产业结构。而行业战略的制定，必须考虑竞争对手对整个产业的影响，以及竞争对手可能的应对举措。当企业要做出类似的决策时，竞争对手的市场占有率和生产能力等因素将产生很大的影响。

（六）对竞争对手的分析，还有利于企业市场开发的进行

当某一产业处于成长阶段，企业实际上和产业中那些竞争对手达成了战略上的协作关系。只有在相互沟通比较通畅，前进步调相对协调，利益界限划分明确的情况下，才可能使整个产业走上健康发展的道路，使得各方都在产业的成长中得到好处。作为整个市场的参与者之一，企业只有及时地了解竞争对手的短期动向和长期目标，才能与竞争对手达成这种自觉的战略协作。因此，充分调查和研究自己的竞争对手，将有效地指导企业进行市场开发。

（七）通过对竞争对手的分析，可以降低竞争风险，有效保护企业自身

有的竞争对手对整个产业是有破坏作用的，这些企业的某些行为，如低价倾销、非理性广告投入、破坏性扩张等，不仅会给其他竞争对手带来很大的压力，也会破坏整个产业的健康发展。如果企业面临这种情况，在没有对竞争对手的行为做出深入调查研究的情况下，很容易自乱阵脚，被动应对，从而面临很大的竞争风险。而企业经过仔细的调查研究，就能采取有效的保护性措施，避免陷入恶性竞争。

总之，通过对竞争对手的调查和分析，可以使企业变得更加敏锐，对市场的反应更加灵活，从而提高企业的竞争能力。

二、竞争对手分析的内容

企业对竞争对手的分析不仅需要有关的数据，还需要某些概念化的和非数字化的信息。竞争对手的信息资料主要包括以下内容。

（一）统计数据

竞争对手的统计数据也许是最难获得或是最不准确的，但同时也是最直观和最初级的调查信息。在对竞争对手进行深入分析之前，企业必须掌握与竞争对手相关的尽可能全面和准确的统计数据。这些统计数据主要包括如下几个方面。

1. 组织和管理数据

组织和管理数据主要包括员工人数、职能部门和业务单位数量、分公司和子公司数量等。

2. 财务数据

财务数据主要包括资本结构、负债状况、现金状况、股票价格等。

3. 经营数据

经营数据主要包括市场占有率、销售量与销售额、利润的相关数据、广告投入、销售费用等。

4. 产品数据

产品数据主要包括产品种类、产品生产规模、产品价格、产品销售区域、单位产品利润等。

5. 顾客数据

顾客数据主要包括顾客的数量、收入水平、购买次数、满意度等。

6. 相关数据

相关数据主要包括相关的供应商、销售商、其他产业的数据等。

这类信息主要以数字的形式反映竞争对手各个方面的情况，对竞争对手的分析通常是从这些统计数据入手。

（二）竞争力信息

企业的竞争力信息很难用数字来描述，往往通过企业的经营管理和市场行为来得到间接的体现。对企业竞争力信息的分析包括以下内容。

1. 组织信息

组织信息包括组织结构、部门设置、员工结构、组织文化等。

2. 管理和决策信息

管理和决策信息包括管理阶层的年龄、所受培训及职能方向、管理模式、决策模式、员工选拔和培训制度、奖励和惩罚制度等。

3. 营销与销售信息

营销与销售信息包括营销方面的观念和技能、市场调查和新产品开发方面的观念和技能、营销和销售人员的技能和培训。

4. 核心竞争力信息

核心竞争力信息包括竞争对手有无核心竞争力、该种核心竞争力的可替代性等。

5. 市场信息

市场信息包括消费者的认知程度、消费者的偏好程度、消费者的满意程度。

6. 相关者信息

相关者信息包括与竞争对手相关的销售商、销售渠道以及其他相关者的信息。

这些信息往往不能用数字的形式，而只能通过某些客观的语言进行描述。

（三）现行政策信息

竞争对手的现行策略虽然可以通过其市场行为得到体现，但由于企业观察角度和所得信息的局限性，即使对其做出某种判断，可信程度也会受到怀疑。因此，通过某些渠道，了解竞争对手对其现行策略的表述，也是市场调查与分析的重要内容。虽然这种调查可能面临技术上的困难或者道德和法律上的障碍，但任何企业恐怕都更愿意聆听竞争对手对自己现行政策的阐述。而第三方，如行业协会或学术机构，对竞争对手现行策略的评价和描述，也应受到企业的重视。

（四）竞争对手的判断

竞争对手的判断包括两个方面，一是竞争对手对其自身的认识，二是竞争对手对环境和行业的认识。也就是说，不仅要了解对手，而且要了解对手掌握的情况。因为无论竞争对手做出何种行为，都根源于其对自身和周围环境的判断。要预测竞争对手下一步的动向，就必须对竞争对手的判断有准确的把握。无论竞争对手的判断正确与否，对这种判断的了解都有助于企业提早制定应对措施。因此，了解竞争对手的判断，也是竞争对手分析的重要内容。

（五）战略目标

了解竞争对手的战略目标，应该是对竞争对手进行分析的最根本目的。对竞争对手战略目标的了解可以帮助企业预测竞争对手对其目前在市场中所处地位是否满意，是否准备改变现行政策，或者会对本企业的行动作何种反应。因此，通过市场分析，了解竞争对手的战略目标，将对企业迎接竞争产生极大的帮助。

第二节　竞争者资料的来源与收集

与其他市场调查不同，竞争对手调查进行得更为隐秘和谨慎，但调查的范围和内容也更加广泛。企业一般通过以下渠道收集竞争对手信息。

一、应聘者或者竞争对手的雇员

企业可以通过类似招聘或技术交流活动，针对竞争对手的前雇员或者现雇员，得到竞争对手的某些资料。

企业在进行招聘活动时，应该特别注重那些曾经或正在竞争对手那里工作的申请者。从这些人的口中，往往可以得到很多从公开渠道无法获得的重要信息。例如，一般企业的业务单位设置情况是向外界尤其是竞争对手保密的，但如果企业在招聘活动中遇到竞争对手的雇员或前雇员，则可以通过对其职业经历的询问得到这方面的信息。如果不受到特殊的保密条款的限制，某些应聘者即便只在竞争对手处从事过临时性的工作，为了突显自己的能力或者经验，仍然愿意详细地向面试人员透露自己从事过的工作的一切细节。有些时候，面试人员通过一些似乎没有明确联系或者明确目的的询问，也可以从应聘者口中得到关键的信息。

企业的调查人员，通过参与地区性或行业内的技术交流或贸易交流活动，可以与竞争对手的雇员进行访谈和交流，从而得到竞争对手的某些信息。例如，在行业协会举办的各类会议上，企业的调查人员可以通过与竞争对手的雇员进行公开和私下的讨论和交谈，了解竞争对手在产品推出和营销行为等方面的政策和动向。而在一些技术交流会议或者产品展示活动中，企业的调查人员也可以与竞争对手的技术人员进行接触和交流，从而了解竞争对手在技术方面取得的最新进展。企业也可以举办一些产业讨论会议邀请竞争对手派员参加，或者邀请竞争对手的领导层对本企业进行参观，主动交流信息，也能够取得竞争对手信息的回馈。

此外，除了以企业为主体的主动进行的信息调查活动之外，市场调查人员的社交活动也可能成为竞争对手信息的重要来源。从事相关行业和相似业务的人员很有可能会形成一定的交际圈，在这种非正式的社交活动中，人们会就各自工作面临的问题或者取得的成果进行交流。如果企业的市场人员拥有广泛的交际圈和敏锐的信息捕捉能力，通过这些非正式渠道也可以取得竞争对手的重要信息。

此类针对应聘者和竞争对手雇员甚至管理层的市场调查活动，需要避免目的性过于明显，否则会造成调查的失败。因此，不能采取问卷调查的形式，而只能通过访谈、询问或交流等隐蔽形式进行。

二、竞争对手的相关者

竞争对手的相关者包括竞争对手的主要供应商、竞争对手的主要分销商、竞争对手的主要顾客群体和竞争对手的其他相关者。

竞争对手的供应商和分销商无疑掌握着竞争对手很多重要的信息，有的时候，企业通过与之建立联系并保持良好关系，可以得到信息调查方面的协助。如果本企业与竞争对手同时使用一家供应商提供的原料，本企业可以通过保持良好的回款记录、扩大采购量、协助进行技术改革等方式与供应商维持良好的业务关系，或者采用试探性询价或还价的形式，了解竞争对手的原料需求量、价格等方面的信息。有的时候，企业可以通过向客户提供较全面的技术支持、较优厚的交易条件等，维持与客户的良好关系，从而得到客户方的关于竞争对手的信息回报。当然，在产业中占有优势地位的企业，有时候也可以凭借较强势的地位，迫使销售商向其提供竞争对手的相关信息。

了解竞争对手信息的重要途径是针对其顾客群体展开调查。企业通过问卷、访谈等形式，调查竞争对手主要客户群体的年龄结构、收入层次、文化背景、消费偏好等情况，基本可以确定竞争对手目前在针对哪些细分市场展开业务。通过对竞争对手客户数量、购买力的统计，也基本可以确定竞争对手的经营规模、市场份额等。更重要的是，竞争对手的所有市场营销行为，其直接作用者是其顾客。只有充分调查其客户群体，才能解析出竞争对手的营销策略，以制定出相应的竞争策略。

投资人、行业协会、某些政府机关等，这些与竞争对手存在各方面紧密联系的组织或个人被称为竞争对手的其他相关者。竞争对手的经营活动、竞争对手的现行策略，都会影响到这些相关者的利益，因此，竞争对手一般会与这些相关者保持比较通畅的信息交流。企业通过对这些组织或个人的观察、访谈与询问，也可以获得竞争对手的一些信息。

针对竞争对手相关者的市场调查，根据不同的调查对象和不同的现实情况，应该采用不同的调查形式。如果企业主动征询供应商和销售商，则应该采取访谈或文案调查的形式。而对竞争对手主要顾客群体的调查，则应当选用抽样问卷和观察调研的形式。对于竞争对手的其他相关者，采用访谈调查的方式更为适合，而调查的形式也应当更加隐蔽和谨慎。

三、公开文件或出版物以及新闻媒体

竞争对手一般会发布一些公开文件，如上市公司的年报和季报、企业广告宣传的图文内容、企业人事变动的社会公告、关于某些职位的招聘公告等。虽然企业在发布这些公开文件的时候，会将一些自认为机密的信息加以隐藏，或者出于某种目的对信息进行某些修改甚至粉饰，但通过整理、分析、还原这些公开信息，市场人员和企业的管理者能够从中得到竞争对手的大量信息。例如，通过对竞争对手广告投放时间、地点的统计和分析，就可以得到竞争对手广告投入的情况；某些企业对某些特定人员或特定职位的招聘公告，可以透露企业在组织构建和业务发展方面的信息。因此，优秀的市场营销人员和组织，应该主动、及时地收集竞争对手发布的任何公开文件，为分析竞争对手策略提供参考。

从公开出版物上获取竞争对手的信息也是一个重要的途径。一些管理类和技术类学术刊物通常会发表某些专家学者的研究成果，竞争对手可能会被作为案例或者研究对象。通过对这些论文或其他学术成果的收集和整理，很容易得到竞争对手在经营策略、技术开发方面的信息。政府统计部门、税务机关、工商机构等披露的关于竞争对手的统计数据和其他信息，透露了竞争对手在人员、资金、利润等方面的大量信息。某些地方政府为进行招商或者宣传，会将本地知名企业的资产、技术实力、经营成果甚至厂房图片等装订成册，公开发行。

随着我国市场经济的发展，新闻媒体迅速成长，对经济生活也越来越关注。不少报刊开设经济专栏，专门的经济报刊也层出不穷，这些报刊媒体会主动收集关于经济整体形势和个别企业重大举动的资料并加以整理和刊登。电视媒体和网络媒体也会经常播放企业的各种信息。企业的市场调查人员应当密切关注竞争对手的相关报道，获取有用资料，并且应当充分利用这些媒体网络信息及时的优势，观察竞争对手的动态。

公开文件或出版物以及新闻媒体所传达的关于竞争对手的信息非常繁杂，对于这类信息关键在于及时收集和整理。需要注意的是，此类信息来源提供的一般都是第二手的资料，并且肯定经过了深入的加工，所以在收集和利用这类信息时，一定要辨别真伪，并且结合其他渠道的信息进行慎重分析。

四、竞争对手

大多数关于竞争对手的信息都来源于对竞争对手的直接观察。竞争对手销售的产品、竞争对手提供的服务、与竞争对手经营活动相关的其他实物、竞争对手的市场沟通行为，都可以成为企业观察的对象。

竞争对手销售的产品实际上包含了很多有用的信息。产品的质量，透露了竞争对手的生产和技术能力。产品的价格，透露了竞争对手的价格策略和赢利信息。产品的销售地点，透露了竞争对手的销售渠道。一些行业，如日用消费品行业的市场人员，往往需要通过不同途径购买竞争对手的产品，研究其价格、包装、功能、宣传等多方面的属性，以确定本企业同类产品的市场营销策略。日本的松下电器公司就非常善于研究、仿制和改进竞争对手索尼公司的各种新产品，反而在这些产品的业务上取得了比索尼公司更好的业绩。

竞争对手提供的服务也是一个重要的考察项目。一般认为，企业提供的服务（指与其主要产品相配备的人员、技术、信息和政策的支持）反映了企业的经营导向。通过观察竞争对手服务的内容，可以帮助本企业制定适合本企业经营导向的服务策略，以保证本企业胜过或者区别于竞争对手。观察的内容包括配送和运输的条件、退换和维修的政策、配套产品和信息的提供等。

企业在经营过程中会与一些实物产生关联，通过对这些相关实物的观察，可以得到企业生产经营的信息。竞争对手生产设备的折旧程度、车辆的使用频率、生产废弃物的质与量，都应该是本企业调查人员关注的对象，因为将这些情况与其他信息加以汇总分析，就有可能推断出竞争对手的技术实力、经营状况和生产规模。

竞争对手的市场沟通行为，能最直观地体现竞争对手的营销策略。企业的公共关系行为、企业的广告行为、企业的形象塑造和维护手段，都服务于企业整体的战略定位和战略目标。通过对这些具体行为的观察，不仅可以判断出竞争对手现阶段的政策和目标，还可以推断出竞争对手长期的行为轨迹，从而有利于与之展开长期的竞争。

最后需要特别强调的是，在实际操作中，针对竞争对手的信息收集经常会突破法律和道德的界限，引起广泛的争议。尽管前面所列的信息收集方法都是合法的，并且我国法律在这方面也存在空白，使得判断某些信息收集手段是否合法成为难题，但违反商业道德和市场规范刺探竞争对手商业机密的事件的确广泛存在。

尽管我们认为企业出于竞争的需要，尽可能详细、准确地收集竞争对手的信息是正常的商业需求，但是，某些企业进行的派遣商业间谍、贿赂竞争对手雇员以套取商业机密等活动，不仅违反道德，而且明显触犯了法律，有的还严重危害了国家安全和公共利益。对这些行为，必须坚决反对。

第三节　竞争环境研究

尽管企业的相关环境范围广泛，包含社会、经济、文化等多方面因素，但企业环境的最关键部分就是企业的竞争环境。企业的竞争环境是由与企业构成竞争关系的多个要素组成的。这些要素包括：进入威胁、替代威胁、供方谈判能力、买方谈判能力和现有竞争对手的竞争，我们称之为企业竞争环境的五种作用力。这五种作用力，分别来自企业相关的五种竞争对手：本产业可能的新进入者、替代产业的竞争者、企业的供应商、企业的买方、本产业的现有竞争者。企业竞争环境的研究，就是分别或者综合地对这五种竞争对手进行研究。

一、新进入者研究

进入本产业的新的竞争者往往带来新的业务能力，同时也会侵占现有的市场份额，结果是造成产业内价格降低，现有生产者成本提高，利润下降。因此，企业往往不希望现有产业中加入新的竞争者。

对本产业可能的新进入者进行分析，确定威胁的大小，最重要的是确定进入者的进入成本。如果进入成本高于进入该产业后的收益，本产业对于新进入者的吸引力就将大大降低，对于守成者的威胁也就随之降低。反之，如果进入成本很低，新进入者将有利可图，则进入的可能性大大提高，对守成者的威胁也就随之提高。

进入成本的高低由以下六种因素所决定。

（一）实现规模经济的可能性

本产业现有生产者的规模经济的存在，阻挠了新进入者对本产业的侵入。如果新入者进入的话，必须经过一定时期才能达到规模经济，在这个时期内，就会因为成本过高而缺乏竞争力。如果一开始就进行大规模生产，则会面临很大的经营风险。规模经济包含制造、采购、研发、销售、渠道建设、市场营销投入等多方面内容，新进入者很难在短期内全面达到规模经济。而达到规模经济的可能性和需要承担的风险，构成了进入成本的重要内容。

（二）投资要求

加入新产业所需要的大量投资也构成了一种进入成本。企业进入新的领域，必须承担很大的风险，进行诸如研究和开发、市场开拓、广告投入等数额巨大的投资。如果这些投资的需要量很大，超过或者将会极大地占用企业现有财力或者未来收益，企业强行进入新的行业就会造成财务上的巨大负担和风险。所以，希望进入者必须考虑到现有的资金情况才能做出决策。如果投资要求过高，则进入成本就会很高。

（三）转换成本

如果有新的生产者进入一个产业，这个产业的原有买方就会面临转换成本。买方如果选择新入者，就必须进行各方面的转换并为之支付相应的成本，这些转换带来的风险也会形成很高的成本。新的业务人员的培训，新的渠道的建设，甚至因为失去原有的供应方带来的信誉损失，以及选择新进入者可能造成的诸如产品缺陷和供货能力等方面的风险，都需要买方进行权衡。而买方选择新进入者显然是为了有利可图，那么实质上这些成本就要由新进入者承担。转换成本构成了进入成本的重要方面。

（四）多种经营劣势

已经在本产业站稳脚跟的企业，拥有新进入者不具备的多种经营优势。这些优势包括独特的产品技术、最优的原料来源、完善的信息系统、稳定的顾客群体、丰富的业务经验。作为新进入者，不可能在短期内具备上述优势，那就不得不承担处于劣势所带来的成本过高的压力。如果希望进入某个新产业的企业能够很快解决这些问题，则进入成本就会降低；反之，进入成本就会很高。

（五）守成者的排挤

既然绝大多数的企业都不希望自己所从事的产业中出现新的竞争者，那么，对新进入者的排挤就不可避免。守成者可能利用大幅降低价格、垄断供应商和分销商、联合制定技术壁垒等手段，千方百计打击新进入者，迫使后者知难而退。因此，守成者对新进入者可能的反应是新进入者必须考虑的因素，因而也构成了进入成本的重要组成部分。

（六）政府政策

政府政策形成了最后一种主要的进入成本。各国政府都对某些行业实施不同程度的限制，通过规定从业者的资金实力、信用状况等条件，实际上构建了某些行业的很高的进入壁垒。企业如果希望进入某些产业，有时需要支付很高的成本以获得政府的认可。

二、替代产业竞争者研究

所谓**替代产业，指的是本产业之外的其他产业，但其所提供的产品或服务对本产业具有替代的功能。**消费者在进行购买活动时，可能会选择替代产业所提供的产品或服务来满足自身的消费需求，从而放弃购买本产业的产品和服务。例如，汽车产业的替代产业可能包括公共交通产业、租车产业等，虽然也许这些产业的企业同时也是汽车产业的重要客户，但其所经营的项目可能会降低消费者对汽车的购买需求。有的时候，替代产业的兴起会导致被替代产业的逐步消亡。例如，20 世纪初期，汽车产业在西方发达国家的蓬勃兴起就导致了传统的以畜力为主的城市运输业退出经济领域。更多的时候，替代产业的出现使消费者多了一些消费的选择，如日用消费品市场上咖啡与茶叶的相互替代。

广义地看，一个产业的所有生产者都会与替代产业的生产者展开竞争，所以一般情况下，个别企业对替代产业的竞争缺乏直观体会。但是，有时候，产业的领导者或者几个主要的生产者会明显感觉到来自替代产业的竞争压力。因此，对这些企业来讲，对替代产业竞争者的研究也是值得重视的。

替代产业对本产业的替代作用决定于多方面的因素。其中，消费者的消费习惯、社会经济和文化的发展变化、替代产业产品和服务的吸引力等，都是很重要的因素。单就替代产业竞争者本身来看，主要有以下方面值得研究。

（一）替代产业提供的产品和服务的性能价格比

消费者往往追求最高的性能价格比，因此，替代产业产品和服务的性能价格比影响着其对本产业的威胁性。如果替代产业的竞争者采取比较先进的生产技术，赋予了其产品更多和更先进的功能，能更深程度和更全面地满足消费者的需求；同时，其生产成本又相对较低，从而能够被消费者以较低的价格买到，那么，消费者一定会更多地购买替代产业的产品，而减少对本产业产品的购买。如果替代产业的竞争者为消费者提供更方便和更全面的服务，降低消费者的消费成本，如产品的获得方式更为快捷，使用方式更为简便，则也会增加消费者的购买需求，从而对本产业构成更大的威胁。

（二）替代产业提供的产品和服务对本产业产品和服务的替代性

这是指替代产品或服务能在多大程度上满足消费者依靠消费本产业产品与服务所满足的某种需求。某些产业之间的替代性是很小的，如啤酒产业和软饮料产业，虽然都能满足消费者的饮用要求，并且相互之间存在替代关系，但由于消费者生活习惯的差异性，二者的替代性是较小的。另外一些产业，如铁路客运和航空客运之间，就存在比较强的替代性。不同的消费者往往在对到达速度、安全性、经济性等因素做出多方面权衡之后，会做出差别很大的消费决策。所以这些产业的竞争者对竞争对手的情况总是十分关注的。

（三）替代产业的赢利性

一般来说，替代产业现阶段的赢利性越高，则对本产业的潜在替代威胁越大。这是因为，如果替代产业的竞争者目前有比较高的赢利空间，那么，在该产业竞争转向激烈或者整体经济形势发生变化的时候，替代产业的竞争者就能够显著地降低价格，提高竞争力，也就显著提高其对本产业的替代性。

三、供应商研究

虽然企业的供应商从价值链的角度讲属于企业的合作者，但是，供应方同时也是企业的重要竞争者之一。企业的供应商可能通过提高价格或降低企业所购产品或者服务的质量来向企业施加压力，以获得更好的交易条件或别的好处。供方压力可以迫使企业因为无法控制成本而失去利润。因此，企业为了维护自身利益，增强与供方的议价能力，或者企业试图实施后向一体化战略的时候，对供方竞争者进行研究是必不可少的。

对供应商的研究，主要应从以下几个方面进行。

（一）企业的供应商在供方产业中的地位

如果企业的供应商在供方产业中处于支配地位，或者是处于支配地位的几家企业中的一家，那么，供应商在与企业的交易中就将占有优势。如果供应商是供方产业众多竞争者中实力一般的企业，或者供方产业的集中化程度比较低，供应商与企业的竞争能力就相对较弱。

（二）供应商提供产品和服务的替代性

供应商与其替代产业竞争者的竞争会削弱其竞争实力。如果企业需要的原料来源只限于某种特殊产业，并且缺乏可替代性，那么企业将不得不面临供应商的价格盘剥。

（三）企业在供应商客户群中的地位

供应商总是珍视它和几个最主要客户的关系，在与这些客户进行交易时，供应商往往会提供较优厚的条件。如果供应商同时拥有许多客户关系，并且本企业并非其主要的客户，供应商可能就会缺乏对本企业的重视，交易条件也会比较苛刻。

（四）供应商提供的产品或服务在企业业务中的重要性

这种重要性决定了企业面对供应商议价要求的态度。如果供应商提供的产品是企业业务的必要投入品，那么企业对这种产品的强烈需求会迫使企业接受供应商提出的一些苛刻的交易条件。如果这种重要性很小，那么供应商对企业的竞争力就会随之减弱。

（五）供应商产品的差异化程度

差异化程度类似于可替代性，因为在差异化程度很高的情况下，供方产业中很难有可以提供企业所需的定制的产品和服务的竞争者。那么供应商就拥有了极高的议价实力。

（六）供应商的转换成本

供应商的转换成本决定了供应商在多大程度上依靠企业完成销售。如果转换成本很低或者供应商已经建立了转换成本，那么，供应商就有足够的实力更换别的客户，其对企业的议价能力也会很高。

（七）供应商进行前向整合的可能

前向整合意味着供应商试图控制其下游企业，建立自己的价值链，本企业的独立性和利益就要受到挑战。

（八）供应商对企业后向整合的态度

与前向整合相反，后向整合意味着企业对供应商进行控制，建立有利于自身的价值链，供应商的独立性和利益就要受到损害。供应商对此的态度影响着企业整合战略的实施。

四、买方研究

与企业供应商的情况类似，企业的买方扮演着既是合作伙伴又是竞争者的角色。买方一方面可能迫使企业给出更低的价格或接受更大的折扣，从而使企业缺乏足够的利润空间；另一方面又可能要求企业提高产品质量或者提供其他方面的支持，从而使企业的成本大幅上升；同时，买方也可能提出更有利于自己的付款条件，使企业的资金难以及时回收。为了避免在同买方谈判时陷入被动，或者为了控制分销渠道，企业有必要对买方进行认真的研究。

买方研究并不是将供应商研究中的主客双方简单对调，而应该对与买方竞争实力相关的各种因素以买方为主体进行分析。

（一）买方在买方产业中的地位

这一点与供应商研究中相应部分基本类似。买方在买方产业中地位越高，则买方对企业的议价能力就越强，竞争力也就越强。

（二）买方对渠道的控制程度

买方对渠道的控制程度决定了生产厂家对买方的依赖程度。生产厂家总是要依靠分销渠道将产品销售给顾客，分销渠道的广度、宽度和流动速度直接决定了生产厂家的销售量。如果买方控制的渠道有限，或者对渠道的控制力度有限，就不能有效地左右生产厂家的销售活动，那么在与厂家的谈判中也就不可能处于有利地位。

（三）购买产品在买方成本中的比重

买方购买产品投入的资金，如果在其成本中占有很大的比重，那么买方对于价格和货源的要求就会更加严格。这源于企业对成本的敏感。也就是说，如果买方必须将很大一部分资金用于购买某种产品，在谈判时，买方对于价格和产品质量以及交付条件的要求就会很高。

（四）购买产品对买方业务的影响

这种影响包含两方面的内容：质量方面和价格方面。如果购买产品的质量对买方业务构成重大影响，那么，买方对于价格的敏感程度就会降低。如果购买产品对买方业务中价格的影响更大，买方对质量的敏感程度就会相对降低。

（五）买方的利润空间

买方的利润空间决定了买方可以让渡给企业的利润空间。如果买方的利润空间较大，则买方会相对减少和厂商在利润空间上的竞争。相反，如果利润空间很小，买方不仅会拒绝让渡自己的利润空间，并且会要求厂商降低价格，以侵占厂商的利润空间。

（六）买方对市场信息的掌握程度

市场上的需求信息、价格信息等，是很重要的交易砝码。如果买方掌握了更多这方面的信息，则在与厂商的谈判中就将处于有利地位。很多厂家常常依靠买方得到顾客信息，那么在与买方的竞争中就很容易陷入不利境地。

此外，买方研究还涉及购买产品的替代性和差异化程度、买方的转换成本、买方前向整合的可能性，以及对厂商后向整合的态度等，这方面内容与前面关于供应商的研究类似。

五、现有竞争者研究

任何产业都不可能只有一家企业，许许多多大大小小的企业展开激烈的竞争，才促进了整个产业的产生和发展。在市场上，一定存在其他一些企业，进行着与本企业相同的业务，向消费者提供与本企业相同或相似的产品和服务。这就是一般意义上的竞争对手。

竞争对手研究的主要内容包括如下几个方面。

（一）竞争对手的战略研究

竞争对手的战略研究，即从战略的高度，对竞争对手的目前政策、短期目标、长期目标做出预测，同时制定相应的方案，指导本企业在当前和未来与对手展开竞争。

（二）竞争对手的竞争实力评估

竞争对手的竞争实力评估，即通过情报的收集，了解竞争对手的现状，评估其现有竞争力及潜在竞争力，对其可能对本企业构成的威胁进行预测。

（三）竞争对手的营销组合分析

竞争对手的营销组合分析，即对竞争对手的产品、价格、渠道、促销这些营销组合要素展开研究，判断竞争对手的营销战略，为本企业的营销设计和竞争行为决策提供参考。

第四节　竞争者分析与研究方法

关于竞争对手的分析，有各种不同的学派和理论。其中，最著名的是迈克尔·波特创建的四因素诊断模型。他将竞争对手的未来目标、现行战略、假设和能力作为竞争对手诊断的四个要素，认为竞争对手对本企业的竞争体现在两个方面：一方面是竞争对手现在在做什么和能够做什么；另一方面是竞争对手的驱动因素。显然，竞争对手的现行战略和能力属于前一方面的要素，而未来目标和假设属于后一方面的要素。这两方面要素相互影响，并共同影响着竞争对手的竞争行为。

一、未来目标

现代企业的未来目标往往是多个目标的组合，体现为企业整体的各方面的大型目标、企业内各个部门及职能机构的中型目标，以及各个基本业务单位甚至员工个人的小型目标的有机的目标体系。虽然作为赢利性组织，企业的财务目标会被认为是企业最重要的动力，但企业的发展常常受到诸如技术领先、市场占有、社会贡献甚至企业家个人理想的左右，企业内部不同部门不同意志的综合作用也会驱使企业走上别的道路。同时，企业虽然被认为是一个整体，但是企业也具备多级管理层次，如公司级的、业务单位级的、职能部门级的，高层目标并不完全决定低层目标。虽然我们不可能对所有方向和所有层次的目标都进行细致的研究，但应该进行综合的目标考察。

竞争对手的目标研究应当包括以下内容。

（一）竞争对手的财务目标

虽然我们已经认识到财务目标不是企业唯一的目标，但财务目标无疑是企业最重要的业务目标。企业必须了解以下问题的答案：竞争对手公开宣称和没有公开宣称的财务目标是什么？竞争对手在权衡短期财务目标与长期财务目标时的侧重点在哪里？竞争对手如何处理销售额与利润的关系？竞争对手如何达到股东短期利益要求与企业发展长期目标的平衡？竞争对手侧重于追求利润增长还是侧重于规避风险的上升？竞争对手如何处理财务目标与其他目标的关系？

（二）竞争对手的价值观

在财务目标之外，竞争对手总会怀有某些特定的对其目标发生重大影响的经济性或者非经济性的组织价值观或者信念。企业应当了解的有：竞争对手是否明显企图成为本行业的领导者？竞争对手是否明显地致力于提高其市场占有率？是否明显有保持很高的市场占有率的倾向？竞争对手是否长期进行高额的技术开发投资，并总是试图保持其在行业内技术领域的领先地位？竞争对手是否特别关注其产品的质量和工艺？竞争对手是否特别热衷于对内或对外推广其观点，如某种组织文化或某种经济模式？竞争对手是否长期地刻意维持其在大众和传媒眼中的某种特定印象？

（三）竞争对手的决策支持

企业的目标其实是某种发展决策，因此，企业的决策支持体系和决策支持过程也是企业目标确定的机制。关于决策支持，企业需要对竞争对手进行如下方面的考察：竞争对手的组织结构如何？竞争对手的权力行使和责任归属如何界定？各项权力在企业内部如何分配？什么部门和个人发挥着超常的重要的权力？什么部门和个人的意见更具有影响力？竞争对手采取什么样的财务和会计制度？竞争对手采用什么样的控制与激励制度？

（四）竞争对手的管理层

无论受到多大的限制，企业的管理层在企业目标的制定上总是最具影响力的。企业对竞争对手的管理层应了解如下情况：竞争对手最高决策层由谁组成？这些人的经历与背景如何？管理层有无特别明显的价值观倾向？管理层的稳定性如何？竞争对手是否存在“全知全能，决定一切”的“魅力型”或者“独裁者型”领导人？竞争对手是否总是突显其创始人或者领导人的形象，并刻意地使其在大众眼中与企业密不可分？

（五）竞争对手的内部分歧

企业内部领导层的分歧、上层与下层的意见不一、部门之间的利益纷争，都会影响到企业目标的确定。竞争对手的如下情况应当引起企业的注意：竞争对手的领导层对企业未来发展有无明显分歧？竞争对手内部是否存在对企业发展方向的不同观点？是否存在影响很大的非正式组织？是否出现某些部门权力过大难于控制的现象？是否经常有员工的抱怨传出？竞争对手是否鼓励或默许公司政治的存在？

对竞争对手目标体系的研究十分重要，确定竞争对手的目标体系，有助于企业制定战略时避开竞争对手的敏感区域，在达到战略目的的同时免于受到竞争对手的猛烈反击，将双方导入良性竞争。即便在竞争达到你死我活的阶段，也可以帮助企业找到有效的打击点，或者找到战略收缩的恰当界限。

二、假设

竞争对手的假设指的是竞争对手对自己以及对产业和其他竞争对手的认识与期许。竞争对手的信息收集体系帮助竞争对手认识自身的各种能力，帮助竞争对手认识其面对的竞争环境；同时，竞争对手也会设定自己的发展方向，判断自己的发展前景，并预测产业整体与其他竞争对手的发展前景。因此，假设就是对现在和对未来的描述。这种描述支持竞争对手制订目标和计划，实施竞争行为。

我们可以认为竞争对手的假设是一种主观的，包括了竞争对手的观点与方法。这些观点和方法包括：

（1）竞争对手对其产品质量、生产技术、经济规模、市场影响等方面的成绩如何认识，如何评价？竞争对手认为自己的竞争优势和劣势各在什么地方？竞争对手认为自己将可能发展到何种程度？

（2）竞争对手对整个产业的经济规模、技术水平、赢利水平、发展阶段等方面的情况如何认识，如何评价？竞争对手认为其他竞争对手在整个产业中的地位如何？竞争对手认为其他竞争对手具备什么优势与劣势？有没有高估或低估的情况？竞争对手对整个产业与其他竞争对手的前景如何看待？

（3）竞争对手希望自己达到什么目标？达到这些目标的可行性如何？竞争对手希望产业与其他竞争对手在未来出现何种变化？发生这种变化的可能性有多大？

（4）竞争对手怎样分析自己的情况？竞争对手怎样分析产业以及其他竞争对手的情况？竞争对手的分析方法是否科学？竞争对手是否借助某些咨询机构做出评价？这些咨询机构的评价体系是否科学？

（5）竞争对手管理层的知识背景如何？职业经历如何？竞争对手在进行假设时是否受到某种特殊视角或者观点的左右，如企业传统和价值观？

信息收集体系本身存在缺陷，使得任何企业无法得到完全真实和全面的信息。在对收集到的信息进行分析的时候，也会由于观察角度和分析方法的原因导致研究结果的不同。因此，竞争对手的假设可能是正确的，也可能不正确。但无论如何，竞争对手都依靠这些假设做出决策。所以，研究竞争对手的假设，可以帮助企业找到竞争对手下一步动作的动机，或者找到竞争对手现行政策的盲点，从而有针对性地采取行动。

三、现行战略

迈克尔·波特将企业的竞争战略分为三种基本类型：成本领先战略、差异化战略和目标聚集战略。大部分企业都在依照这三种战略的基本原则开展竞争。有些企业很成功，它们找到了适合自身优势与劣势的竞争战略，并依照自身行业的不同特点做出相应的调整；很多企业并没有找到适合自身的竞争战略，或者在实际操作中没有能够有效地实施，这些企业被称为夹在中间的企业。

（一）成本领先战略

奉行这种战略的企业一般会成为或致力于成为其产业中的低成本生产厂商。与其他企业相比，这些企业更倾向于追求产品在成本方面的优势。这些企业一般会拥有或者企图拥有相当的生产能力，使其能够具备规模经济。这些企业总是对技术改造和新技术特别是自己独有的技术情有独钟，提高生产率和产品标准化是这些企业很重要的追求。在原材料方面，这些企业更倾向于大规模采购，在原料的价格上也更加苛求。在企业的内部管理方面，追求低成本，压缩管理费用。在产品价格方面，这些企业的产品价格一般低于或者等同于产业平均价格。其促销手段也多在价格上做文章，产业中每一次价格下降几乎都由这些企业引发。

（二）差异化战略

在这种战略的指导下，企业会致力于加强某些特别为客户所重视的方面，最后达到产业内独一无二的地步。差异化战略的企业会特别注重产品在某些方面的属性，如它们会特别加强产品在质量、外形、多功能、易操作以及文化内涵等一方面或者几个方面的属性，使其在这些方面比其他产品更具吸引力。有的时候，这些企业会在渠道建设、分销方式上具有特殊之处，较之其他产品，顾客也许更加容易购买该产品，也许可以更方便地维修和退换。在市场营销手段的运用上，这些企业也会刻意地区别于本产业其他竞争对手，采取不同的方式，造成不同的印象。总之，实施差异化战略的企业总能找到其产品或服务的特殊之处，并努力将这些特殊之处发挥到极致，并且他们总会努力强调这一点。差异化战略的企业靠产品价格溢价来弥补自己追求差异化导致的成本增加，所以，其产品价格一般会高于产业平均价格。

（三）目标聚集战略

顾名思义，目标聚集战略就是将企业的所有注意力集中到很狭小的空间。这类企业往往会致力于发现产业内那些不为其他企业重视的某一细分市场，根据这个细分市场的要求，量体裁衣地提供产品和服务。除了这个细分市场外，几乎找不到他们的顾客。这些企业或者发现产业中某些消费者的特殊的低价格需求，降低产品其他属性的投入从而极大地压缩成本，以显著低于产业平均水平的价格提供产品，实施低成本聚集；或者瞄准产业内对产品或服务的某些方面有着特殊要求的顾客，提供近似于定制的产品和服务，获取高额溢价，实施差异化或定制聚集。实行目标聚集战略的企业不会追求市场占有率，所以，在总量上并不占据主要地位，但在其服务的细分市场上，如果不是独一无二的话，也很难找到与其构成有效竞争的对手。

需要强调的是，没有绝对正确和适合一切产业与企业的竞争战略，也没有哪一个企业绝对属于某一种战略，那些成功的企业都是将基本的原则灵活运用才形成了各自的竞争优势。三种基本竞争战略或者其中的某些原则都可以在某方面提高企业的竞争力，但都有可能造成企业在其他一些方面的薄弱之处，给企业带来风险。竞争对手的现行战略研究，就是要确定竞争对手目前的竞争方式的侧重点，找到其优势和弱点，以制定出相应的竞争战略。

四、能力

竞争对手诊断的最后的内容是对竞争对手的实力进行评估。该项评估的内容是对构成竞争对手竞争力的各项内容进行评价，判别其中的强项和弱项，最后得到竞争对手竞争实力的综合印象。这些内容包括如下几个方面。

（一）企业组织

（1）组织目标的一致性。

（2）组织结构与业务的匹配性，组织结构对信息流动和决策传达的保障。

（3）部门设置对经营开展的影响，人员配备对业务的支持。

（4）组织文化对企业发展的作用。

（二）综合管理

（1）管理模式的适应性。

（2）职能部门与业务单位的协调性。

（3）管理层的信息沟通能力、决策能力、领导能力、应变能力。

（4）激励机制的适应性。

（5）员工的综合素质。

（三）财务实力

（1）会计和财务管理能力。

（2）资本充足度。

（3）债务风险。

（4）现金状况。

（四）运营能力

（1）规模经济。

（2）产品线的宽度与深度。

（3）运营周期和运营速度。

（4）生产的协调性。

（5）原材料和物资的供应。

（五）科技能力

（1）专利和专有技术。

（2）设备的先进性和可改进性。

（3）生产工艺的技术含量。

（4）研究开发人员的教育背景、创新能力。

（5）信息化程度。

（六）营销与销售

（1）营销与销售人员的素质。

（2）销售网络的建设与维护。

(3) 营销组合的竞争力。

(4) 市场信息的反应速度。

(5) 市场调研的能力。

(七) 其他

(1) 顾客忠诚度。

(2) 品牌。

(3) 政府政策。

(4) 公共关系。

本章小结

本章简要介绍了竞争者分析的重要性与内容、竞争者资料的来源与收集方法，在此基础上，对企业竞争环境的五种作用力进行了分析，最后阐述了竞争对手的研究方法。

【复习思考题】

1. 企业一般通过哪些渠道收集竞争对手的信息？
2. 简述企业竞争环境研究的主要内容。
3. 简述企业的三种基本竞争战略。
4. 试述企业竞争对手分析的方法和模型。

【实例】

凌志（Lexus）PK 奔驰（Mercedes-Benz）

凌志（雷克萨斯 Lexus）创立于 1983 年，是日本丰田集团旗下全球著名豪华汽车品牌。过去丰田公司各汽车品牌如威驰、花冠、佳美、皇冠等在消费者心目中是“低档、省油、廉价车”的形象，要改变消费者心目中固有的观念很难，于是丰田公司专为高档车推出了一个全新品牌“凌志”。经过数年的潜心研究，凌志汽车最后隆重上市，一举成功。仅仅用了十几年的时间，凌志的销量在北美便超过了奔驰、宝马。2015 年在华销售 8.69 万辆，同比增长 14%，位列豪华车市场第五位。

凌志汽车有着精心塑造的外形，引人注目的优雅及奢侈豪华的内饰，而价格仅为奔驰的一半。丰田公司为了不让消费者对丰田传统品牌与新品牌之间产生联系，消除丰田形象对高档车的营销障碍，还故意隐去了企业名称，汽车身上未标有丰田的标志。

丰田公司为每位准顾客都准备了录像带，录像中淋漓尽致地展现了凌志汽车的性能特点，例如，将一杯水放在两车上，发动时水在奔驰车的引擎盖上摇晃，而在凌志车上却平稳得多，说明凌志车具有更可靠的发动机，并提供更平稳的驾驶。

问题：

1. 奔驰公司是否应采取行动回应凌志汽车的挑战？
2. 当企业进行品牌延伸（向上、向下、横向）时，是否应该重新命名？

第十二章

品牌分析

本章要点

1. 品牌分析理论的提出是产品日益同质化、市场竞争日趋激烈的结果。

2. 定位理论在企业营销中的重要意义。

3. 营销史上先后经历了产品至上、形象至上、定位至上三个时代，三种理论有不同的理念和内容。

4. 最有效的定位战略就是在消费者的头脑中争得第一。

5. 定位的基本法则：市场第一，竞争导向，聚焦与舍弃，理念竞争，专有、特有与独创性，占据头脑。

6. 定位中容易出现的误区：求全定位、缺乏定位、定位混乱、过度延伸定位。

1969 年，艾·里斯（Al Ries）和杰克·特劳特（Jack Trout）在美国营销杂志《广告时代》和《工业营销》上发表了一系列文章，首次提出了“定位”这一概念。20 世纪 70 年代，定位观念日趋成熟，发展成较为完善的理论，从而宣告了一个营销新时代——“定位时代”的到来。2001 年美国营销学会评选有史以来对美国营销影响最大的观念，结果既不是广告学大师大卫·奥格威的品牌形象论、营销学之父菲利浦·科特勒所架构的营销管理，也不是战略管理大师迈克尔·波特的竞争价值链理论，而是由艾·里斯和杰克·特劳特提出的“定位理论”。

定位理论的提出是当时整个市场环境变化的结果，并迎合了当时的需要，为企业的实际营销活动给出了理论指导。

第一节 品牌定位理论

一、定位理论产生的背景

（一）产品日益同质化，激烈的市场竞争的结果

“定位”理论的出现是产品爆炸、高度同质化、激烈的市场竞争的结果。品牌极大丰

富，消费者选择越来越多，而他们的选择越来越多地依赖产品、品牌的差异。而产品日益同质化，客观上已经几乎没有差异，需要从主观上创造差异。定位理论应运而生。

市场上同类产品的不同品牌数不胜数，例如，我国市场上的彩电品牌，就有长虹、海尔、厦华、康佳、飞利浦、松下、索尼、创维、TCL 等；再例如，洗发水品牌，较知名的就有飘柔、海飞丝、潘婷、力士、夏士莲、顺爽、舒蕾、沙宣、润发等，更不用说还有许多你不知道的地方品牌、国外品牌。任何一类产品，如空调、电脑、服装、汽车等，都可以列出许多品牌，市场上的产品相对于消费者的大脑而言，不是太少了，而是太多了，他们的头脑已经混乱，感觉无从选择。

对消费者购买行为的研究表明，消费者购买商品越来越多地依赖产品、品牌的差异化。但是目前产品日益同质化，不同品牌的同类产品在性能、质量和价格等方面的差异越来越细微，已经难以从这些方面来区分产品。一种品牌的经营者在极大丰富的、竞争激烈的市场环境下，只有“定位”才能更好地突出自己的品牌，在消费者的头脑中创造出品牌差异化，为消费者购买自己的商品而不是竞争对手的商品提供理由。例如，在杭州娃哈哈集团创立之初，国内市场上的口服液品牌已达 300 多种，娃哈哈把品牌定位于儿童饮品，成功打入了市场，赢得了儿童口服液的霸主地位。

在市场上品牌极大丰富的情况下，产品自身在性能、质量等方面存在的差异确实已经不那么重要了，重要的是通过定位在消费者头脑中创造出来并为消费者接受的差异。例如，宝洁的洗发水品牌，通过定位为不同品牌，锁定了不同的细分市场。“海飞丝”采用海蓝色包装，给人清新凉爽的视觉效果，“头屑去无踪，秀发更出众”的广告语更进一步在消费者心目中树立了“海飞丝”去头屑的心理定位。“飘柔”则从名称上就让人明白该产品使头发柔顺的特性，“含丝质润发素，洗发护发一次完成，令头发柔顺飘逸”的广告语令消费者印象深刻。“潘婷”则用杏黄色包装，给人营养丰富的感觉，“含丰富的维他命原 B5，能由发根渗透到发梢，补充养分，使头发健康、亮泽”的广告语，更使消费者深信“潘婷”的营养特性。宝洁三种同类产品不仅没有自相残杀，反而通过成功的定位占据了不同的市场，三种洗发水品牌都拥有各自可观的市场份额。

市场竞争在经历了产品数量竞争、产品质量竞争，发展到品牌竞争后，竞争集中到了品牌差异化竞争上，而品牌定位也成了竞争的核心。事实上，市场上许多产品、品牌的差异化是通过品牌定位、品牌的有效宣传在消费者的头脑中创造出来的，并不一定就是实际存在的。

（二）产品信息爆炸的产物

定位理论也是信息爆炸的产物。打开电视，每天的广告不断，坐地铁时会看到广告，公交车也成了广告媒体，报纸、杂志更是如此，还有网络媒体。它们虽然能承载非常多的信息量，但是究竟有多少信息能传播到位？大量的信息造成传播渠道堵塞，目前已经是信息爆炸、信息超负荷了，但是信息仍然以难以想象的速度在增加。这存在一个恶性循环，在传播过度的社会里，没有比传播信息更重要的了。品牌竞争力的提升需要借助信息的传播。每个企业、每个媒体都在不断地向消费者的大脑传播产品信息，希望能在消费者头脑中占有一席之地，但是信息越多，人们思维越容易混乱。

如何在这种信息已经超负荷，还不得不继续加大信息传播的环境中确保自己的品牌赢得消费者，打败竞争对手，占据更多的市场份额？产品信息传播过度的社会里，获得成功的唯一希望是“定位”，这好比在一个让消费者头脑已经混乱的二维坐标中，或者是三维坐标中，把自己的品牌定位在某一点上，使消费者在要购买该类产品时，头脑中会从整个比较混乱的坐标中，准确地找到该类产品的位置。产品信息的有效传播需要定位理论的出现。

二、定位理论在营销上的意义

在营销领域存在许多营销理论，对企业的具体营销活动都具有指导意义，难以指出哪个理论是最有效的，这些理论只不过是针对不同的市场环境，从不同的角度提出的，都有可取之处。在整个营销史上，每个理论都有其现实意义。定位理论在营销上也有它独特的意义。

（一）营销战略的STP

定位理论在整个营销中影响重大，市场细分（Segmentation）、选择目标市场（Targeting）与定位（Positioning），并称为**营销战略的STP**。STP是市场营销中的核心内容，是制定营销策略的基础。菲利浦·科特勒把定位提高到了战略的高度，他说：“解决定位问题，能帮助企业解决营销组合问题，营销组合——产品、价格、渠道、促销是定位战略战术运用的结果。”

市场是一个综合体，是多层次、多元化的消费需求的集合体，任何企业都不能满足所有需求。企业根据需求、购买力等因素把市场分为由相似需求构成的消费群，即若干的子市场，也就是细分市场。企业在满足不同细分市场的能力上是不同的，因此应根据企业的具体情况选择规模比较大、增长潜力强、能给自己带来更多利润的目标市场。准确的定位是以目标市场为基础制定的，旨在目标消费者心目中占据一个有利的位置，提高顾客忠诚度，增加市场份额。将企业的每一项营销活动都看成一次品牌的传播，它将向企业、同行业竞争者和最终消费者传递品牌的定位信息。定位是核心，任何品牌传播活动，形象也好、促销也好、平面也好、代言人也好、事件行销也好，都是为定位服务的。

（二）品牌定位是强有力的策略性营销，是品牌构建的第一位工作

在“同化时代”，消费者头脑中“怎么想”是一个关键的不同点，定位用策略性的语言为消费者选择你的品牌而不是竞争者的品牌提供了竞争性的理由，品牌定位是希望消费者感受、思考、感觉你的品牌不同于竞争对手品牌的有效方式。

定位有助于满足消费者的价值取向，尤其是象征性的产品。豪华的轿车、高档的瑞士手表已经不仅仅是消费品，更是地位、成功的象征。定位可以赋予一个品牌更深刻的内涵，是品牌构建的第一位工作。

定位理论改变了市场游戏规则，广告和营销的旧时代一去不复返。定位打破了以往营销传播由内向外的框框，由外而内的思考方式决定了它是更高层面、战略性的安排。它的目标是消费者头脑中的位置，而不是具体的产品、品牌，定位是更长期的行为。这就决定了在营销活动中，USP、品牌形象论等理论都服务于它。定位理论是立足于战略层面的理论，是更加高瞻远瞩的营销策略。

（三）品牌定位是寻找品牌形象与目标市场结合的有效途径

每种产品、每个品牌都不可能满足所有的消费需求，寻求人人满意是不可能的，只能

根据一定的细分标准进行市场细分，然后根据企业自身情况选择利润空间、经济效益最大的细分市场，作为目标市场。

可以说，品牌定位是建立一个与目标市场有关的品牌形象的过程与结果，它首先执行了品牌识别，而且切中目标消费群，同时可以创造出差异化的优势。它是以竞争导向为基础的，选择消费者心目中十分重视但又未被竞争品牌占据的一个位置，挑选出和竞争对手不一样的活动，并为消费者提供一套独特的价值。但它不一定完全体现品牌识别与品牌核心价值，如干净与清洁绝对是“必胜客”品牌识别的重要部分，但却不能成为它的品牌定位，因为干净与清洁并不能将必胜客与其主要竞争对手（如肯德基、麦当劳）区别开来。所以“必胜客”的品牌定位于“正餐”，比较高的定价，比较长的等待时间，先用餐后付款，还可以得到“吸烟”的享受，以此完全区别于麦当劳与肯德基。品牌定位传达给消费者该产品为什么好，好在什么地方，以及与竞争对手的不同点。具体的定位语言必须是简单的、清晰的、差异化的。

有效的市场细分是定位的基础，成功的定位必须是针对目标消费群的，致力于在目标消费者头脑中留下深刻的印象，占据独特的位置。目标市场选定后，所有的营销活动都必须紧紧围绕目标市场展开，都必须为满足目标消费者的需求，争取更大的市场份额服务。消费者的购买选择越来越多地依赖品牌间的差异，定位是塑造品牌形象、创造品牌差异的有效途径。定位理念的来源如果是目标消费者的头脑中已经存在的观念、想法，通过定位理念的宣传塑造出来的品牌形象就可以与目标市场相吻合，就更能激发潜在消费者的购买欲望。

（四）有助于区分、记忆品牌，是进占市场、拓展市场的前提

定位是对顾客的头脑做的事，准确的定位可以在消费者的头脑中创造出差异来，有助于区分不同的品牌，塑造品牌个性。尤其是通过定位使品牌在消费者头脑中占据了一个独特的、尚未被竞争者占据的位置后，就很难再被其他品牌夺走。当产品客观上几乎没有差异时，就需要从主观上创造差异。例如，“海飞丝”定位为去头屑洗发水，就可以使自己有别于众多的其他功能的洗发水。同时，在同类产品信息泛滥的市场环境下，消费者面对着无数的产品、品牌信息，而大脑接受信息的容量非常有限，定位可以向消费者的大脑传播简单、差异化程度非常明显的信息，有助于品牌记忆。

品牌定位的目的就是要将各品牌的差异化表现出来，差异化就是强大的竞争优势，差异化就是强烈的购买理由，不可模仿、不可移植的差异化就是品牌的核心竞争力。一个消费者面对两种不同的品牌要做出购买决策，选择的依据就是品牌在他头脑中已经形成的差异化，如质量、口味、包装、促销、广告、品牌文化等，这种差异化最终要通过消费者对品牌定位的理解表现出来。

（五）提升竞争力的有效途径

目前市场上产品、品牌竞争激烈，为了在竞争中获胜，每个企业都在不断地想方设法提升自己的竞争力。所谓竞争力，一定程度上讲就是不容易为他人所模仿的、独一无二的能力。如果很容易被他人模仿，你所拥有的竞争力也就很容易丧失。无论是产品还是品牌，通过定位在消费者头脑中占据独一无二的位置，尤其是那些占据了第一的位置的产品、品牌，当消费者想要购买该类产品时，首先想到的就是这类品牌，在与其他品牌的竞争中就会处于明显的优势地位，更容易击败竞争对手。竞争力不在于企业实力、企业规模，而在于市场份额。争取市场份额，就要征服消费者的头脑，让消费者认可，成功的定位是竞争优势的主要来源。

重要的是，通过定位可以选择竞争对手，选择战场，把战场转移到自己的优势所在，也就是提升了自己的竞争力。“七喜：非可乐”，通过这一定位，七喜避开了可口可乐、百事可乐这两大强势的竞争者，转移到与雪碧、美年达等弱势的竞争者的竞争中。

第二节　品牌定位时代

一、三个时代的对比

营销史上先后经历了产品至上时代、形象至上时代、定位至上时代。在不同的时代，基本的营销理念是不同的，企业在实际的营销活动中也就有了不同的内容。并不能说哪个时代的营销理念就是最好的，只是因为营销的整个环境是不断变动的，所有的理论都是针对当时的市场环境提出的，都是那个时代的产物，在营销史上都有它们存在的价值。

产品至上时代的商规是“坚持独特的卖点”，但独特卖点的独特性却因为产品日益同质化、竞争性加剧而难以发挥功效。形象至上时代的教条是“增加感性利益，塑造品牌形象”，但感性利益的实质也是形象的差异，形象充其量只是“怎样说”而已，感性利益却因为形象太多而难以区别。营销领域开始寻找能够创造和巩固差异化竞争优势的理论，这就是定位理论。

定位理论在提出之初主要用于广告领域，目前已经远远超出了广告而进入更为广阔的营销领域。以往的 USP 理论、品牌形象论都是围绕产品或公司进行的，而定位理论不仅适用于产品、公司，而且也适用于每个个人、一项服务、一个机构、一个国家，甚至是政治的、宗教的、组织的各方面。定位理论成为营销战略理论框架中的一个核心概念，成为整个营销专业知识中最富有价值的战略思想之一。产品定位的三个时代的比较具体如表 12－1 所示。

表 12－1　　产品至上时代、形象至上时代、定位至上时代的比较

比较项目	产品至上时代	形象至上时代	定位至上时代
产生时间	20 世纪 50 年代	20 世纪 60 年代	20 世纪 70 年代以来
核心理念	强调产品具体的特殊功效和利益	致力于塑造品牌形象，创造品牌差异	寻找头脑中的“空子”，创造心理位置； 强调头脑中的第一
方法和依据	实证	精神和心理上的满足	在顾客头脑中占据的独特位置
立足点	产品自身	艺术、视觉的效果	头脑中的认可

二、营销理念分析

（一）产品至上时代

20 世纪 50 年代，R. 雷斯的 USP 理论迎合该时代的特征而产生。当时，市场处于竞争初期，产品品种较为单一，同类同质商品少。企业重视产品自身的功能、质量、属性等，市场竞争主要通过产品本身的性质特点及功能利益造成的差异性来实现。R. 雷斯的 USP 理论强调在任何传播活动中，以某一独特诉求点征服特定消费群，这很快成为营销理论的主流理念。USP 理论的基本要点是：

（1）必须让消费者感受到产品的一个独特的主张，让消费者明白，购买该产品可以获得什么样的具体利益。

（2）独特的销售主张必须是竞争对手没有的，难以模仿的，必须有其独特之处，是独一无二的。

（3）所强调的主张必须能激发消费者的购买欲望，为他们购买自己的产品提供一个理由。

在这一理论指导下，营销人员的主要任务就是不遗余力地找出 R. 雷斯所说的独特的销售主张。

在产品至上时代，由于信息的不对称，先进技术可以使产品在物理属性功能上具有差异化，许多产品通常都包含一项独特的技术或者设计，实现差异化的功效。企业都在强调产品的“独特卖点”。例如，m&m's 巧克力，就以“只融于口，不融于手”为卖点，从众多巧克力中脱颖而出，奠定了糖衣巧克力的头号品牌地位；著名的高露洁牙膏，承诺“清洁牙齿的同时，清新口气”；万宝路推出第一支过滤嘴香烟；乐百氏提出“27 层净化”。

到了 20 世纪 50 年代末期，随着科技的飞速发展，各种替代品和模仿品不断涌现，产品种类越来越多，趋向同质化，很难找出产品独特的销售主张。产品至上时代已经难以适应市场环境的变化。

（二）形象至上时代

随着商品逐渐趋向同质化，在许多产品大类中，技术不再是壁垒，起码在顾客头脑中已经难以形成差异。现在，所有的牙膏都预防龋齿，所有的新车驾驶都非常舒适，所有的洗衣粉都能洗净衣服，所有的空调都能调节室温……这时，顾客开始注意追求产品功能之外的满意和满足，要求品牌提供更多的感性附加价值。奥格威从威士忌、香烟、啤酒等同质化最严重的商品中得到启示，发现“品牌和品牌的相似点越多，消费者选择品牌的理智考虑就越少”，认识到“最终决定品牌市场地位的是品牌总体上的性格，而不是产品间微不足道的差异”。品牌要建立起良好的、独特的形象，才能更好地、稳定地吸引消费者的关注与购买。

产品至上时代过时，取而代之的是形象至上时代。这一时期，产品之间差异性缩小，同类同质产品充斥市场，通过产品自身的功能、质量、属性来区分变得十分困难。随着生活水平的提高，消费者的观念也发生了转变，更重视心理上的满足。20 世纪 60 年代，D. 奥格威提出了品牌形象论，很快被广泛接受和采纳。其基本要点是：

（1）所有的营销活动都必须致力于塑造品牌形象，具有并且维持一个高知名度的品牌形象是最主要的目标。

（2）塑造品牌形象是一项长期投资，致力于长远的发展，为了维护良好的品牌形象，甚至不惜牺牲短期经济效益。

（3）产品种类增多，差异性减小，品牌之间的同质性增大，单纯强调产品自身的具体功能已经难以吸引消费者。在消费者心目中树立良好的品牌形象，满足消费者的心理需求，要比强调产品的具体功能特征更重要。

在形象至上时代，树立品牌形象、公司形象仿佛成了占领市场的利器。形象传播赋予品牌生命。品牌塑造是区分同质产品的有效办法，而品牌形象就是品牌塑造的终极表现方式，也是不同品牌争夺消费者最有力的武器。

品牌塑造是一个长期过程，一个品牌很难在市场中迅速占有竞争优势，品牌的完整塑造不能急功近利。品牌的塑造是长期的产品品质管理与创新、市场经营与管理一点一滴积累出来的，并且要不断依据市场反应进行修正，使之不偏离品牌的深层含义。企业的营销活动要通过产品的个性、标志、品质、包装、质量、功能、款式、服务、广告、企业的公共形象等塑造品牌形象，实现品牌差异化，提升品牌综合竞争力，使品牌呈现出不同的生命力而对购买者施加影响。

（三）定位至上时代

随着竞争进一步加剧，产品日益同质化，具有高度相似性，信息量也急剧增加，各种信息相互干扰。品牌形象论已经不能解决所有问题，艾·里斯和杰克·特劳特有预见性地宣告了定位时代的到来。此时，独特的技术、创新的产品已经不再是成功的关键，重要的是通过深入调研寻找未被其他品牌占据的市场空位，占据潜在顾客大脑中独特的位置。

定位理论的基本主张是：

(1) 致力于使某一品牌、公司或产品在消费者心目中占有一席之地，占据尚未被其他品牌占据的大脑空间。

(2) 寻找市场空子，捷足先登，第一个占据消费者的头脑，获得“第一”。“第一”对大脑的冲击力是巨大的。

(3) 定位并不是要对产品做的事，而是要对消费者的大脑做的事，并不是要指出产品的特殊功能利益，而是要创造出心智差异，获得一个心理位置。

(4) 定位以有效的市场细分为基础，要针对选定的目标市场，目标消费群头脑中已有的观念是定位理念的来源，千万不要试图改变消费者头脑中已有的观念。

由于定位理论对整个营销的重大影响，定位已经上升到战略的高度，成为与市场细分、目标市场选择并列的营销战略基本要素之一。

第三节　品牌定位的基本思想

品牌定位思维的精髓是全面深入地了解预期客户的头脑，针对预期客户头脑中现有的观念，在众多的品牌信息中，选择准确的定位角度，通过定位，使自己捷足先登，第一个占据他们的头脑。品牌定位不是你对产品要做的事情，而是你对预期客户要做的事情，即要在预期客户的头脑里，利用定位口号，寻找他们头脑中确实存在的“空子”，也就是市场机会，然后给产品定位，旨在确保该产品在预期客户头脑里占据一个真正有价值的位置。

一、定位的基础——消费者的大脑

给品牌定位时，定位角度的选择可以是产品自身，如产品的特色、性能、质量；也可以是企业本身，如企业的规模、企业的历史；还可以是竞争对手，如迎头定位、避强定位。但是在产品爆炸、信息爆炸的时代，最有效的定位角度是基于消费者大脑的定位。在企业的品牌定位策划中，不要在产品里，甚至不要在你自己的大脑里寻找解决问题的办法，而要在预期客户的大脑里寻找解决问题的办法。

人的大脑是市场营销的最终战场，也是定位理念的根源，要想在市场竞争中获胜，就必须深入了解这一最终战场。

（一）大脑中存在一个防御机制

人类的大脑有一个针对现有信息量的防御机制，只接受与大脑内部已有信息相称的新信息，其他的都会一律过滤掉。要想穿越这个防御机制，你就必须传递能够被他们理解的信息，如果你传递的信息对顾客来说，是不能被他们理解的，或不能被他们准确理解，它就不是真正意义上的信息。因为人们有一种根据自己头脑中已有的观念对信息进行错误理解和解释的倾向，就可能把你要传递的信息过滤掉，所以必须想办法穿越大脑的防御机制。

消费者总是更加关注那些他们早就感兴趣的事物或者观点，他们过去的经历、记忆、生活片断也会影响他们对信息的选择，一般只接受同过去自己头脑中早已理解的事物相关的信息。在传播过度的社会里，通过大脑屏障的最好的办法是，传送极其简单的信息。所以在宣传定位理念时，必须消除歧义，简化信息，以极其简练的精华之语占据消费者的大脑，如达美乐的“半小时送到”。阻碍你所传递的信息发挥作用的是传播量，传播极其简单的信息这一定位概念可进一步发展成“一词占领头脑”理论，如沃尔沃汽车公司用的是“安全”这个词。

（二）大脑中有一组产品阶梯

要认清品牌在消费者头脑阶梯中的位置。大脑是有选择性的，我们的记忆也是有选择性的，不能记住所有接触过的信息。每天电视上会播放很多广告片，每份报纸杂志上有很多信息，网络上也有很多信息，消费者为了应付信息爆炸、产品爆炸，人们不会记住所有见过的品牌，也无法都记住，因此人们会在头脑里给产品和品牌分类，形成一组阶梯，每个阶梯代表一类产品，每层上有一个品牌。当让你说出几种牙膏品牌、洗衣粉品牌、服装品牌、化妆品品牌、计算机品牌时，你首先会想到某几种品牌，某个品牌排第一，某个排第二等，这也就是你自己头脑中的阶梯。企业必须弄清自己的品牌在顾客头脑中的阶梯上的位置、竞争对手的位置，这样才能采取相应的定位策略。

（三）大脑憎恨混乱，需要简化、精练的信息

广告、电视、杂志、报纸等有多少信息能传播到位呢？大量的信息造成传播渠道堵塞，但是信息仍然以难以想象的速度在增加。我们在解决品牌定位问题时，拥有的信息不是太少，而是太多了。但是这又存在一个恶性循环，在传播过度的社会里，没有什么比传播信息更重要的了，品牌定位的成功需要借助信息传播。如何在这种信息已经超负荷，还不得不继续加大信息传播的环境中确保品牌定位的成功，关键是要在众多的需要传播的信息中做出牺牲，凭借最简化的、最关键的信息抢先于竞争对手占领消费者的头脑，简化、精练的信息更容易占据头脑。

在信息爆炸的时代，大脑需要的是简化、精练的信息，憎恨混乱。但是要从过多的产品信息中找出真正有用的信息，简化成精华之语传递给消费者，绝非易事。目前企业要了解消费者头脑中的想法，最常用的方法是市场调查，但是市场调查真的就可靠吗？一次市场调查的确可以收集到许多信息，但是其中对品牌定位来说真正有价值的信息有多少呢？最多只有5%，但是难点在于如何找出这5%的信息来支持品牌定位的策划。不要被调查数据所迷惑，因为你的顾客不可能把所有的答案都告诉你。获取的数据，一部分是矛盾的，更多的是错误的，最多的是值得怀疑的。调查的目的是获取有用的信息，而不是为了支持自己头脑中已有的想法。

调查可以获得许多信息，但是真正需要做的是过滤过多的数据，而把精力集中在最重要的信息上，向消费者传送简化、精练的信息反而是最有效的。只向消费者传送必须传送的信息，只让他们知道他们最应该记住的信息。

二、品牌定位的基本思想

定位理论已经成为营销领域战略高度的理论，对企业的营销活动有重要的指导意义。虽然许多企业都采用了该理论，但是目前缺乏准确适当的定位仍然是许多企业的发展瓶颈。要想成功地定位并不容易，首先必须了解定位理论的基本思想。

（一）在消费者头脑中争得第一才是最有效的定位战略

你不必是第一个进入市场的，但是你必须是第一个进入消费者头脑的，这才是最有效的定位战略。

在一个传播过度的社会里，进军大脑的捷径就是捷足先登进入并占据大脑。现在市场上同类产品的品牌如此之多，对消费者来说又存在严重的信息不对称，他们不可能知道市场上同类的产品究竟有多少不同的品牌，也无法知道每个品牌是哪个公司生产的，什么时候进入市场的，质量、性能、信誉如何，所以现实中存在的许多东西对他们来说并没有意义，真正有意义的是哪家公司的哪种品牌第一个在消费者头脑中留下了不可磨灭的印象，在他们的头脑中占据了一个无法为其他竞争对手抢占的位置。所以，你是不是第一个进入市场的并不重要，但你必须是捷足先登第一个占据消费者大脑的，才能在竞争中获得优势。“统一”方便面比“康师傅”方便面更早进入市场，但是第一个在电视上做广告的方便面是“康师傅”，那是1992年7月，而“统一”是在1992年11月开始做广告的。通过广告，“康师傅”在消费者头脑中占据了更重要的位置，赢得了更多的市场份额。因此，要只争第一，走在别人后面可能永远不能翻盘。

“第一”对大脑的冲击力是巨大的，第一个占据大脑的公司名称很难再从记忆里抹掉，如照相机业的柯达、饮料业的可口可乐，而且“第一”带来的市场机会也是巨大的。第一个进入人们头脑的品牌所占据的市场份额通常是第二个品牌的两倍、第三个品牌的三倍。使公司更强大的不是规模，而是市场份额。“当第一胜过当更好的”是迄今为止最好的定位理念。现在，社会已经进入定位时代，产品爆炸使得光靠发明或发现新产品是不够的，甚至没有它也可以，但你必须第一个打入预期客户的头脑，这就需要选准定位角度，制定合适的定位理念，使你成为第一。如果不能在某一方面争得第一，那就设计出一个能使你成为第一的策划。

寻找市场空位，占据未被其他品牌占据的消费者的大脑空间。要想“在人们头脑里留下不可磨灭的信息”，首先需要的根本不是信息本身，而是一个纯洁的大脑，一个未受其他品牌占据的大脑。如果市场上已有一个强有力的头号品牌，假如你不是第一个进入人们头脑，假如你不是柯达、可口可乐（目前为止，还没有哪个公司可以直接与其正面竞争），你就会遇到品牌定位问题，必须寻找空当，即在预期客户头脑里“找空子”，也就是可以使你成为预期客户头脑中在某方面是第一的定位角度，也就是要在消费者头脑中寻找一个还没有被其他品牌占领的空间，但是这一市场空子必须是消费者头脑中确实存在的，而不是你头脑中存在的空子，或者是你认为消费者头脑中应当有的空子。

（二）定位是针对消费者的大脑做的事情

定位不是你对产品做的事，而是对消费者的大脑做的事。在市场竞争中，从一定意义上讲，你要战胜的不是其他的竞争对手，而是占领顾客的头脑，这才是最终的胜利。定位本质上并没有对产品做出任何变动，而是对顾客的头脑所做的事情。茶饮料的成功已经使得其他非碳酸类饮料的需求呼之欲出，白领女性是果汁市场最主要的消费群体，而女性消费者的第一关注要素是美容，这就是消费者头脑中确实已经存在的信息，定位就要以此为基础。只有你的定位理念传递的信息能征服消费者，在消费者的头脑中留下深刻的印象，才能真正成功。例如，“统一鲜橙多，多喝多漂亮”，尽管并非先发品牌，统一企业仍获得了果汁市场上的领导地位，就是因为它所宣传的定位理念与消费者头脑中已经存在的观念相一致。

可口可乐公司为了适应消费者对甜味更加偏好的需要，倾向于新可乐“口味”的变化，决定投放“新可口可乐（New Coca-Cola）”，并停止生产老可乐，但是这一营销策略给可口可乐带来了沉重的打击。可口可乐是以其最独特的口味第一个占据消费者头脑的可乐，一旦留下了深刻的印象，就难以再有改变的机会。不要企图与消费者头脑中已有的观念作对，也不要试图去改变消费者头脑中已有的观念。明智的做法是全面了解在消费者头脑中的整体印象，找出自己的优势，一旦准确定位就不要轻易放弃，一旦偏离，就要尽快回到原点。

人们的头脑是阻隔当今过度传播的屏障，大脑只接受与先有知识或经验相适应的信息，企图改变人们大脑里已经存在的想法的定位是绝对不会成功的。你看见的是你想看的东西，你听见的是你想听的东西。如果推出“白猫牌”化妆品，大脑里总觉得涂在脸上不会舒服，总觉得会有洗衣粉的感觉。永远不要与消费者头脑中的观念作对，因为定位是对消费者头脑做的事。

（三）选准定位路径或角度

从自身优势的角度、从产品角度或从竞争对手的角度寻找答案，也是一种很好的方法，但最有效的方法是基于消费者角度的定位，从局外的角度而不是局内的角度考虑问题。不是在自己的大脑中或从产品的角度寻找问题的答案，而是在顾客大脑中寻找问题的答案。要真正把握消费者的思想，真正了解他们的大脑，绝非易事。首先必须搞清楚消费者大脑中存在的五个心理因素：大脑的有限性、大脑憎恨混乱、大脑的不可靠性、大脑不会改变、大脑不能丧失焦点。

定位是一种逆向思维，它不是从你自己开始，而是从预期客户头脑里的观念开始。在一个传播过度的环境中，要改变人们头脑中已有的观念几乎是不可能的，消费者总是相信自己头脑中的观念才是正确的，只接受与他们头脑中已有信息相关的信息，其他的信息都会过滤掉。定位中，与其想方设法改变消费者头脑中已有的观念，不如去发现他们头脑中的观念。要坚持消费者立场，全面了解自己的品牌在消费者头脑中的整体形象，了解自己和竞争对手的优势和弱点在哪里，了解消费者最想从某类产品中获得什么利益。例如化妆品，消费者可能希望其具有增白功能，或者是滋润功能；再如食品，女性希望其营养又不会使人发胖。所以在定位时就要深入考虑消费者头脑中的这些信息，而不应想当然地从自己头脑中的信息出发。例如，你可能认为推出食品重点应在味道上，所以定位在绝对美味可口上，但是却可能难以吸引消费者，从而导致失败。

（四）针对目标市场，满足该品牌的“关键顾客”“最有价值的顾客”

每个品牌都不可能满足所有顾客的需求，必须依据一定的标准进行市场细分，选择最具潜力的和最适合自己品牌的目标市场。品牌定位应将焦点集中在这个选定的狭窄的目标上，在消费者的心智上下工夫，要在他们的头脑中创造出一个独特的心理位置。定位的前提就是有效的市场细分，所以定位必须有某种程度的集聚，焦点集中在狭窄的目标上，但同时必须是意义并不太狭窄的诉求，诉求的目标消费者并不是狭窄的群体，否则，经济效益就不明显，企业就难以生存。

可口可乐一旦离开了饮料业，就不会有现在的成绩。柯达涉足制药业，竞争力显然不如专营药品的企业。选准自己品牌的目标市场，致力于满足“关键顾客”的需求，在他们头脑中占领一席之地，就能给自己带来丰厚的经济利益。

但是，品牌定位不是选择目标市场。定位的确是以目标市场为基础的，是在了解目标消费群头脑中的观念后制定的，但是品牌定位并不是为了选择目标市场，并不是把自己的市场仅仅限制在目标市场上。例如，海尔从做电冰箱起家，将定位的概念牢牢锁定在了服务上，并以此延伸到了其他家用电器领域，海尔的服务理念并不仅仅是针对电冰箱消费者的。百事可乐定位于“年轻人的可乐”，但是实际的消费者中却有很大一部分是中老年人。

（五）不可忽视品牌名称的威力

为了应付产品爆炸，消费者学会了在头脑中给产品和品牌分类，形成一组组的产品阶梯。名称是把品牌挂在预期消费者头脑中的产品阶梯上的钩子，因此最好给产品取一个可以引出定位理念的名称，如“飘柔”洗发水，“锋利”剃须刀，好名字是长期成功的最好保障。并不是所有的公司都能承担毫无意义的名称带来的风险，“可口可乐”“柯达”这样的名称，只有当你是第一个以新产品或新理念进入消费者头脑的才会成功。只有当你的产品是全新的又是广大消费者急需的，而且名字也是第一个进入消费者头脑的情况下，才有条件取一个毫无意义的名字。

实际上打入顾客头脑的根本不是产品，而是产品的名字。取名字的时候要从多种语言考虑，要在多种语言环境中都有意义，易读、易写、易记。“Coca-Cola”就是成功的范例，读起来朗朗上口，在中文中可以直接翻译成“可口可乐”。取名字要注意延伸陷阱，用在某一类产品上成功，用在公司其他类产品上可能就不合适了；更不要经常在新产品上无限制地沿用成功产品的名字，而只是加一些“复方”“新一代”“第二代”之类的字眼。

好的名称是塑造品牌、占领消费者头脑的有力工具，如以读音取胜的“可口可乐”、世界上通用的“索尼”品牌、音译与意译结合的“金利来”、功能与情感定位的“雀巢”、激发人们联想的“柯达”等。“红豆”商标，创意巧妙独特，“此物最相思”勾起人们需要幸福的感觉，从而为其打开市场奠下了一块基石。而“白象”电池，质量虽属上乘，但其商标创意的显著性、艺术性并不明显，与产品特点结合也不十分紧密，尤其重要的一点是，在英语中，“白象”被喻为“昂贵而无用的东西”，这几乎关上了“白象”走向世界的大门。绝不可忽视品牌名称的威力，一个好的名字有时候是品牌成功的关键。

（六）转移到具有竞争优势的战场上

成功的定位可以实现竞争战场的转移。最典型的例子是“七喜：非可乐”，七喜采取这一定位是因为认识到可口可乐、百事可乐在可乐类饮料中的强大竞争优势，与它们正面竞争七喜是不可能取胜的，只能侧面进攻。通过这一定位，把自己定位在“非可乐”，这就可以避免与可口可乐、百事可乐两大劲敌的竞争，但是也使自己必须面对与雪碧的竞争。当你采取某种定位时，可能面对的是这部分竞争对手，改变定位策略后，可能就必须面对另一部分竞争对手，从这个意义上讲，你可以主动选择竞争对手。为了在竞争中获胜，要找出自己的竞争优势，通过定位把战场转移到自己具有竞争优势的地方，选择弱势竞争者，避开强势竞争者。

定位是针对消费者的头脑做的事，同时必须采取竞争导向，对自己的品牌进行定位是为了与其他品牌竞争，提升自己的核心竞争力，击败竞争对手。定位过程中必须了解自己的竞争对手是谁，对手的强势是什么，强势中的弱势是什么，定位不能只是单纯地从自身产品出发，而要从自己的规模、实力、优势出发。

第四节　品牌定位的法则及应注意的问题

许多原本实力强大的公司在发展中却被市场淘汰，这可能不是竞争力的问题，也可能不是产品质量的问题，问题出在市场营销上，出在违背了基本的定位法则。错综复杂的营销环境仍然是有规则可循的，违背了这些规则就意味着拿自己企业的命运去冒险。

一、定位的主要法则

（一）市场第一法则

“只争第一，而不是更好。”人们总是将第一种产品当作是最好的，要想使自己的产品深入消费者的头脑，那么就应当想办法使自己成为某一方面的第一，而不是提供比市场上已有产品更好的产品。许多人误以为市场营销的基本任务是使潜在顾客相信你能提供更好的产品或服务，实际上最重要的是创造一类能使你成为消费者头脑中“第一”的产品，当“第一”胜过当“更好”。“第一”对顾客头脑的冲击是巨大的，“第一”带来的市场份额与“第二”相比绝不仅仅相差一点，“第一”对一种产品来说就是巨大的竞争力。

可乐业的龙头老大可口可乐，与百事可乐竞争这么久，胜的仍然是可口可乐。在任何种类的产品中，领先的品牌几乎总是那些最先进入顾客头脑的商标。通用电器公司的成功是显而易见的，因为它的各个品牌均以专家的姿态出现并处于领先地位，如它的“厨房帮手牌”洗碗机领先洗碗机行业，“美泰克牌”洗衣机领先于洗衣机行业，“日光牌”熨斗领先于电熨斗行业，“皇庭牌”搅拌机领先于搅拌机行业。但是一个公司不可能成为各方面的专家，人们对专注于特定业务和产品的公司印象深刻，他们将这些公司理解为“专家”，认为他们有超过一般的知识和专业技术。

（二）竞争导向法则

定位在本质上是一种“对抗性”战略，对公司或品牌定位是为了对抗其他公司或品牌。为顾客创造价值已经是过时的观念，单单满足消费者的需求是不够的，你还得给竞争对手以有力的打击，此时企业需要的是竞争导向的思维方式。这不仅不是对“顾客是上帝”的否定，反而是在市场营销层面上的一种升华。当今市场营销的本质，是与竞争对手在对垒中如何以智取胜，以巧取胜，以强取胜。必须时常探测你的对手在策划什么，据此重新定位。通过定位把战场转移到自己的优势所在地。

要弄清竞争对手的强势在哪里，如何才能把它的强势变成弱势。可口可乐是具有百年历史的老产品，它的配方目前为止只有 7 个人知道。百事可乐发现可口可乐绝对强势中的弱势——既然正宗，那么就是年代悠久，年代悠久既可以理解为优点，又可以理解为年长，甚至就是“老”这个缺点。百事可乐针对可口可乐给自己定位，使自己成为新一代人——百事一族的选择，确定了“年轻人的（可乐）”的定位核心。

（三）聚焦与舍弃法则

舍弃不关键的信息，才可突出重点。敢于牺牲某些利益诉求点才能聚焦某一点，成为第一。市场营销中最强有力的战略是通过定位将焦点集中在一个简单的名词或概念上，在潜在顾客头脑中拥有一个独特的概念，一个独特到无法被其他品牌取代的程度，聚焦某一点要胜过同时兼顾两个、三个甚至四个方面，这是市场营销中所做出的最大的牺牲，也是最大的成功。

在产品信息过度传播的环境中不被其他品牌的信息淹没的办法就是集中力量于一点。换言之，就是要做出某些“牺牲”，首先，要放弃某些利益或市场，选定某些能给你带来最大利益的细分市场，定位要以选定的目标消费群为基础；其次，要放弃某些产品属性、功能，每类产品都有多种属性、功能，如食品的“营养”“绿色”“低脂肪”“美味”，搞清楚自己想要通过该品牌的哪种属性、哪个信息占据消费者的头脑，你想要满足哪部分目标消费者的需求，选定之后，必须做出牺牲，舍弃某些不关键的产品信息，在定位宣传中向顾客传送极其简单的信息。沃尔沃（Volvo）定位于安全、耐用，而放弃了对外观、速度、性能等利益的诉求。舍弃某些信息、一定程度上就等于放弃了那部分市场，这也是为什么许多产品在定位宣传中始终不愿舍弃某些信息，把该产品所有可能有的功能都告诉消费者。这实际上并没有对产品定位，太多的产品信息反而使消费者不知道你的产品究竟是什么样的，有什么功能。不愿舍弃某些市场，却可能使你无法赢得任何一个细分市场的消费者，得不偿失，所谓有失才能有所得。

为了克服这种不愿舍弃某些信息去聚焦于某一点的心理，可以借鉴宝洁的经验。宝洁建立了允许自己品牌跟自己品牌竞争的品牌管理系统，如宝洁的洗衣粉品牌就有 9 个，通过定位赋予了差异化。Tide：强调洗涤能力强；Cheer：强调洗涤能力强且不褪色；Oxdol：强调能使衣服变白；Cain：加酶洗衣粉，气味清新；Bold：加了植物柔软剂，柔软无静电；Ivory show：品质柔和，适合洗婴儿衣服；Draft：适合婴儿衣服、尿布；Dash：超值产品，洗的同样干净且便宜：Era：专去顽固的污渍。洗衣粉有许多属性，宝洁的 9 个品牌都定位在某一点上，舍弃其他属性，可赢得这一细分市场的消费者，同时 9 个品牌又使宝洁没有失去争夺所有洗衣粉市场的机会。

（四）理念竞争法则

市场营销一定程度上是理念的竞争，而不仅仅是产品或服务的竞争。在营销世界中，并不存在最好的产品或服务，只有存在于潜在顾客头脑中的理念。创造出可以为消费者所接受的理念或者发现消费者头脑中已经存在的理念，实际上就相当于发现了一个新的市场。但是决不要企图改变消费者头脑中已有的理念来迎合你的品牌定位，迫使他们接受你的定位理念，这几乎是不可能的，也是最愚蠢的做法，消费者总是坚信自己头脑中的理念才是对的，很少会承认自己是错的。

在消费者心目中，海飞丝是“去头屑”的代名词，达美乐的“半小时送货上门”和沃尔沃的“安全”理念也深入人心。你销售的汽车如果要与沃尔沃竞争，实际上就是与“安全”这一理念竞争，如果在这一理念上输了，你就没办法赢沃尔沃。软饮料的竞争也是理念竞争，而不是饮料本身的味道之争。可口可乐公司曾经推出了一种新口味的可乐，20 万次的味道测试证明，新可乐比百事可乐味道好，而百事可乐又比原始配方的可口可乐味道好，然而在软饮料的竞争中，获胜的是原始口味的可口可乐。

任何产品都不是生产企业自身生产出来的，生产企业与广告、定位等其他营销活动共同生产出完整的产品。当产品客观上不存在差别时，就需要从主观上创造、形成差异。定位并不改变产品本身的任何属性、功能，但是却可以为产品塑造一个理念，赋予它灵魂，使其区别于其他品牌。

（五）专有、特有与独创性法则

两种不同的品牌不可能在顾客头脑中共同拥有同一个定位理念，因此要避免定位雷同。当竞争对手已经在顾客头脑中形成某种理念，占据了某一位置时，你想用相同的理念去赢得顾客，结果只会是徒劳。不要使用其他公司正在拥有的定位理念，仅仅因为你看到了它的定位理念为其带来了巨大的经济效益，就去追寻已为他人拥有的理念，这绝不会成功。定位时要去寻找市场空隙，寻找未被其他品牌占据的大脑空间，为自己寻找一个独特的定位理念。沃尔沃已经以“安全”占据了顾客的头脑，其他品牌的汽车在定位中如果仍然从“安全”这一点出发，就很难成功。应从“安静”“速度”“省油”等角度考虑，在顾客头脑中占据另一个独特专有的位置。

定位理念关键在于独特、创新性，头脑中同一理念难以代表两个不同的品牌。不要试图在消费者头脑中与已经占有绝对优势的品牌争夺它的定位理念，而要寻找“空隙”，寻找自己独特的、尚未被其他品牌使用过的定位，在消费者心目中成为第一，让该理念归自己专有。佳洁士牙膏已经拥有了“防蛀牙，坚固牙齿”的定位理念，那么其他品牌的牙膏最好放弃这一理念，选择其他的定位，如清新口气、治牙疼、去牙垢、中草药牙膏等。

定位要求独特、专有，但是不应集中于像“质量”这样没有意义的概念上，或者说当顾客认为“质量”已经成为产品本身应该具有的属性时，定位在高质量上实际是没有意义的，这时就算其他品牌没有使用“高质量”定位，就算为你专有也不会成功。例如，宣传自己销售的手表跑得非常准时，这相当于根本没有定位，这不会在顾客头脑中留下独特的印象。

（六）占据头脑法则

捷足先登进入潜在顾客的头脑，要胜过抢先进入市场，第一个进入顾客头脑便是市场营销的一切；至于首先进入市场，只有当它有助于使你深入顾客头脑时才有意义。例如，大型计算机市场上，IBM 并不是第一，但是通过市场营销活动，它在消费者头脑中成为了第一个大型机算机企业。进入人心比进入市场更重要，某种印象一旦形成就很难改变，目前仍然没有哪个计算机企业能抢占 IBM 在顾客头脑中的位置。

你的品牌在顾客心目中的整体形象，与竞争对手相比的优势和弱点，在产品阶梯中占据的位置，还有哪些确实存在的“空隙”，以及如何定位，定位在哪一点上，所有的答案都在顾客的头脑中，而不在你自己的头脑中。

定位最终的目的是征服消费者的头脑，在头脑中成为某一方面的“第一”，占据一个难以被其他品牌夺走的、无法被取代的位置，让该品牌深植于消费者的头脑，一旦有相关需求，他们就会自然而然地想到你的品牌，如柯达、可口可乐等。

二、品牌定位应注意的问题

（一）定位中容易出现的误区

定位理论的基本思想很好理解，也很容易掌握，但是在实际应用中，却很容易走入误区。

1. 求全定位

许多企业总是希望将品牌的所有好处都告诉消费者，似乎如果不这么做就无法打动消费者，但是由于传递的信息太多，结局可能是无法给消费者留下任何印象。其实，一个品牌要让消费者接受，完全没必要把它塑造成全能形象，只要有一方面胜出就已经具有优势了，国外许多知名品牌往往只是依靠某一方面的优势而成为名牌。

例如，在汽车市场上，沃尔沃强调它的“安全”，奔驰宣称“高贵、王者、显赫、至尊”，宝马津津乐道它的“驾驶乐趣”。这些品牌都着重突出了品牌在某一方面的优势，而求全定位，想要尽可能满足消费者的所有意愿是愚蠢的。每个品牌必须挖掘出消费者感兴趣的某一点，而一旦消费者产生这一方面的需求，首先就会立即想到它。品牌的个性越突出，给消费者留下的印象就越深刻，也越容易在消费者的头脑中占有一席之地。

2. 缺乏定位

品牌定位的关键是抓住消费者的心，首先必须带给消费者实际的利益，满足他们某种切实的需要。但做到这一点并不意味着你的品牌就能受到青睐，因为市场上还有许多企业在生产同样的产品，也能给顾客带来同样的利益。现在的市场上已经找不到独一无二的产品了，每种类型、每一个品种、每一个很小的市场区域，都有众多的产品在涌入。企业品牌要脱颖而出，还必须尽力塑造差异，只有与众不同才能吸引人的注意力，而定位是一种很好的策略。

应强调指出的是，“缺乏适当定位”至今仍然是许多本土企业及非营利组织在市场竞争中的“瓶颈”，是营销中突出的问题，市场上许多品牌被淘汰，十有六七是因“定位失当”。在产品种类繁多、差异化非常小的市场情况下，准确定位才是最好的选择。

3. 定位混乱

派克钢笔质优价贵，曾经是身份的标志，但是后来把“派克”品牌用于低档笔上，结果派克非但没有顺利打入低档笔市场，反而丧失了一部分高档笔的市场，其市场占有率大幅下降。原因是在顾客头脑中造成了定位混乱，顾客不清楚“派克”是高档笔，还是一般的廉价货。许多成功人士购买“派克”看重的不是笔自身的用途，而是身份、成功的象征，一旦被认为是廉价货，他们自然就不会再购买了。

大众汽车公司曾以“往小里想”的定位宣传树立了微型车的地位，大众的“甲壳虫”很快在汽车市场上建立了一个极其稳固的地位。但是，后来大众开始生产豪华车、巴士、吉普、客货两用车，大众成了一种既有高档豪华车又有一般客货车，既大又小，既昂贵又便宜的汽车。这是明显的定位混乱，你宣传得越多，顾客的思维就越混乱，根本不知道“大众”究竟是什么了。结果大众的市场份额不仅没增加，反而丧失了很多。顾客需要的只是简单的、能使他们头脑保持清醒的定位理念，购买相关产品能想起需要的就是你的品牌，这才是你的成功。

看一下市场上成功的品牌往往是那些定位明确的品牌，必须让自己在顾客头脑中保持清晰的形象，如电器行业上定位在“最高档”的索尼，定位为“画质好”的松下（画王），以及“音响强劲”的东芝。但是，一个公司发展到一定规模，品牌取得了巨大成功后，很难再单纯地经营原有的产品、品牌，为了明确定位，应该寻找新的领域，开发一项新概念或一个拥有新地位的新产品。

4. 过度延伸定位

任何一个品牌都有它的生命周期，要想保持自己的品牌长盛不衰，就必须解决好品牌延伸问题，品牌的延伸要注意消费者从原有品牌的心理定位向新品牌转移的承受能力，尽量提高新产品与老产品的关联性。可口可乐公司的品牌延伸很成功，在推出新产品的同时并没有否定原有产品，推出了雪碧、芬达等相同品牌下的不同产品。

当某一定位理念占据了顾客的头脑，获得了成功后，许多企业就难以抗拒延伸的诱惑。定位延伸可以扩充目标市场的范围，但是盲目的品牌延伸反而可能损害了原有的定位。最容易毁掉一个品牌的做法，是把该品牌的产品加以延伸。“雕牌”透明皂、洗衣粉在市场上取得了巨大的成功，但是如果它无法抗拒诱惑，过度延伸，把“雕牌”用在化妆品、饮料上，那绝对是一个很大的失败，它也就不会取得现在的成功。

新延伸的品牌是否仍然锁定原有的概念和定位理念？如果系列品牌或子品牌策略锁定的是一个定位，那么目标群体就相同，实际就失去了品牌延伸的价值。但是如果拓展定位，等于是要在消费者头脑中更改原有的定位概念。品牌名称是将品牌挂在目标消费者头脑中原有产品梯子上的钩子，钩子越复杂，消费者就会越记不清你是处在哪一阶梯上。如果跳出了母品牌的定位，将会出现杰克·特劳特所提出的跷跷板现象，一个名字不能代表两个完全不同的产品，一个名称锁定不了两个概念，一个起来的时候，另外一个就会下去，而且子品牌一旦出现问题，母品牌将会非常直接地付出惨重的代价。

总之，品牌延伸一定要慎重，虽然短期内能带来一定的效益，但是长期来看却是失败之举。

（二）关注重新定位

成功的定位需要始终如一，定位理念一旦确立，就不应轻易改变，要坚持始终如一，所有的营销活动都致力于使该定位理念在消费者心目中留下深刻的印象。但是并不否认在原有的定位已经不适应市场现状、无法占据消费者头脑的情况下，进行重新定位。

企业看不到市场变化，就会失去市场方向，也有丧失市场定位的危险。市场状况的不断改变，技术的迅速变革，产品的不断创新以及产品线的不断延伸，消费者态度、偏好改变的难以预料，迫使企业更加关注重新定位。定位是一个长期的过程，要有长远的眼光。有时企业必须寻找新的焦点，重新定位，以更好地适应未来的发展趋势。

同一企业在同类产品上可能有多个品牌，极易出现定位不当、定位不清，如都定位在中档，都定位在同一个理念上，自己的品牌相互在狭小的市场空间上竞争。这时必须重新定位，多个品牌可以分别定位在高、中、低档上，定位在不同的理念上，品牌之间互相补充。

重新定位需要新观念。现今的饮料市场，有矿泉水、纯净水、果汁、牛奶、可乐、茶饮料等，每推出一类产品，实际上就是一种观念的创新。如果各类饮料市场上已经有比较强大的竞争者占据了稳固的位置，新涉足饮料行业的企业要想获得一席之地，最好不要模仿其他企业的定位理念，应该带来一个新观念。

市场变化之时，消费者的态度、偏好发生变化之时，或者技术的发展使现有产品落后或者产品偏离了顾客头脑中稳固的观念时，企业必须进行重新定位。当"绿色食品"的观念刚刚进入市场时，把你的品牌定位为"绿色食品"，可能会取得很大的成功。但是当市场发生变化，顾客认为提供健康安全的绿色食品是你必须做的时候，不重新定位，就像一个手表品牌把自己的品牌定位在"跑得非常准确"一样，是毫无意义的。

重新定位的基本思想、基本原则与原有定位是一样的，只不过重新定位是在原有的定位难以适应顾客、市场、未来发展需要的情况下，寻找新的焦点、新的顾客头脑中的"空隙"。重新定位仅仅是集中到一个观念，甚至是一个词上，而这个词或观念应该能够使顾客在头脑中形成关于该品牌的概念，追求的是在新的改变了的环境中，使你脱颖而出，成为第一，占据顾客的头脑。

（三）不要定位在产品属性上

许多企业的品牌定位仍以产品属性为核心，仍以传统营销的产品至上为出发点，以为单凭产品属性就能击败竞争对手，赢得消费者的忠诚。迁就于产品属性的品牌定位，往往难以达到定位的真正目标。消费者的确看重产品属性，但是如果消费者对市场上所有产品的属性都感到满意，那么这种定位就难以取得成功。宝洁公司当年曾将旗下的"吉夫牌花生酱"定位于"一种新鲜的花生酱"。这样的定位出自于"新鲜程度"在消费者购买花生酱时是最为重要的一项产品属性，同时，吉夫花生酱的生产过程的确能够确保新鲜程度。但是根据后来的销售业绩来看，这样的定位是失败的。因为消费者的头脑中，所有的花生酱的新鲜程度都差不多，他们不相信吉夫牌花生酱会比其他品牌的更加新鲜。类似的例子很多，总之，这种定位方法很难让你的品牌脱颖而出。

定位于产品属性，也很容易被竞争者模仿。定位要有独创性，能让自己长时间地拥有某一定位，不被竞争者模仿。在产品不断丰富、消费者选择越来越多的市场环境中，许多以产品属性为定位核心的品牌，无论他们多么努力地改善产品属性，都将很难在消费者心目中占据一个独特的位置。产品的属性首先是不易被区别的，同时也是极易被模仿的，这样的定位优势很容易被竞争对手攻击。

本章小结

本章从分析品牌定位理论产生的时代背景开始，阐述了品牌分析与定位在现代营销活动中的重要作用。在此基础上，又详细分析了品牌定位思想对消费者的作用机制，最后探讨了品牌定位的法则及应注意的问题。

【复习思考题】

1. 简述品牌分析的重要性。
2. 如何理解营销实践中三个时代的区分？
3. 品牌建立在消费者的大脑中这一思想对我们有何启示？
4. 简述品牌定位的基本思想。
5. 结合实例分析品牌定位的主要法则。
6. 进行品牌定位应注意哪些问题？

【实例】

王老吉和加多宝的重新定位

王老吉是一个有着 170 多年历史的老字号品牌，红色罐装凉茶曾由广东加多宝饮料有限公司生产和经营。

过去在消费者观念中，王老吉是广东地区的凉茶，是药饮，不宜常用。广告语“健康家庭，永远相伴”，也没能体现王老吉的独特价值。

1. 王老吉品牌重新定位

（1）突出王老吉的饮料性质，广告轻松欢快，与保健品区分。

（2）强调“上火”概念，淡化“凉茶”功能，突破广东地域性限制。

（3）广告中王老吉与烧烤、聚餐等挂钩，区别于可口可乐、康师傅等竞争对手。

2001 年销售额 1.8 亿，2007 年 80 亿，2011 年达到 160 亿。

2008 年 5 月 18 日，中央电视台《爱的奉献》——汶川地震抗震救灾募捐晚会上，加多宝公司捐款一个亿。公司运用网络论坛、QQ 群、博客、邮件等网络媒体开展了“买光超市的王老吉！上一罐买一罐！”等事件营销活动。

2. 王老吉与加多宝商标之争

2010 年 11 月，广药集团高调宣布，经第三方评估，王老吉品牌价值 1 080.15 亿，超过海尔，成为中国第一品牌。

“王老吉”商标拥有者广药集团开始利用王老吉品牌在多领域招商，与国内外各类型企业通过自主经营、品牌授权、产品外包、品牌租赁等方式进行合作，但遭到加多宝的激烈反对和对抗。

2012 年 5 月 9 日，中国国际经贸仲裁委裁决，广药集团与加多宝母公司 2002 年、2003

年签订的《"王老吉"商标许可补充协议》和《"王老吉"商标使用许可合同的补充协议》无效，加多宝停用"王老吉"。

2012 年 3 月，广药集团成立王老吉大健康产业公司，注入绿盒王老吉、潘高寿凉茶、陈李济饮料，并试推王老吉绿豆爽、固元粥、龟苓膏等。

2012 年 3 月，加多宝发布声明，加多宝生产的红罐王老吉凉茶已全面启用新包装，目的是使终端消费者正确识别加多宝出品的正宗凉茶，保护正宗凉茶的单一性与纯正性，使消费者放心购买。

认为王老吉品牌面临泛化危机，消费者在寻找正宗凉茶时已产生困惑，只有将"加多宝"三字与正宗凉茶加以关联，才能帮助消费者选购。

2012 年 4 月，加多宝将广告语改为"正宗凉茶，加多宝出品"，该月广告费 4 亿。

2012 年 7 月，加多宝投入约 6 000 万获得浙江电视台《中国好声音》节目冠名。

2012 年 11 月投入 2 亿元蝉联《中国好声音》第二季冠名。

更名后的加多宝凉茶品牌知晓率高达 99.6%，品牌第一提及率 47.9%。2012 年销售额同比增长超过 50%，广东、浙江等地区超过 70%。

3. 加多宝的重新定位

广告语："怕上火，现在喝加多宝。全国销量领先的红罐凉茶改名加多宝，还是原来的配方，还是熟悉的味道。怕上火，喝加多宝。"

该广告 2012 年底被禁播，又推出了下一条："怕上火，更多人喝加多宝。中国每卖 10 罐凉茶，7 罐加多宝。配方正宗，当然更多人喝。怕上火，喝加多宝。"

持续不断的广告营销使消费者潜移默化地接受了加多宝的品牌地位和排序。

美国管理咨询大师拉姆·查兰（Ram Charan）认为，准确的市场定位是企业赢利的基础。多数领导者都必须对他们的业务进行多次定位，他们要做出决策，什么应该增加到业务当中，什么应该去掉。这还意味着要把握来自各方面的机会，比如利润增长、市场重新细分以及新技术采用。所以定位和重新定位是 21 世纪的领导者最需要掌握的技能之一。

问题：

1. 王老吉的品牌延伸是否属于盲目多元化或过度延伸？企业应如何进行延伸？
2. 拥有品牌优势的广药集团如何制定和实施自己的品牌营销策略？
3. 拥有渠道、秘方、资金、供应链优势的加多宝去"王老吉"化是否已获得成功？
4. 企业应如何开展"事件营销"与"悲情营销"？

第十三章

营销战略与战术分析

本章要点

1. 传统营销战略认为战略是自上而下的，战略决定战术。而实际上营销进程应是先有战术，后有战略，正如结构要服从于功能一样，战略要服从于战术。

2. 传统战略制定的问题：使战略开始变得抽象、使企业扩张到多个不同的市场、使市场来适应战略。

3. 根据战术制定战略的含义：以战术为中心、战略提升战术、战略与战术相一致、战略为战术聚集资源。

4. 有效战术的特征：竞争导向、差异化、让观念深入人心。

5. 获取有效的营销战术：寻找营销战场、掌握战场情况、换位思考、营销战术的转换。

6. 营销战术的转换内容：转换顾客、转化产品、转换渠道。

对营销战略和战术的看法，传统的观点认为战略是自上而下的，战略决定战术，即高层制定战略，然后推动中下层发展各种战术以实现战略。我们却主张，营销进程应当是先有战术，后有战略，正如结构要服从于功能一样，战略要服从于战术。也就是说，战术上取得成功是战略的唯一的最终目标。如果既定的战略无益于战术结果，那么，这样的战略就是错误的，而不管它有多么完美的形象与体现。战略的制定不是从上到下，而应该是自下而上的。一位将军只有深入了解战场上发生的一切，才能在制定有效的战略中处于有利的地位。战略不是来自涂有防腐剂的象牙塔中，而是生存于市场的土壤里。营销战术是一种竞争性的思维视角，营销战略则是具有一致性的市场营销方向。营销应当以选定的营销战术为中心，从这个中心出发去建立和发展战略。

第一节　传统的营销战略规划

一、传统的战略规划过程

传统营销战略理论认为，营销战略应当是自上而下的，战略支配战术，企业高层制定

战略，然后推动中下层发展各种战术以实现战略。菲利普·科特勒在《营销管理》中将营销战略和战术看作营销计划的两个层次。其中，营销战略计划指的是在分析当前市场前景和机会的基础上，描绘范围较广的市场营销目标和实现目标的道路。营销战术计划则描述一个特定时期的行动方案，包括广告、产品、定价、渠道、服务等。营销战略说明做什么，营销战术说明怎么做。由此，也自然形成了自上而下的营销过程。高层制定战略，中下层发展战术执行，以实现战略目标。

在科特勒的理论当中，企业总体战略规划包括以下四项内容：

（1）明确公司的任务，包括行业范围、产品和实用范围、能力范围、市场细分范围、垂直范围和地理范围。制定一份好的任务报告书能使员工明确共同的宗旨、方向和机会。

（2）确定公司的战略业务的单位。一项业务是由其顾客群体、顾客需求和技术所界定的。战略业务的单位是指能从单独的规划中获利的业务单位，能面对具体的竞争对手，并作为利润中心来管理。

（3）根据市场吸引力和公司的业务实力向各战略单位配置资源。运用投资组合模型，能帮助企业管理机构决定应该建立、维持、收缩或放弃哪些战略业务单位。

（4）扩展现有业务并发展新业务，以弥补战略规划空白。企业可以通过一体化增长、密集增长或多角化增长来获得机会。

另外，每个战略业务单位也应该设计自己的业务层的战略规划，包括八个步骤：确定业务任务、分析外部环境、分析内部环境、选择业务目标和目的、指定业务战略、制订计划、实施计划、技术反馈和实施控制。

二、传统的营销战略理论的问题

自上而下的营销战略过程似乎在逻辑上是严谨的。企业的高层管理者通过大量的市场调查，运用各种分析工具制定战略，说清楚要做什么，中下层根据战略制定战术，用多种战术来实施战略。战略支配战术的思维过程也符合人们的日常思维习惯，这从人们总是把战略摆在战术前面就可以看出来。

既然如此，人们理所当然地认为自上而下的营销战略过程是一个最佳选择，它应当能有效地指导企业的营销实践。通过由战略展开为战术的过程，能实现品牌定位，完成营销目标。

然而，令人遗憾的是，这一战略理论指导下的市场营销实践并没有取得理想的效果。现实的情况是，大量企业辛辛苦苦制订的营销战略计划被锁在文件柜里，战略成为纸上谈兵，战略实施异常艰难；企业为了实现营销战略，没有重点地采取多种战术，结果进入了许多新领域；或者由于未来高度不确定，根据原订的营销战略计划，难以实现原来的营销目标。

当谈到战略时，众多中小企业的第一个反应是战略太抽象了，不管用。但是否是中小企业不懂经营，不懂得如何营销呢？未必。实际上，或许正因为企业规模小，它们才更贴近市场，更关注竞争对手，更加关心如何行动最有效，如何快速响应市场，而非一味考虑要达到什么目标。

相对而言，大企业更重视营销战略，原因可能是它们有更多的资源，也可能是它们的高层经理更愿意去制定战略。因此，它们花费大量的时间、精力、金钱规划未来的营销战略方向，制订长期战略计划，并为此投入大量的资源。然而未来是不可知的，企业的战略方案往往与现实进程不符，又或者企业为了证明当初的营销战略计划的正确，对失败的战略方案追加投资，结果浪费了大量的资源。

中小企业轻视营销战略，并不说明中小企业就没有战略，只不过它们的战略是在经营者的头脑里，没有明文写在纸上罢了。大企业关注营销战略，但常常失败，也并不意味着营销战略是可有可无的。对于企业来说，营销战略是极其重要的，没有战略的企业不可能做大做强。中小企业和大企业之间的差别仅在于，它们制定营销战略的过程是不同的。前者是先有战术，后有战略，自下而上地制定战略；而后者是先有战略，后有战术，自上而下地制定战略。

那么，造成如此情况，到底是理论错了，还是实践错了呢？

坚持传统营销战略的学者会说，这是因为企业的营销水平差，它们没有做好营销工作。诸如企业没有以市场营销观念来指导工作，制定的营销战略超出了企业拥有的资源和能力，营销人员素质不高，不能很好地理解战略意图等。

但是，当观察了大量营销案例后就会发现，自上而下的战略过程不能很好地指导企业的营销实践。即一种理论不能有效地指导实践，不具有普适性的时候，我们就有必要先对这一理论进行反思。

具体来说，传统营销战略制定过程之所以不再有效是因为，先定战略，然后去寻找可以实现战略的战术，会普遍出现以下问题：

（1）用多个战术去实现一个战略，使战略开始变得抽象。

（2）战略会使企业扩张到多个不同的市场。

（3）试图用一个企业微薄的力量去改变市场，使市场来适应战略。

第二节　根据战术制定战略

大量营销实践表明，许多成功的营销战略是自下而上的，即先有战术，后有战略，战术支配战略。

美国经济学家阿罗（K. J. Arrow）在分析经济内生增长机制时曾提出过著名的“干中学”（Learning by doing）概念。企业制定营销战略也一样，坐在办公室里苦思冥想得不到好战略。营销战略来自对实际营销战术的深入理解与参与。而自下而上的战略思维过程能避免犯这种错误。

战略不是业绩目标，而是实现目标的蓝图。目标只是一种衡量手段，用来判断企业是否经营成功，它本身不能告诉企业如何展开营销工作。

一、营销战略以企业选定的一种战术为中心

只有一种战术而不是多种战术，这是与传统战略最大的不同，它可以使企业集中力量朝一个方向努力。以战术为基础建立战略，还可以使战略避免变得抽象，有利于战略的

实施。

美国西南航空公司的营销战略之所以成功，是因为它建立在一个有效的战术基础上，这就是西南航空要在短途航线上做到价格最低。为此，它要集中所有的力量，想尽一切办法去降低成本，为顾客提供最优惠的价格。它选择的飞机机型、飞机维修保养、顾客服务、登机程序等都与一般的航空公司不同。

只以这一种战术为中心来建立战略，意味着西南航空公司就必须抵制许多诱惑，这包括开通高利润的欧洲航线和国内长途航线等。这不仅避免了与大型航空公司在长途航线上展开面对面的竞争，还使得西南航空公司的单一战术在顾客心目中深深地扎根。当人们需要实惠的短途飞行时，首选必然是西南航空公司。

二、营销战略是对选定战术的提升

这是指要使战术在组织上得到落实，并形成有组织的努力方向。

自上而下的战略常见的一个问题是战略不能落地，不能被员工、部门理解接受，不能在组织上落实，从而也就不能汇聚组织的力量，使得战略的实施变得异常困难。

自下而上的战略则以选定的战术为中心，使战略执行更为容易。企业自下而上制定战略，在战略的形成过程中已经有员工广泛参与了，员工都很明确战略方向、战略目标，他们也很明白自己做好工作对战略的实现是有帮助的。因此，自下而上制定战略的企业更容易凝聚每名员工的智慧，形成组织的力量，为战略目标的实现作贡献。

对战术的提升，是在战略高度发挥战术武器的作用，是对有效战术的复制和强化。战术是一种创意，是一种竞争优势，但这种竞争优势在很大程度上还只是潜在的，它没有力度，很容易被竞争对手模仿，或者不能对竞争对手造成影响。为了维持、扩大这一竞争优势，企业必须把战术提升到战略高度，运用组织的力量朝战术确定的方向努力，使战术发挥更大的作用。

一个达美乐送货上门部门很容易被市场领头羊必胜客中立化。但随着送货上门战略的发展以及连锁店在全国的建立，达美乐用一个强大的武器有效地打进了竞争市场。

三、所有的营销活动都应与战术保持一致

企业的营销活动应该是整体性的，所有的营销策略组合，如产品、价格、广告、分销渠道等，都必须一致性地体现在战术之中。

例如，沃尔玛为了将它的“天天低价”战术提升到战略高度，采取了一系列与战术开发相一致的运营活动与营销活动。沃尔玛第一个装备了卫星通信系统，引进了先进的电子扫描仪、收银机、计算机结算系统等，以降低营运成本；沃尔玛还在全国各地建立了分销中心，以加快库存周转；在广告方面，沃尔玛不依靠昂贵的广告宣传，它更多依靠口碑传播。

当沃尔玛把“天天低价”作为企业一致努力的方向，它就能集合企业组织协同的力量，使战术形成的竞争优势能在战略高度发挥更大的作用。

四、营销战略瞄准的方向一旦确定，就不会轻易改变

战略的意义就是迅速地开发战术，并集中企业的力量朝着这个方向努力。

达美乐一旦决定将“30分钟送比萨上门”提升到战略高度，不仅意味着它要在这一领域中做到最大、最强，让战术观念深入人心，还意味着它不能轻易改变战略方向。它不能再经营外带室内消费的比萨或汉堡包、热狗等。企业随意改变方向只会分散资源，破坏企业在消费者心目中的清晰形象。

第三节 营销战术分析

决定营销战争胜负的是战术水平的较量，优秀的战略可使战术优势得以保持。营销策划的过程也是先有战术，后有战略。因此，能否找到有效的战术对企业取得营销战争胜利的影响巨大。

那么，在哪里寻找有效的战术？如何寻找有效的战术呢？在探讨这些问题之前，先要了解有效的战术都具备哪些特点。

一、竞争导向

科特勒的营销理论认为，企业应以满足顾客需求为目的展开企业的营销活动。这是他在总结了美国营销观念的发展过程后得出的结论。这一观点在逻辑上似乎也是无懈可击的，企业提供产品和服务满足顾客需求，顾客为此付出货币，双方完成交易，各取所需。在科特勒看来，企业产品卖不出去的全部原因似乎都是因为产品没有按照顾客的要求去生产。如果企业都能接受需求导向的营销观念，就不愁产品卖不出去，连推销也将成为多余。

（一）顾客导向存在的问题

从实践来看，科特勒的营销理论存在很大的问题，人们觉得这种理论要么难以彻底贯彻实行，要么实行起来并不能获得理想的效果。总之，批评主要集中在以下几个方面。

1. 顾客购买并不总是理性的，凭感觉购买是常事

顾客购买很大程度上可能是非理性的。这也是企业的促销、广告能发挥作用的原因。许多消费者选择一个企业的产品，可能不是因为它的产品质量、性能更好，而只是因为顾客认同这种产品所主张的价值观，如耐克的“Just Do It”。

2. 顾客并不总是很清楚自己需要什么

实际上，顾客购买产品时经常是非理性的，未必都经过了仔细的考虑。例如，在中国经常可以看到扎堆购买，当有很多人都在购买的时候，凑上去的人总是先买了再说，也不管它是否有用。

另外，人们始终认为，生产产品是厂商的责任，顾客只负责评价产品，选择购买，顾客没有时间、精力和义务去想象新产品的外观，尤其当其中存在很强的技术因素时。

因此，如果你询问顾客他们需要什么、为什么购买某种产品，他们常常答不上来。一句话，从顾客那里，你不能得到他们真正需求的全部答案。

3. 一味以顾客需求为导向，可能使企业只能跟在顾客后面转，而不能主动创造需求

技术领先的公司能不断地开发出新的、高质量的产品，以高科技的产品引导消费者使

用、购买。它们把创造顾客需求，满足顾客的潜在需求看作自己的一项重要任务。微软、索尼、英特尔都是这么做的，华为也宣称“要在通信领域实现顾客的梦想”。这些企业还有一个特点就是，它们往往都是领先于竞争对手的。这是因为，只有创造顾客需求，走在消费者的前面，做竞争对手没有做到的事情，才更容易成功。

4. 生产活动制约企业满足顾客需求

生产与需求本质上是对立的。消费者希望产品越便宜越好，而产品卖的价越高，企业越能赚钱。消费者希望产品能满足自己个性化的需求，要求企业能小批量、多品种地生产，这必然会带来生产成本的上升。而企业总喜欢多批量、少品种的大量生产方式。所以，要满足顾客需求，需要企业通盘考虑，并不是顾客说什么，企业就一味地去满足。

5. 竞争的存在使得把握顾客需求、满足顾客需求越来越难

没有考虑竞争因素可能是传统营销理论最大的弊端。传统营销理论没有告诉企业在与竞争对手同时面对顾客时如何才能比竞争者更好地满足顾客需求、如何寻求竞争优势、如何打败竞争对手，即企业拿什么保证消费者在购买产品时选择自己的而非竞争对手的。

竞争还创造需求，使得把握顾客需求变得困难。是竞争让众多产品供过于求，是竞争让顾客变得挑剔，同样也是竞争让需求内涵、需求结构不断发生变化。

（二）竞争导向的营销观念

需要注意的是，需求导向存在一些局限并不是说明满足顾客需求不重要，可有可无。恰恰相反，对顾客需求的把握在任何时候都是必要的，但外界环境发生的某些变化以及竞争的日趋激烈使得需求导向的战术难以适应企业营销的要求。企业迫切需要以一种新的营销观念来代替过去的东西，这就是竞争导向的营销观念。

竞争导向的营销观念在今天的营销实践中之所以更能发挥作用，有它的客观现实依据，这就是竞争已经无处不在，并且愈演愈烈。

1. 竞争使得顾客需求内涵和结构不断变化及升级，也使企业把握顾客需求更加困难

从中国的消费者对电视需求的变化中可见一斑。从 14 英寸的黑白电视到 17 英寸的，从黑白电视到彩色电视，从直角平面到超薄液晶，从模拟到数字，需求结构不断变化。但如果探求消费者需要什么样的电视，他一定想象不到这一系列的变化。这一切都源于竞争，是因为竞争对手要推出 29 英寸的彩电，那我就推出 36 英寸的；竞争对手要推出模拟电视，我就推出数字电视。

2. 竞争还使得争夺市场成为市场营销的本质命题，满足顾客需求成为争夺市场的一种手段

在激烈的竞争条件下，营销人员寻找没有开发的市场是一种幻想。基于这种幻想，企业开发一种专门为满足消费者需求而设计的产品或服务就肯定能获得利润。然而，这样的市场很少存在，现实是市场包含着或强或弱地被一系列竞争者控制的顾客。市场营销既意味着维持现有的顾客，同时要想方设法争夺竞争对手的顾客。

3. 竞争使得企业能否生存取决于是否具备竞争优势

竞争的存在使得消费者有了更多的选择。要让消费者购买你的产品，而不是竞争对手的产品，就需要向消费者提供一个独一无二的、比竞争对手更有价值的理由，且要使消费者相信这种价值是有意义的。也就是说，是比竞争对手有优势使得企业得以在市场立足，

而不是其他。

在竞争导向的营销观念指导下的战术也必须是竞争导向的，有效的战术必须能创造竞争优势，成为企业争夺市场的有力武器。这就要求企业不仅要抢先开发有效的战术，还要让战术不能被竞争对手快速、经济地模仿。

二、差异化

有效的战术并不一定要有比竞争对手更好的产品和服务，而是要能产生与竞争对手的差异。“比竞争对手做得更好”的理论指导是“基准营销”理论。它认为营销要以市场上的领先者为基准，学习它的长处，弥补自己的弱点。诚然，“基准营销”是很有用的，向竞争对手学习也是企业的一个良好品质。许多日本企业就是这方面的杰出代表。但是，“基准营销”的适用范围有限，它更多地适合生产方式、流程等组织运作领域；而在市场沟通、竞争方式方面，“基准营销”未必能为企业带来成功。

这是因为，竞争对手的许多素质不是简单就可以学来的，或者即使学了也未必有用。一方面，学习竞争对手可能需要企业自身做较大的调整。例如，美国一些航空公司曾试图模仿西南航空公司的战术，但都以失败而告终。原因就在于，自身的转变压力太大，企业难以承受。另一方面，竞争对手拥有先入为主的优势。在市场沟通中，第一拥有巨大的优势。如果竞争已经在消费者心目中建立了第一的概念，那么企业简单的模仿是没有意义的。海飞丝是第一种“去头屑”的洗发水，别的企业再采取同样的战术就很难取得成功。

对于消费者而言，接受一个“更好”的产品比接受“差异化”的产品要困难得多。“更好”是一个主观观念，它是顾客评价的结果，而不取决于企业怎么说，尤其当企业面对强大的竞争对手时，要想使顾客接受本企业产品“更好”实在太难了。与此相反，消费者对“差异化”的产品更容易留下印象，更容易产生购买欲望。当然，这种差异化必须在顾客看来是有意义的。

因此，要取得营销战争的胜利，更为有效的战术是能做到与竞争对手不同。只有差异化才能使品牌获得个性，与竞争对手区别开来；只有差异化才能使品牌在消费者心目中建立不可替代的位置。

营销中可以形成差异化的因素有很多，如产品价格、地域、体积、分销渠道以及服务、形象等。农夫山泉突出“天然水”，乐百氏强调“27 层净化”。劳斯莱斯是高质量、高价的汽车，甲壳虫则是耐用、低价的汽车。

不仅是一般的差别化，我们还发现，“对立”比相似更重要。消费者的需求不是铁板一块，当大部分人喜欢“如此”的时候，总有小部分人喜欢“那般”，对立的概念永远有市场。所以有象征传统精神的可口可乐，就有象征青春、反叛的百事可乐。当绝大多数企业都朝一个方向走的时候，你可以试试朝相反的方向走。

另外，随着产品趋向于均质化，诸如产品的质量、功能等客观的差异化已经很难，因此，如何在消费者头脑中制造主观的差异化，将是企业市场营销的重要内容。

三、让观念深入人心

在前面对战术的定义中曾提到，战术是一种竞争观念。有效的战术还必须能让这一观念深入人心。

现代市场竞争是观念的竞争，产品只是观念的一个载体。竞争的成败日益取决于你主张的观念是否有效，为顾客所认同，而非产品的质量、性能等。

这方面的经典案例是可口可乐改变口味遭遇的失败。20 世纪 80 年代，百事可乐的市场占有率节节上升，迫于竞争压力，可口可乐公司决定研究开发新型可口可乐。后来，他们成功开发出一种更甜的新配方。为了试验新配方的效果，可口可乐做了口味测试。1982—1985 年，历时三年，对近 20 万名消费者进行测试的结果表明，55%的消费者倾向于新可口可乐的口味。1985 年 4 月，新可口可乐正式面市，并决定停止生产老可口可乐。但是新可口可乐引来消费者的一片抗议声，顾客、经销商纷纷要求恢复原来的配方。由此，花了大量时间与精力开发出来的新可口可乐遭到了彻底的失败。

新可口可乐的失败在于，可口可乐公司没有理解，对于消费者而言，老可口可乐代表了传统的美国精神，不能轻易否定。虽然新可口可乐的口味更好，但在消费者头脑中形成的观念才是更有效的竞争武器。但这并不是说产品的质量、性能就不重要了。恰恰相反，产品的质量、性能任何时候都是参与竞争的基本要求，不达到这一及格线，是没有资格进入市场的。或许更为恰当的说法是，在产品的质量、性能都达到及格线以后，越早打市场、让品牌观念深入人心的企业越能获得成功。

要说康师傅的方便面比统一的口味好，恐怕有很多消费者不会同意。但康师傅确实是第一个将方便面品牌植入消费者头脑中的企业。为此，康师傅成了第一家在电视上做广告的方便面生产厂家，“好吃看得见”的广告词让消费者至今念念不忘。与此相对照的是，统一集团是台湾最大的方便面生产企业，对方便面的质量不可谓没有研究，但仅仅由于比康师傅晚一个月进入大陆市场，它就只能屈居市场占有率第二的位置。

要让竞争观念深入人心，必须让战术能表达为一个简单、明确、唯一的概念。因为在信息爆炸的今天，只有简单的概念才容易植入消费者的头脑，太复杂的概念很容易被消费者的大脑屏蔽掉。

汉堡王的“火烤而非油炸”是个好战术。一方面，它是以竞争对手为中心的策略。它告诉消费者，麦当劳的产品都是油炸出来的，因此味道不如汉堡王火烤的好。于是，要吃火烤汉堡包的消费者都走进了汉堡王。另一方面，“火烤而非油炸”，简单、明确，很容易被消费者接受。

第四节　获取有效的营销战术

坐在办公室里找不到好的战术，凭空想象更是不可行。为了发现有效的战术，营销人员必须深入营销战争的前线，了解消费者对自己和竞争对手的看法，掌握第一手的情报。这还不够，营销人员还需要关注细节，因为许多伟大的战术思想都来自对细节的观察。

一、寻找营销战场

在营销战争中，你的竞争对手就是你的敌人，你所要占领的阵地就是消费者的头脑。

因此营销的前线不是办公室，不是销售现场，它是消费者的头脑。要发现有效的战术，必须深入消费者的头脑。

营销人员总是幻想坐在办公室里就能发现有效的战术。他们喜欢由内而外地思考问题，他们提出某个战术，为自己的创意激动不已，并认为消费者肯定也像自己一样喜欢它。然而，这种战术很多时候都是一厢情愿的想法，它没有考虑到消费者和竞争对手的存在。

正如在军事领域中，优秀的将领都能深入战争前线，掌握第一手的情报一样，营销人员尤其是高层也应该深入消费者的头脑去寻找有效的战术。

深入营销前线日益重要，还有以下两个原因。

（一）市场竞争从产品竞争转变为观念的竞争

一方面，随着科学技术的进步，一种商品保持独特物质属性的时间越来越短，竞争对手很快就能模仿并超越，从而导致产品日趋同质化。另一方面，即使商品之间存在一些物质属性的差异，在现代生活日趋复杂的情况下，消费者也没有意愿或没有能力加以仔细区分。因此产品的物质属性已经不足以将不同企业生产的产品区别开来，这就使得现在的市场竞争更多地表现为观念的竞争，即产品在人们头脑中留下的印象。例如，有人做过实验，不告诉普通消费者品牌名称而让他通过品尝来区分不同品牌的啤酒，最后正确的概率极低。但如果告诉人们品牌名称，然后再让其品尝，人们会根据自己对品牌的认识，而将品牌概念、产品味道特点等详细说出。

（二）消费者在很大程度上依据已有的观念进行购买决策

在购买行为中，消费者为了规避风险，减少决策消耗的时间和精力，通常只会购买熟悉的产品，也就是依据已经形成的对品牌的认识来选择购买。所以，一种产品只有当品牌观念被消费者接受时，它才能真正进入市场。

认识到营销的前线是消费者的头脑，这意味着要占领这块阵地，就必须将你的品牌植入消费者头脑中，让消费者在购买时想到你。因为只有消费者在购买产品时能想到的品牌才能转变成现实的销售。例如，一提到买可乐，绝大多数人首先想到的是可口可乐、百事可乐，实际上它们也是市场上占有率最高的两种品牌。

认识到营销的前线是消费者的头脑，还意味着要发现有效的战术，营销人员要改变由内向外的思考方式，能经常站在消费者的立场上来思考问题。

盖天力公司推出的“白加黑”感冒药取得了极大成功，“白天吃白片，不瞌睡；晚上吃黑片，睡得香”的广告词广为消费者熟悉。原因就在于盖天力公司发现了消费者普遍认为服用感冒药容易让人打瞌睡。这在晚上是好事，但在白天就影响工作、学习。他们据此开发了能克服这一弱点的“白加黑”。

二、掌握战场情况

为了制定有效的战术，营销人员需要深入消费者头脑，了解如下信息。

（一）在消费者头脑中的品牌排序情况

消费者头脑中的品牌排序情况往往决定了市场的性质，也决定了企业将有多大的机会发展，它的竞争策略是否有效，它可以开发怎样的营销战术等。因此，要开发有效的战术，必须先了解消费者头脑中的品牌排序情况。

从日本计算机生产企业进军国际商场的步骤就可见一斑。在 20 世纪 70 年代，日本公司开始选择向海外发展，它们首先是进入东南亚等发展中国家，然后是美国等发达国家。因为在东南亚国家，几家计算机行业的大公司还没有进入，因此，在消费者的头脑中品牌排序并不明显，第一名和后几名的差距并不大，计算机市场呈无序状态。于是，日本公司迅速进入，树立了日本企业生产的计算机质量好、性能稳定、外观漂亮的形象，一举占领了市场，成为霸主。

但是，在进军美国时，它们就选择了不同的策略。在美国，当时 IBM 在消费者头脑中排在第一位，市场占有率也远高于第二位。整个计算机市场是一种有序市场状态。有序市场就意味着稳定，难以撼动领导者的地位。为了与 IBM 竞争，日本公司采取了两个措施。以富士通为例：首先，富士通先进军与美国市场性质相仿，但竞争压力要小的澳大利亚市场，来进行产品发展和市场营销试验。即使失败了，也不至于对富士通在美国市场的形象造成损害。其次，富士通在积累了市场营销的经验之后，选择了以低价的小型计算机来与 IBM 的大型机对抗，取得了很大的成功。如今，日本公司被公认在小型计算机领域做得最好。

（二）消费者对本企业产品的评价

在了解消费者对本企业产品的看法时，许多企业都陷入了误区，它们喜欢听顾客讲好话，如夸奖产品的质量好、性能稳定等。听好话总是让它们身心愉快。实际上，这些赞美之词未必出自顾客的真心，或许顾客一面在赞美产品，一面却在想“这产品不好用，价格又高，简直糟透了”。如果企业真的相信了顾客的夸奖，就会导致错误的判断。

实际上，顾客对产品评价不好的地方往往有很大的价值。因为当顾客在谈问题的时候，他们通常是将产品与竞争者的产品进行比较之后，才说出了该产品的不足之处，因此，如果企业改进了这些不足之处，无疑能增强产品的竞争力。

有一家软件公司就是这样做的。它们每次在推出新产品之际，都会请顾客试用产品，并不是让顾客赞扬产品，而是让其对产品挑错，找出新产品的缺点。通过这种方式，企业不仅能了解本企业产品存在的弱点，还能了解顾客对竞争对手产品的看法，一举两得。企业在总结问题的基础上，改进产品，赶超竞争对手，从而使问题转换为企业的机会。结果，该企业的产品始终保持着市场的领先水平。

（三）消费者对竞争对手的评价

如今，企业对顾客需求的调查已经很多了，但对竞争对手的信息收集始终做得不够。许多企业对于竞争对手是谁，竞争者的优势劣势，竞争者采取的竞争策略、战术和计划并没有一个清晰的认识。这极大地妨碍了企业开发有竞争力的营销战术，也不利于企业最终打败竞争对手，夺取市场。

三、换位思考

正规的市场调查是深入营销前线、了解消费者的常用方法，但市场调查方法也有一些局限。所以，企业还应该尝试其他的方法来接触顾客、了解顾客。例如，观察和体验“顾客”生活，转换角色，站在顾客角度思考问题等。

麦当劳的可乐杯子盖上都被划了一个“十”字，那是因为它们发现过去顾客插入吸管的时候很不方便。

沃尔森建立假日旅馆的主意来自自己作为顾客的体验。当沃尔森一家在华盛顿特区附近的一个肮脏的路边汽车旅馆住宿时，该旅馆不仅向他和他的妻子收取 6 美元的费用，还向他们的五个孩子每人收取了 2 美元。沃尔森觉得这简直就是抢劫。于是，为了向人们提供便宜的、服务更好的旅馆，让孩子们可以更加自由地生活，沃尔森创立了假日旅馆。

四、营销战术的转换

在市场中，变化是永恒的。技术在升级，顾客需求结构在改变，竞争对手在壮大，所以企业开发出的战术也可能失效。当一种战术不能有效地发挥作用或者随着外界环境的变化而失效时，企业应寻求战术的转移。具体的战术转移方法包括以下几个方面。

（一）转换顾客

不只是消费者选择产品，产品也要选择消费者。使用产品的消费者的特点在一定程度上象征了产品在消费者心目中的形象。劳斯莱斯的高贵形象，很大程度上是因为不是有钱就能买到，劳斯莱斯对消费者的身份、地位还有要求。

高露洁在进入中国市场的时候，发现年纪大的人思想较为保守，更钟情于中华这样的国产品牌。因此，高露洁将顾客瞄准了儿童，抓住了家长爱护孩子，舍得花钱的心理，以“防止蛀牙”的宣传迅速占领了牙膏市场。

（二）转换产品

为了方便记忆，消费者会按照常识对产品进行分类，如电视属于家电类，矿泉水属于饮料类等。但是当企业的产品按照这种分类，要面临强大的竞争者或者市场空间太小没有前途时，可以考虑转换产品类别。

西安杨森的“采乐：去头屑特效药”，把洗发水当药来卖；可口可乐本来不过是一味药剂，但只有它被当作饮料来卖时才获得了成功。

转换产品可能有效的原因是它重新定义了竞争者，避开了原来的竞争。而在新的领域它更具有竞争优势。

（三）转换渠道

分销渠道代表了产品送达消费者的途径，因此它的有效性与消费者密切相关，当消费者的生活方式发生变化时，企业的分销渠道也要随之改变。

西尔斯是美国最大的百货店。在早期，西尔斯的战术是做农民的运输者，以邮寄方式为农民提供廉价的商品。但随着公路交通日益发达，农民不再满足于邮寄商品，他们也喜欢进城购物。与此同时，城市消费者的购买力增强，市场迅速壮大。因此，西尔斯及时转换了分销渠道，采取了在城市建立百货店的方式来销售商品，获得了极大的成功。

本章小结

传统的战略是自上而下的，它规定想要达到的结果，然后才设计达到目标的手段和方案。这一观点容易将战略与目标混淆起来，认为战略就是目标，而且由于它缺乏战术基础，常常使战略目标难以实现。

自下而上形成战略是指以一种有效的战术为中心，围绕这个中心来发展和制定战略。竞争导向的、差异化的、让观念深入人心的战术，才是真正有效的战术。

企业要经营成功，仅有战术是不够的，还必须让战术与战略发生联系。战术是一种创意，是一种竞争优势，但这种竞争优势在很大程度上还只是潜在的，它没有力度，很容易被竞争对手模仿，或者不能对竞争对手造成影响。为了维持、扩大这一竞争优势，企业必须把战术提升到战略高度，运用组织的力量朝战术确定的方向努力，使战术发挥更大的作用。

【复习思考题】

1. 简述传统营销战略理论的问题。
2. 根据战术制定战略的含义是什么？
3. 传统的顾客导向观念存在哪些问题？
4. 简述营销战术转换的方法。
5. 在市场竞争中，如何制定有效的战略与战术？

【实例】

星巴克的营销策略与市场拓展

2016 年，星巴克在 75 个国家开设 2.5 万家店，年销售额 192 亿美元，员工 33 万人。自 1992 年上市后，销售额年平均增长 20%，利润额增长 30%，市值从 2.5 亿美元增加到 2017 年的 890 亿美元。

雅斯培·昆德在《公司宗教》一书对此进行了评价：星巴克的成功在于，在消费者需求的重心由产品转向服务，再由服务转向体验的时代。

1. 星巴克的营销策略

1971 年，星巴克在西雅图的派克市场开业。1987 年，霍华德·舒尔茨用 380 万美元进行收购，成为大股东和 CEO。当时只有 11 家门店，100 名员工。

1990 年，公司盈利，决定采用控股方式进行连锁经营。

1992 年，公司在纳斯达克上市，有 120 家门店，募资了 2 800 万美元。

发展模式：在繁华购物区大量开连锁店。

目标顾客：有一定社会地位、有较高收入、有一定生活情调的人。

价值主张：出售的不是咖啡，是对咖啡的体验。

第三空间：家庭、办公室之外的休闲场所。“我不在办公室，就在星巴克，我不在星巴克，就在去星巴克的路上。”

店内环境：时尚且雅致，豪华而亲切。

产品：各种口味的咖啡、音乐、杂志、上网。

服务：向顾客介绍咖啡知识及制作饮料方法。

地点：除分店外，通过机场、书店、酒店、百货店销售产品。

促销：广告很少，通过口碑进行传播，制作顾客增值卡。

尊重员工：全员持股，约 145 000 人，合伙人制度。

选择供货商：高品质的产品、服务、价格。

店铺设计：不破坏原建筑物风格，将咖啡店融入其中。

金英汉、林希贞（韩国）在《星巴克的感性营销》一书中写道：巨大的成功背后隐藏着相应的营销体系，那就是其独特的感性营销策略：抓住年轻一族；感性营销策略 5P，包括产品、价格、地点、促销、以人为本；感性领导能力。

2. 星巴克的市场拓展

1999 年 1 月，北京国贸中心星巴克店开业，目标顾客锁定为大城市中的中高端人群。

2000 年 5 月进入上海，上海星巴克两年销售一亿元，利润 3 200 万元。

到 2016 年，星巴克在中国内地 100 个城市开设了 2 300 家门店。计划 2021 年达到 5 000 家。

3. 星巴克的口碑营销

星巴克很少用广告进行品牌传播，而是用体验营造口碑，用口碑提升品牌形象。

星巴克认为，在服务业，最重要的行销渠道是分店本身，而不是广告。如果店里的产品与服务不够好，做再多的广告吸引客人来，也只是让他们看到负面的形象。

星巴克员工会向顾客详细解说每一种咖啡产品的特性，透过一对一的方式，赢得顾客信任与口碑，给顾客创造他们意想不到的惊喜。

口碑传播可分为四个层次：

（1）人们在被问起时会对产品做出正面的评价。

（2）当被问起时，消费者表现出一定的热情。

（3）消费者积极利用各种渠道和方法，说服别人使用他们自己认可的产品。

（4）企业产品被持续不断地提及，人们相互之间主动谈论，交流对产品的认识和观点。

口碑传播的方法主要有：

（1）有关新产品的新潮信息。

（2）产品的优惠券或返款计划。

（3）向消费者提供产品试用、促销资料。

（4）有关新技术、新产品的独家资料。

（5）邀请参加产品测试研讨会。

（6）网络传播工具。

（7）其他各种促销和广告活动。

真正的口碑营销是让人们对品牌和新产品进行谈论，从而加强公司和消费者的关系。

问题：

1. 请为你企业产品或业务制定营销策略规划。

2. 服务企业如何进行口碑营销？

3. 星巴克是一家提供服务的咖啡公司，还是一家提供咖啡的服务公司？

第十四章

营销战方法分析

本章要点

1. 营销与战争在表现形式上有许多相似之处，营销人员应当借鉴战争理论。

2. 营销战中的两大原则：兵力原则和防守优势原则。

3. 营销战的作战形式主要有四种：防御战、进攻战、侧翼战和游击战。

4. 进攻战的作战原则：考虑的重点应该是领先者在市场中的强势；要找到领先者强势中的弱点，并攻击此弱点；在尽可能狭窄的阵地上发动进攻。

5. 侧翼战的作战原则：在无人竞争的地区展开进攻，战术奇袭应该成为计划里的一个重要组成部分，追击同进攻一样重要。

6. 游击战的具体作战原则：找一块可以守得住的细分市场，不要使自己的行为像一个领导者，一旦有失败迹象要随时准备撤退。

当今的市场营销已不仅是为顾客服务，而且是一场战争。在这场战争中，敌人就是竞争对手，顾客则是需要占领的阵地。企业可以选择的作战形式主要有防御战、进攻战、侧翼战和游击战，企业要根据自身情况灵活加以采用。

第一节　营销即战争

一、营销战的背景

艾·里斯和杰克·特劳特提出了营销战的理论，认为应当从战争的角度来把握市场营销。他们认为，今天的市场营销，其本质并非为顾客服务，而是在同竞争对手的对垒过程中，以智取胜，以巧取胜，以强取胜。简言之，市场营销就是战争，在这场战争中，敌人就是竞争对手，而顾客就是要占领的阵地。

的确，当市场竞争发展到今天，已经不能只用“市场营销导向”来描述商业竞争的重点和特征了。传统的市场营销手段与强度已经无法适应如今的市场变化。在产品同质化越来越严重，技术更新速度越来越快，信息传播越来越迅速，媒体越来越丰富的情况下，也许只有用战争才能形象地比喻如今营销竞争的激烈程度。

在竞争日趋激烈的市场上，“营销战”所讲的策略和原则比以往任何时候都更加重要，公司必须学会同他们的竞争对手打交道，学会怎样避开强者而与弱者竞争。

把营销比作战争，实践中早已有之。我们经常会听到用军事术语来描述市场营销：“长虹率先降价，挑起彩电行业的价格战”“洋家电向中国品牌反攻”“中国保暖内衣市场血雨腥风”。

营销和战争为什么要相提并论？因为两者有许多共同之处。两者都需要讲究斗争的战略，也需要讲究战术，两者的后果都很残酷，就连两者所需要的统帅都具有类似的素质。在研究营销战背后的规律时，从战争的角度来进行解读，这是艾・里斯和杰克・特劳特的独创之处，也是我们需要借鉴的。

二、营销与战争的共同之处

（一）两者都有阵地

每一场战争都有阵地，阵地非常重要，战斗总是用它所处的地理位置来命名的。在国外，有著名的马拉松、滑铁卢、葛底斯堡等战役，而我国也有著名的淝水之战、赤壁之战、台儿庄战役、淮海战役等。

营销战当然也有阵地。它的阵地在哪儿呢？是有形的还是无形的？是在大型商场还是在各大公司总经理办公室，如海尔集团在青岛的总部办公室、联想集团在中关村的办公楼，抑或是在中央电视台十几个频道的广告时段？

超市或商场不是营销战的阵地，这些地方只不过是商品的销售地点，顾客对品牌的选择是在其他地方做出的。

气势恢弘的办公大楼或者总裁办公室也不是营销战的阵地，那里只是各个敌手做出决策的地方，并没有什么争夺的价值。办公室与消费者的选择无关。

当然营销战的阵地也不是令人眼花缭乱的各个电视频道，广告只是营销战斗的一种手段，它只是想直达消费者的头脑，俘获消费者的喜好，最终赢得消费者的货币选票。

营销战是在头脑中进行的，不像战争的阵地是有形的。消费者的头脑是营销战的特殊阵地，就是这块阵地决定了成千上万公司的命运，公司就是在这方寸之地运用智谋、战略，取得了成功。谁能赢得消费者的信任，谁能用合法的手段使得消费者自愿购买它的产品，谁就是这场战争的胜利者。

（二）两者都需要了解对方的实力

一个人是打不起战争的，只有站在不同立场的两方（或者多方）为了争夺一定的利益，才会发生战争。在战争中，常常并不只有两方，但一般都自觉地分为两个阵营，如“冷战”时期的美苏两大阵营。

在营销竞争中，往往不止两个或者几个主体，有时是成千上万、互不相识、远隔千里的厂家在进行混战。它们往往不会自愿结合，一般都会选择各自为战。这是营销战与真正战争不同的一点。

战争的双方，力量常常并不是平均的。双方对彼此力量的对比必须把握清楚。所谓知己知彼者，百战不殆；不知彼而知己，一胜一负；不知彼不知己，每战必殆。在营销战中，也是如此。交战各方必须对彼此的力量对比有着清楚的认识，热情不能代替实力，只有准确分析双方力量的对比，选择正确的策略，才能取得商场上的成功。

施乐曾试图在办公自动化中取得领先地位。施乐公司办公自动化产品的年销售额还不到20亿美元，怎么能对抗年销售额多达400亿美元的IBM公司呢？实力悬殊，就不要去做无谓的牺牲，否则无异于自投罗网。

不幸的是，这样的公司太多了，许多公司认为凭借自己的热忱和努力就可以击败力量数倍于自己的对手，一轮一轮的冲锋发起，无数的公司倒下，后面的公司不畏艰险，不惧困难，继续挑战，却又不可避免地失败。盲目的热情换来了惨痛的代价。这些公司的失败之处就在于它们只关注自己，而没有关注竞争对手，认为只要自己努力，就可以达到向往的目标，没有注意到竞争对手的优势所在。面对强大的对手，不能硬拼，只能智取，只有靠正确的策略才能获得胜利。

研究战争并非只是研究如何取胜，研究怎样避免失败具有同样重要的意义。

（三）两者都需要优秀的统帅

战争要想取得胜利，离不开优秀的统帅。优秀的统帅是战争胜利的关键。战略家个人的品格及人格力量在战争中常常具有十分重要的作用。孙子把具备“智、信、仁、勇、严”条件的将帅，看作决定战争胜败的“五事”之一，把“将孰有能”列入“七计”之中，由此可见将帅的重要性。

将帅的作用是显而易见的，但是优秀将帅所需要的品格界定也非常严格。孙子对将帅的德才要求曾提出著名的“智、信、仁、勇、严”五条标准，也从性格情操上提出“静、幽、正、治”四项要求。孙子还提出对于将帅的诸多具体要求，如“知彼知己”“知天知地”，要了解各方面的情况；要有“知诸侯之谋”的政治头脑；要有“示形”“任势”“料敌制胜”“通于九变”的指挥才能；要有“合于利而动，不合于利而止”的决断能力；要有“进不求名，退不避罪”的负责精神；要能“令素行以教其民”，要能“与众相得”等。这样的将帅是“国之宝也”。

这些是中国古代的军事家对将帅做出的界定。但是，正如普鲁士的军事家克劳塞维茨所言：1 000个杰出人物中，有些以智慧出名，有些以勇敢或意志坚强而著称，却可能没有人能结合这些优点，从而成为统帅中的佼佼者。要求越高，能做到的人就越少。营销中的统帅和战争中的统帅一样，都需要卓越的人来出任。今天的商界呼唤更多的市场营销将领，需要更多的人承担起统帅和指导营销全局的职责。营销统帅所需要的品质与战争统帅所需要的品质有惊人的相似之处，需要“通于九变”的灵活性，需要意志力，需要胆识。

营销统帅的主要品质是灵活变通。这种品质似乎并无魅力，平淡无奇。相对于意志坚定的品质来说，后者似乎更加令人敬佩，但是灵活变通无疑是最重要的一种品质。若是缺乏这种品德，营销人员将毫无建树，固执地执行已制订的计划而不进行即时调整，只能使公司损失惨重。

固执的营销人员往往会从自己的主观出发来分析市场和产品，从自己的公司出发来制订适合公司的营销计划。但这恰好与正确制定战略的方向背道而驰。只从自己的角度出发来考虑问题，不去认真研究竞争对手的实力和策略，不去研究消费者头脑中业已存在的对公司的印象，往往并不能制定合理的营销计划。营销人员的坚持和自信往往会造成灾难性的后果。

灵活变通的营销人员则不同，这些营销人员做事情的出发点并不是自己的主观意志，他们懂得分析市场情况，懂得分析消费者心理，懂得研究竞争对手的优势和劣势，并根据客观情况做出相应的决策。由于变通的特征，他们当然不介意听下属的意见，当然会注意分析来自各方面的有用信息，随时竖起灵敏的耳朵，捕捉来自环境的反馈和变化，而不会对来自竞争对手的行动不予理睬，仅仅奉献嘲笑和等待。

营销统帅要有实事求是、敢于坚持自己正确意见的勇气和胆略。正如孙子所言："战道必胜，主曰无战，必战可也；战道不胜，主曰必战，无战可也。故进不求名，退不避罪，惟人是保，而利合于主，国之宝也。"勇气通常并不是挂在嘴上的词，它需要实际的行动，需要卓越的智慧。营销统帅能聆听来自各方的意见，同样也需要能抵制强权。抵制强权需要勇气，尤其需要在做出决策的关键时候，深思熟虑，最终拿出勇气做出决断。在机会来临的时候，勇气尤其是一种可贵的品质。营销统帅需要在最合适的时候果断出击，不能瞻前顾后，不能患得患失，不能求全责备，也不能惧怕可能的失败会给自己辉煌的前程带来阴影和影响。

营销统帅当然需要通晓规则。要想打赢一场比赛，必须熟悉比赛的规则，善于利用这些规则。当然，营销统帅首先需要的是学习规则。没有规则的行动，只能如盲人骑马，纵然驭马的技术非常高超，也因为不知道方向，随时都有可能坠入深谷。问题恰恰在于，即使最为普通的人，也都知道在比赛开始时应该先学习规则，有些叱咤风云、游走于商界数年的商场老手却没有意识到学习规则的重要性。以往成功的经验使得他们更相信自己的判断，更相信依靠自己的力量能到达生意的大境界。但经验往往并不可靠，因其带有过多的偶然色彩；只有系统地学习和研究营销战争史，学习行兵布阵的规则，才能提出影响营销战役成败的战略原则。

（四）两者都要服从整体的战略目标

没有人会无缘无故发动战争，战争必定是为了实现一定的目标，或者是为了领土，或者是为了财富，或者是为了国家安全，或者是为了宗教文化。

与真实的战争相同，企业进行营销战的目标，也是为了实现自己的目标。这些目标，或者是取得更大的市场份额，或者是保持现有的市场不被别人夺走，或者仅仅是度过经营危机，获得东山再起的机会。

战争不能偏离目的，脱离目的的战争劳民伤财，会使自己元气大伤，甚至兵败如山倒。一般来说，每一场战争，均要服从整体战略的需要，使得整体目标和谐统一。

要使战争获得最终的胜利，不能在乎一城一池之得失，不能贪图一时的小利而忘大利，不能因一时的小胜而忘乎所以，也不能因一时的失败而耿耿于怀。与整体目标不相一致时，必要时要故意打几场败仗，或者舍弃自己业已攻占的城池。凡最终能取得胜利的王者，都是能从全局出发，发动战争或者进行积极防御，使得每一场战斗都与自己的整体目标相吻合。

营销和战争有着惊人的相似之处，营销战也一定要围绕公司的整体目标进行。有的产品或广告虽然取得了暂时的胜利，却损害了公司的整体利益，对这些做法一定要坚决舍弃。

可口可乐公司推出了健怡可乐，该可乐取得了巨大的成功，但很快，可口可乐公司又推出了泰波可乐，泰波可乐与健怡可乐一样，也是一种无糖可乐。初推出时，泰波可乐也是业绩骄人，但是，很快情况就不妙了，健怡可乐的销量陡减，可口可乐的销量也一路下滑，泰波可乐逐渐地夺走了可口可乐和健怡可乐的市场。可口可乐推出的泰波可乐是成功还是失败？暂时来看，取得了成功，但整体来看，却是大大的败笔，因为它损坏了可口可乐的品牌，破坏了可口可乐的整体利益。这是一个企业误入产品延伸陷阱的例子。

还有汽车领域的大众汽车，大众甲壳虫以微小的车型取得空前的胜利。但是，大众公司在取得成功后就偏离了整体目标，偏离了其在消费者头脑中小型车的定位，开始考虑生产大型车。它快速地推出可供八人乘坐的货车、四门轿车、吉普车等，使公司的策略偏离了市场目标，汽车销售量受到很大影响。

大众的大型车策略使得大众汽车的市场份额迅速下降，这种策略从结果上看是不可取的。在另一种情况下，即使公司的策略取得了不小的成功，但因为该产业或产品不是公司具有核心竞争力的产品，也应该毫不犹豫地将该产业或产品砍掉，将资源配置在最能发挥效力的产品或产业上，以保存公司的核心竞争力，巩固公司在其优势领域的地位。这同股市上的原则一样，永远要舍弃劣势股，追捧强势股。

然而，大多数公司却舍不得将自己精心照看的孩子舍弃，宁可取长补短，不愿意扬长避短，结果感情上的原因使得这些公司与成功无缘。要使公司获得长治久安，赢得市场的宠爱，公司就必须将每一次战斗都紧盯着公司的总体目标，有的放矢，不空耗物力、人力和财力。

三、用研究战略的方式研究营销

营销和战争有着本质上的相同点，我们从研究战争的角度来研究以往的营销案例，可以获得许多宝贵的经验和智慧。如果我们能够用研究战略的方式来研究营销问题，同样能够找到可以帮助我们赢得竞争的方法。

在人类文明史上，有许多耀眼的军事家和战略家，我们在从战略角度研究营销问题时，需要汲取他们的智慧，让这些伟大人物的伟大思想在现在和将来发挥更大的作用。

同样，从现代营销产生直到今天的短暂历史中，也有许多经典的营销案例。这些案例为我们研究营销战略提供了宝贵的素材和经验，我们既要结合成功的营销案例来获取经验，同时也要从失败的案例中获得启示。

第二节　营销战的基本原则

一、兵力原则

（一）战争的胜负取决于实力，取决于兵力的强弱

我们听说过不少经典的以少胜多、以弱胜强的案例。在中国历史上有著名的淝水之战、赤壁之战，在西方的历史上有著名的马拉松战役等，这些战争经典似乎都在暗示着人类的智慧可以创造出奇迹。但是，这些案例可以说是凤毛麟角，总体来说，弱者征服强者的经历很少。强者战胜弱者，大国战胜小国，这是战争中的铁律，没有什么能像兵力原则

这样处于根本地位。

《管子·枢言》早就指出："众胜寡，疾胜徐，勇胜怯，智胜愚，善胜恶，有义胜无义，有天道胜无天道。凡此七者贵众，用之终身者众矣。"此话强调的是作战的七种优胜条件都应完全具备，即战争力量诸因素的综合对比应高居于敌人之上。对于这一规律，如果哪位鲁莽的将军想要以卵击石，那么结果就如孙子所说"小敌之坚，大敌之擒"，意思是力量小的军队如果固执硬拼，必为强大之军所擒获。

在战争中，优胜劣败是普遍规律。当然，这是说强大的一方即使具备了胜利的可能性，弱小的一方也可以胜利，但这种胜利不是必然的，不是规律性的，它必须是有条件的。简言之，如果敌对双方的力量对比处于绝对状态时，弱方就不可能战胜强方。例如，第二次世界大战中阿比西尼亚（今埃塞俄比亚）面对绝对强大的意大利，尽管进行的是正义的反侵略战争，并且他们的抵抗不可谓不坚决，但最终还是失败了。

战争中的兵力法则在营销战中也有着同样的作用。大鱼吃小鱼，大公司战胜小公司，这永远是营销战中的铁的法则。

大公司能担负更大的广告预算、更大的调研部门、更多的销路等，大公司可以以自己的实力为基础，率先走进消费者的头脑，小公司却无力这样去做。通常是富的越富，穷的越穷。没有什么公平不公平，这就是兵力原则的必然结果。

微软公司一直统治着全世界电脑的桌面，微软在推出 Windows 95 时，准备工作从 1992 年就开始了，微软从各公司选派的使用者组成专门小组，和工程师一起探讨研究电脑的特性和功能，1993 年进行了大量的操作试验，1994 年进行实地调查，送出了 4 万份测试版，1995 年正式推出 Windows 95，耗资 2 亿美元投入广告宣传，展开一场气势宏大的推广活动，创下电脑行业前所未有的纪录。微软可以如此规模宏大地进行新产品研发和推销自己的新产品，小公司有实力与之抗衡吗?

大公司有实力作后台，蹩脚的战术也可能有良好的结果。但是大公司一定要弄清自己的战略，自己是处于第一位的领导者还是第二、三位的跟随者。不同的位置需要采用不同的战略，只有战略得当，大公司的生存和发展才能游刃有余。

但是对于小公司来说，研究战略就显得分外重要了，因为小公司机会不多，随时都可能被淘汰出局。如果小公司没有正确的战略或者还没有意识到战略的重要性，那么小公司的路也就看到尽头了。

（二）交战中的数学法则

在研究交战中的数学法则后，我们就会明白为什么通常都是兵力更多的军队获胜。假设红队有 9 名士兵，同只有 6 名士兵的蓝队交战。红队占有 50%的数量优势。人数可以是 9 个人对 6 个人，也可以是 90 人对 60 人，或者9 000人对6 000人。不管到底是多少，其中的原则是相同的。假设，平均每 3 枚子弹就有 1 枚能射杀 1 个士兵。第一次火拼后，战局发生了戏剧性的变化。红队由 9∶6 的优势转变为7∶3的优势。红队 50%的兵力优势变为大于 100%。随着战火的燃烧，这种致命的算术递增仍在继续。第二次交火后，数字会变为红队以 6∶1 占绝对优势。第三次交火后，蓝队就被彻底歼灭了。

再来看一下双方的伤亡情况。优势兵力（红队）的伤亡人数仅是劣势兵力（蓝队）的一半。这一结果可以很好地解释为什么战争中总是实力更强、兵力更多的一方可以获胜，而不是相反。

如果知道了这个原则，我们就可以分析第二次世界大战时日本所犯的错误，它在太平洋地区铺开了长长的战线，与数倍于自己疆土的中国和实力强大的美国作战，分散了其原本就占劣势的兵力，再加上其盟军德国和意大利自顾不暇，无法派兵支援，最终难逃失败的命运。

（三）弱势一方的选择

难道弱者就没有出头之日，没有取胜的机会吗？当然有，只不过需要将兵力原则加以正确应用而已。

在孙子看来，强弱双方的优劣对比处于相对状态。强者虽强，但总有某些方面处于劣势，这就给弱者的力量转化提供了机会和条件。弱势的一方就可以通过主观能动性的发挥，在局部运用兵力原则，以自己的局部优势攻击对方的劣势所在，从而取得自己的胜利。

《管子·制分》中的论述相当精彩，它说："凡用兵者，攻坚则轫，乘瑕则神。攻坚者瑕者坚，乘瑕者坚者瑕。"意思是说，打强点就会碰钉子，打弱点就会显神功。硬打强点，则弱点变为强点；巧攻弱点，则强点也会变成弱点。寥寥数语，说得辩证而且深刻，充分表明了弱势一方在战争中利用兵力原则攻击强势一方弱点的重要性。

毛泽东在《论持久战》中明确指出：中外历史上这类事情（以弱胜强）多得很。中国如晋楚城濮之战，楚汉成皋之战，韩信破赵之战，新汉昆阳之战，吴魏赤壁之战，吴蜀夷陵之战，秦晋淝水之战等；外国如拿破仑的多数战役，十月革命后的苏联内战，都是以少胜多，以劣势对优势获胜，都是先以自己局部的优势和主动，向着敌人局部的劣势和被动，一战而胜，再及其余，各个击破，全局因而转化成了优势，转成了主动。毛泽东的一席话，辩证地指出了弱势一方若要取得胜利，一定要在局部获得优势兵力，一战而胜，再及其余，从而获得全局胜利。游击战可能是有史以来最富有创造性的战争方式之一。游击战的作战原则就是集中优势兵力，取得相对优势，将敌人各个歼灭。中国在抗日战争时期就运用游击战这种有效的作战形式，狠狠地打击了日军。

营销战略中，同样如此。小公司要想获得一席之地，就只能依靠自己局部的兵力优势获得营销战争的成功。正面和大公司的对抗是不明智的。大公司在营销战争中属于防守一方，但其"备前则后寡，备后则前寡，备左则右寡，备右则左寡。无所不备，则无所不寡"。大公司总有自己的漏洞，小公司总能找到一块细分市场，并获得相对优势，从而使得胜利向自己转化。

（四）两个谬误

1. 优秀员工谬误

苹果电脑公司的老板史蒂夫·乔布斯曾经说过："一位出色的人才能顶50名平庸的员工。"这话听起来当然很对，员工的素质肯定是企业成功的一个因素。但是，在商业中，员工数量越多，集结质量差异就越困难，数量优势已绝对性地压倒质量优势。

一位优秀的将军决不会将军事战略建立在全靠优秀士兵的基础上。因为他懂得要靠优秀的战略来打胜仗，而不能靠优秀的士兵打胜仗。

在企业刚刚建立的时候，确实需要一批优秀的、有奉献精神的员工来共同寻找企业的兴奋点，即盈利点。然而，随着企业规模的扩大，优秀员工的优势会逐渐变弱，当企业足够大的时候，企业员工的水平就接近于行业的平均水平。随着企业的扩大，企业中会产生各种各样的利益群体，这些群体之间的斗争使得企业的精力分散，优秀的员工可能变成企业的绊脚石。

企业必须靠正确的战略来获得胜利，仅仅建立在有着与普通人一样的感情、欲望，与普通人一样的思维方式的优秀员工身上是不可靠的。企业要想欣欣向荣，必须有优秀的营销将领来制定正确的策略，而不能依靠普通人集结的优秀员工。

2. 优秀产品谬误

迄今为止，很多雄心勃勃的市场经理人都在尽力提高自己产品的质量，他们认为只要自己生产出比竞争对手质量更好的产品，自己就有机会在竞争中获胜。

我们相信质量更好的产品当然可以卖得更好，但关键是，消费者会不会认为你的质量更好呢?

在今天的市场营销中，你所做的几乎是白费力气的事，就是企图改变消费者固有的心理。固有心理一旦形成，几乎是无法改变的。消费者头脑中根深蒂固地认为你的竞争对手的产品比你的更好，即使你尽力向他们灌输你的产品最优质的观念，他们仍然不愿为你掏一分钱。

所以，一定不要把你获胜的希望押在优秀产品身上。在这个弱肉强食的世界里，强权即真理，赢者才有最好的产品。你所需要做的就是寻找一个合适的战略，使自己能拥有相对的优势。

二、防御优势原则

（一）防御优势原则是战争和营销的另一个重要原则

该原则认为处于防御地位的一方可以以较少的兵力对抗另一方，防御的地位给予其地利的优势，可以增加其兵力的威力。

克劳塞维茨曾经说过：“防御这种作战形式就其本身来说比进攻这种作战形式强。”

所以，历史上很多战争都聚焦于战略高地的夺取，只要夺取战略高地，胜利的一方就可以充分利用战略高地的有利地形，狠狠地对来犯方给予还击，稳定自己的胜利地位。长江天险、大漠关口从来都是抵抗敌军的天然屏障，而山顶高地、水泽岛屿也很容易成为制敌的重要优势。防御的优势由此可见一斑。

相反，如果进攻者想要对处于防御的一方发起进攻，必须有数倍于敌方的兵力才能保证进攻的成功。如果双方兵力相当，军事指挥官是不敢贸然向敌方发动进攻的，否则面临的可能就是毁灭性的灾难。

公元 1815 年的滑铁卢会战结束了拿破仑叱咤风云的军旅生涯，在滑铁卢，拿破仑军队在数量上占有轻微优势，他以 74 000 人对威灵顿的 67 000 人，但是拿破仑处于进攻一方，而威灵顿却处于防御一方。结果怎么样呢? “波拿巴动用了他最后一丝力量，最后，像一个乞丐一样，不仅丢掉了他的战场，也丢掉了他的皇冠。”

（二）防御中的数学法则

在旷野中两军对垒，很快就可见分晓，兵力多的一方总是会占据优势。可是，当一方处于防守地位时，情况又会如何呢？这会不会改变其中的数学法则呢？

假定红队有9名士兵，同蓝队交战，蓝队只有6名士兵。此时红队有50%的兵力优势。但这次蓝队处于防守地位，正防守在战壕或散兵坑中。对蓝队士兵来说，每射出3枚子弹，就能击中1个红队士兵。

在蓝队处于防守的安全地位下，红队的杀敌本领会出现什么变化呢？此时，红队士兵9发子弹才能射中1个蓝队士兵，而不是3发子弹了（这种情况同“征服”销售的难度相同，即从一个根基稳固的竞争对手手里夺取生意，要比从原本不受制约的顾客那里得到的生意难得多）。

第一次交火后，红队兵力仍比蓝队多，但比数仅为7∶5了；第二次交火后，比数降为5∶4；第三次交火后，双方兵力相当了，为4∶4。

红队发起进攻时，有50%的兵力优势，可是现在却跟对方持平了，如果红队继续进攻，结果可想而知。

在防御战中，处于守势的一方会利用其地形的优势，以较少的兵力来对抗进攻的敌军。

（三）营销战争中的防御优势

在营销战争中，防御优势原则也同样起作用。如果进攻者想向处于领导地位的防御者发动进攻，与防御者实力相当是不够的，你的力量必须是领导者的2～3倍。你和领导者并不在同一水平上，消费者头脑中根深蒂固的是领导者的品牌名称、领导者的地位、领导者的特征。你必须花费更多的金钱、更多的策划、更多的精力来塑造自己的品牌和产品。

如果你是某一行业的领先者，你将能长期享用领导者品牌带来的胜利果实，这一切仅仅因为进行的是防御战这一战争中更强有力的形式。

可口可乐是世界上最大的饮料公司，其公司仅商标价值就值244亿美元。全世界200多个国家和地区，每天消耗的可口可乐就达3亿罐之多，可口可乐强大的实力无人能够与之直接抗衡。在可口可乐与对手的每一次对阵当中，都能凭借其雄厚的实力、大规模的广告战役来获取胜利。七喜公司一度曾是美国第三大软饮料商，其负责人在与可口可乐交手时，气冲冲地说，可口可乐在饮料行业里拥有最发达的销售系统，他们使用一切手段控制或者干脆垄断某些业务，他们的力量真是可怕。可口可乐每年花在广告上的投入达6亿美元左右。可口可乐公司改变一下广告代理商，就会造成广告公司数千人的失业。这样的大力金刚，力量实在是太强大了。如果意识不到这些超级霸主在商界的地位，那么营销人员面临的很可能就是灭顶之灾。

可是偏偏有些自信、勇敢的营销人员意识不到防御的力量，进攻的魅力和胜利的快乐冲昏了他们的头脑，使他们迫不及待地操起长矛，进攻离自己最近的战壕里的竞争对手。在营销战中，没有什么比这样轻率的进攻更可悲的了。英雄主义病症在营销人员中蔓延，营销人员急于为公司建功立业，甚至为公司牺牲。但是公司拒绝无谓的牺牲，公司也是功利的，公司注重的是业绩。

巴顿将军说：“现在请你们记住，没人能仅凭为国家牺牲就能打胜仗；要想打胜仗，就要让敌人为他的国家牺牲。”

营销战争中，防御者的魅力在于竞争对手发动战争需要时间，产品的传递并不困难，困难的是信息的传递，进攻者要在预期客户头脑中扎根需要时间，防御者就可以利用这一时间进行围追堵截，从各种渠道堵塞截取信息，从而赢得营销战争的胜利。

由于防御方强大的实力、敏锐的触角，再加上进攻者实力不足，很容易就使防御者能击败对方的进攻。那些突袭成功的案例中，防御者虽然意识到对方要发起进攻，但是因其骄傲自大或者对战局的观望却丧失了时机。其实在进行突袭的过程中，对手总是有一些迹象来表明作战意图。防御者要时刻伸出自己敏锐的触角捕捉市场信息，一旦市场有变，马上采取行动，捍卫自己的稳固地位。

战争中总有一些规律性的东西，这些规律是不以人的意志为转移的，并且在任何时间和地点都发生着作用。我们在进行战争时，要尊重这些规则，要利用这些规则来帮助我们赢得战争的胜利，忽视或者蔑视这些规则的人必将付出惨重的代价。

第三节 营销战的主要作战形式

战争并非只有一种作战形式，不同的战争主体要根据自己不同的情况来制定相应的战略。军事上处于弱势的一方首要进行的战略是确保自己的军事存在，贸然的进攻增加的只是自己毁灭的风险。而军事上的强者考虑的是如何巩固自己的优势地位，进而扩大自己的势力范围。弱势的一方若采取吞并天下的行动，无疑是自取灭亡。而强势的一方如果故步自封，不采取行动来巩固自己的地位，最终也会失去自己的优势。

营销战争的作战形式也不仅仅是单纯的进攻，其作战形式也有几种，关键是要认清自己的战略地位。处于不同战略地位的各方，各自的战略目标也不相同。在某一行业中，处于领先地位的一方，如通用汽车公司，其战略目标是继续保持其优势地位，并逐步扩大其市场份额；对于处于第二位的一方，如福特汽车公司，其战略目标是发起进攻，从通用公司那里分得一部分市场份额；对于处于第三位的克莱斯勒公司，其战略目标就是发起侧面进攻，能从福特和通用公司那里夺取一部分市场；而对于位于最后的一方，能保住自己的生存就谢天谢地了，像美国汽车公司就是这样的战争目标。

相对于不同的战略目标，就应该采取不同的作战形式。通常来说，营销战的作战形式有四种，即防御战、进攻战、侧翼战和游击战。各种不同的战争形式要和不同的战略目标相适应，也就是要和处于不同的战略高地的公司相适应，因时制宜，因地制宜，在市场的竞争中能有效、准确地寻找自己的存在价值和理由。当然，随着公司实力的变化，战争方式也要变化，切不可刻舟求剑，贻误战机。

一、防御战

（一）只有市场领先者才应考虑防御

没有人会去进攻散兵游勇，散兵游勇无所谓防御不防御。当然处于市场第二、三位的企业也不必去考虑防御战，因为领导者随时都可能夺去他们的市场份额，对他们来说，进攻才是最好的防御。

当然，这里的领先者绝不是企业自封的，而是在消费者头脑中首先想到的第一品牌。

企业往往会说，“我们是该行业的领头羊”“我们是国内最耀眼的明星”。这些只是企业一厢情愿的想法，消费者并不认可，消费者只把钱投在自己的想法指向的企业那里。企业要客观地审视自己的实力和处境，只有冷静地看问题，才能有突破的好办法。

另外，我们所讲的是真正的领先者，而非泛泛意义上的领先者。日用品业只有一个宝洁公司，软件业只有一个微软公司，航空业只有一个波音公司，零售业只有一个沃尔玛，这些领先者的王者地位是毋庸置疑的，无人能够撼动。

（二）最好的防御战略是进攻自我的勇气

由于防御者处于领先的地位，它在顾客头脑中占有绝对的优势。防御者提高地位的最好办法是不断冲击顾客头脑中的信念。换句话说，就是要不断引进新产品和新服务，取代原有的部分，以此来巩固你的地位。

竞争环境此消彼长。移动的目标总比静止的目标更难以击中。一旦领导者认为自己的品牌取得了绝对性的胜利而不思进取，那么竞争也如逆水行舟，不进则退，领导者品牌的绝好位置可能会拱手让与他人，到那时企业将会追悔莫及。

福特公司在创办之初，创造了“流水线作业”制度，采用大量生产降低售价的低成本战略，推出了耐用、可靠、便宜的T型车，畅销达19年之久，并因此登上了行业霸主的宝座。然而，随着经济的发展和人们收入的增加，汽车已不再是单纯的交通工具，而逐渐成为车主个性、身份、地位的象征，单一品种的T型车已不能满足消费者多方面的需求。但遗憾的是，福特公司对这种变化无动于衷，仍一味推出T型车。通用汽车公司却敏锐地意识到了这一变化，及时捕捉住这一千载难逢的机会，在市场战略上首创产品差异战略，把小轿车细分为七个部分，依次推出雪佛兰、凯迪拉克等多种适合不同收入水平消费者的车型，最终推翻了福特的霸主地位，成为首屈一指的新霸主。

福特公司的例子告诉我们，市场领导者必须有进攻自我的勇气，必须根据市场的变化来变化，或者是根据自我创新来创造市场。有时候，公司在进行高层决策时，有很多人担心公司推出的新款产品会抢走原有产品的市场，但是领导者一定要意识到，市场被自己的产品拿走总比被竞争对手夺走要强。

吉列剃须刀被誉为“天下第一把刀”。对于千千万万的男人来说，吉列剃须刀如同波音飞机、丰田汽车、松下电器、派克金笔一样，成为消费者耳熟能详而又极其喜爱的品牌。吉列公司为何能取得这样巨大的成就呢？关键就在于其不屈不挠地进攻自我，推出自己的新品牌，从不锈钢刀片到双刃剃须刀，从一次性剃须刀再到可调节剃须刀。当吉列公司推出命名为“好消息”的一次性剃须刀时，相当于挖了吉列公司自己产品的墙脚。但是，它防止了吉列公司的竞争对手比克公司夺走该部分市场。比克公司为此曾做了大量准备，想要推出自己的一次性剃须刀，但吉列公司却没有给它任何机会。行业资料显示，3年中比克公司在一次性刀片市场上损失了2 500万美元。

吉列公司正是凭借着对自我的不断超越、不断创新，将一枚小小的剃须刀推广到世界各地，成为剃须刀市场上不可撼动的超级霸主。

由此我们可以看到，进攻自我虽然可能会牺牲眼前的利益，但是却有一个最大的好处，就是保卫市场占有率，而这才是打赢营销战的最终武器。反之，倘若企业在进攻自我上犹豫不决，通常就会丧失市场份额，并最终丧失市场领先者的地位。

（三）要时刻准备竞争对手的强大营销攻势

多数公司只有一个机会获胜，而市场领先者却有两个机会。如果领先者失去了挑战自我的机会，还可以模仿他人的竞争手段。但是，领先者在进攻者确立地位之前，要迅速行动起来阻止它。领先者可能不屑于模仿竞争对手的竞争策略，但往往就是这样的大意和疏忽，给了竞争对手可乘之机，等意识到问题的严重性时，已为时过晚。

在市场营销中，作为领导者企业，要保持自己的领先地位，争取更大的市场份额，需要付出更为艰辛的努力。这就要求企业的管理者必须时刻关注市场的变化、竞争者以及企业内部环境的变化，依据企业内外条件的变化迅速做出反应，趋利避害，变被动为主动，寻求有利的发展机遇。当竞争对手采用新的营销方式或者推出新的产品时，领导者一定要利用自己的有利地位，全力拦击竞争对手，捍卫自己的王牌地位。

对领导者来说，阻击非常有效，因为战争是在消费者头脑中进行的；对进攻者来说，要在消费者头脑中留下印象需要时间，这一段时间对于领先者来说，就已经足够了。

美国汽车制造业的情况很好地体现了这一原则。约翰·德劳伦在《晴日可见通用汽车公司》一书中说道："我在通用汽车公司期间，即便福特在产品创新方面超过通用，克莱斯勒也在技术创新方面超过通用，这两家公司都不会对通用一半的市场份额产生实质性的威胁。"

作为行业的领导者，要继续保持领导者的地位，从而获得丰厚的利润，就必须时刻紧盯着各个方位的市场行情，竞争对手的每一次进攻都会有一些迹象，捕捉住这些迹象相当重要。当然，也可以静观其变，但是，领先者通常要有领先者的姿态，也要有领先者的作为。

另外，领先者要注意积蓄后备力量，在整个市场营销过程中不能平均分配自己的力量。在风平浪静的时候，仅仅投入维持竞争所需的必要资金就可以了，把其他的资金储备起来；在遭遇竞争对手的进攻时，再拿出后备力量，全力反击。

在以保护自由竞争为荣的美国，政府是领先者强大的影响力量。自从《反托拉斯法》出台以来，领先者就时刻担心法律的报复。微软公司是纳斯达克的宠儿、投资者的骄傲，但政府却拿起反垄断的利器，将庞大的公司一分为三。在美国"仅有垄断的能力不一定是非法的"，但是，垄断者把一个市场领域内的力量用于另一个市场来赢得竞争优势的做法则是非法的。微软被拆分的理由就是捆绑式销售它的软件。在美国，纵向保护一个市场比横向保护一个市场更明智，所以吉列公司的自我进攻策略就高明得多。

当领先者通过自身的努力，击败了竞争对手一轮又一轮的攻击，牢牢地巩固了自己的阵地时，营销战场暂时处于和平时期。此时，领先者就应该开始为新产品做宣传了，而不是为品牌做宣传。也就是说，当你有一块馅饼时，你应该设法把整个馅饼变大，而不能只把你手中的一小块变大。

二、进攻战

当公司的实力和领先者可以进行正面冲突时，就可以考虑进攻战，从领先者那里获得市场份额，这种策略适用于处于第二、三位的公司。在 20 世纪 50 年代，百事可乐的市场份额仅为可口可乐的 1/5，然而经过一系列的进攻战，百事可乐在 1985 年就将这种差距缩小为 1.15：1，进攻的公司是可以从进攻中获益的。

当然，进攻战也要运用营销战的兵力原则，如果进攻者无法获得绝对优势，就必须灵活运用现有的力量，在决定性的地点创造相对优势。进攻战的核心就在于进攻者如何发现和创造相对优势。

这里还要强调一点，进攻战适用于处于市场第二位或第三位的公司，这家公司应有足够的力量向领先者发动持久的进攻。这个条件并非在所有的行业都能实现。有些行业，领先者的地位太强大了，以至于进攻者每一次进攻都无异于自我毁灭，这些行业是不适合采用进攻战的。

发动进攻战的基本原则主要有如下几个方面。

(一) 考虑的重点应该是领先者在市场中的强势

这是一条简单的原则，你要进攻领先者，就应该先研究领先者，所谓“知己知彼，百战不殆”，在不知敌人的情况下，怎么能有胜算呢?

可是大部分公司都太自爱，注意的重点并不在领先者身上，而在自己身上，营销的重点也放在了如何推出自己的特点和优点上。但是，如果你的特点和优点正好也是领先者的强势所在，即使你的广告做得再好，消费者心里也不会接受你的产品比领先者更好的事实。不要试图跟消费者固有的观念作斗争，因为你无法战胜消费者头脑中根深蒂固的印象。

所以，你首先考虑的应该是领先者的优势，然后考虑自己的产品。兵书上有“避其锐气，击其惰归”的说法，正面和领先者具有优势的产品进行较量，尤其是模仿领先者的竞争方法是不可取的。

《庄子·天运》里有一则东施效颦的故事，说的是一个丑女看到西施捂心皱眉的时候特别迷人，就模仿西施的动作，结果人们觉得她忸怩作态，更加丑陋，都躲开她了。市场营销中也要注意，如果领先者已经在某一领域具有强大的优势，你就不要在该领域与其相撞，免得自己失败。

在美国快餐市场上，汉堡王一直是麦当劳有力的竞争对手，但到了 20 世纪 80 年代，汉堡王开始模仿他人的经营。麦当劳在 20 世纪 70 年代增添了鱼肉、烤肉、煎蛋等，又推出了麦香鸡和肉排；汉堡王也推出了各种各样的三明治，还有火腿和奶酪、脱骨炸鸡、炸鱼片和牛排。麦当劳一直以吸引孩子取胜，在店面中有各种各样的儿童玩具，还有作为其形象代表的麦当劳叔叔；汉堡王也模仿麦当劳的孩子特色，并命名为“魔幻汉堡王”，想要吸引孩子和他们的父母。但是，模仿没有取得任何效果。到了 1982 年，汉堡王的销售速度开始放慢，那年它的税前利润只提高了 8%。相反，麦当劳的净利润上升了 15%。

(二) 要找到领先者强势中的弱点，并攻击此弱点

领先者都有自己的固有弱点，进攻者必须找到这一点。古希腊神话中安泰是众所周知的英雄，他是海神波塞冬与地神盖娅所生之子。他之所以力大无穷，主要是因为他在战斗无力时，只要靠在大地上，就会从大地母亲那里汲取无穷的力量而打败对手。后来敌人发现了这一秘密，诱他离开地面，在空中杀死了他。对于进攻者，重要的是找到安泰的弱点，而且是他强势中的弱点，并攻击这一点。

领先者也会有弱点，但仅仅是弱点而已，那不是它们力量中固有的部分，可能仅仅是他们忽略了而已。当它们遭遇进攻时，很快就可以调整自己的战略。

但是，有一种弱点，却是领先者无法改进的，那就是领先者强势中的弱点。任何事物都有两面性，领先者的强势可以造就其领导地位，也可以给竞争对手提供机会，只要竞争对手抓住了这个机会，领先者经常是无可奈何的。

麦当劳的优势是什么？是汉堡包、标准统一、快速服务和低廉的价格。麦当劳的弱势是什么？当然是麦当劳用来快速输送廉价汉堡包的流水线系统。如果你想要点特殊的食品，就得等在一条单独的服务线上，等服务员回到制作间，调整整套系统。麦当劳的优势同时也就是它的弱势。在20世纪70年代初，汉堡王针对麦当劳的弱点打出广告："选择你自己的方式，没有泡菜，没有调料"，或者"你想要什么就要什么"。这对麦当劳是一个打击，汉堡王的销量证明了其策略的正确性。这是一种极好的进攻策略，麦当劳能掉过头来赶超汉堡王吗？如果它回过头来，汉堡王就是第一个进入消费者头脑中的公司，很可能霸主宝座就要易主；如果它不赶超汉堡王，汉堡王就有了发展的大好时机。市场的份额可能就那么大，汉堡王的份额上去了，麦当劳的份额就会降低。防御者真正是进退维谷。

进攻者不一定总要避免价格战。如果那是对方实力中的弱点，价格战就非常有效。无线电广告公司是播放电台广告的企业。电视的最大优势是什么？是它的覆盖面广泛。电视的弱势又是什么？那就是它的覆盖面要达到所有的家庭所需费用太高。无线电广告公司在一个广告标题中问道："你怎样才能解脱电视广告高额费用的痛苦呢？"并给出了答案："广播电台"。大家都知道无线电广播很便宜，但是要使这一观念深入人心，电台的低价必须要猛烈进攻电视的高价。

（三）在尽可能狭窄的阵地上发动进攻

有所不为，才能有所为。战线太长没有什么好处，只能使得自己兵力更加分散，最后因无法与防御者抗衡而自动退出战局。一支营销队伍若一下子铺开多种产品进行进攻，企图占领尽可能多的阵地，什么都想得到的结果便是什么都得不到，只能使自己损失更加惨重。

曾经一度，美国管理科学公司是大型计算机软件最大的独立供应商，它收购了桃树软件公司，企图打入个人计算机软件业。但是，它却以领先者的方式管理桃树公司，在一次称为"大爆炸"的营销战役中，桃树公司推出了25种不同的软件产品，并开展了大规模的广告促销。然而不到两年，美国管理科学公司就宣布，对个人计算机软件的投资失败，并出售或者脱离桃树公司的经营业务。美国管理科学公司最终尝到了产品分散的苦果，个人计算机软件的失败是可预见的，关键是它自己的核心业务，即大型计算机软件的业务也因为精力分散，正在逐步丧失阵地。

对于进攻者而言，不要试图在广阔的阵地上向领先者发起进攻。集中优势兵力获得自己的相对强势，这一点至关重要。对于强大的领先者，获胜的关键决不在于战线的绵长，而在于能洞察其优势中的弱点，并攻击此弱点。这些弱点可以说是领先者的顽疾，它无法避免，也无可奈何。领先者看上去非常强大，但是，就算是一家市场占有率为100%的公司，也能够被人击垮，只要你能找到它实力中的内在弱点。

通用汽车是汽车业的巨头，它销售的网点之多，销售的汽车量之大，可以说无人能比，但是，这些恰恰也涵盖了通用公司的弱点，那就是它庞大的销售网点和销售量后面的售后服务、维修质量无法保证。这是通用的弱点，但仅仅这个弱点就可以给竞争对手进攻的机会了，美国其他一些汽车公司就是抓住了这一弱点而获得了成功。

柯达公司多年以来一直垄断着美国业余彩色摄像胶片，在美国，柯达的市场占有率达到了 85%，柯达的黄色包装盒无所不在，这就是它的强势所在。但是柯达的漏洞在哪里？在于它的销量过多，而胶卷都有有效期。如果有效期过了，洗出来的照片就会颜色不正，略带粉色，让人失望。柯达公司为它的无所不在付出了代价，就是不得不忍受胶卷在室温下的老化过程。看到了吧，这就是柯达的漏洞所在，如果有一个竞争对手能生产出冷藏彩色胶卷，并告诉消费者胶卷在售出以前没有变质，那对柯达公司将是一个重大打击。

机会当然是给那些有智慧的人，钱和生意当然也是给那些有智慧的人。有智慧并不意味你能想出多少好的主意，而在于你能给你的公司提供正确的战略。对于能发动进攻战的公司来说，有智慧尤其意味着你能正视竞争对手，找出其漏洞所在，并给你的公司制定正确的进攻战略。千万不要忽略竞争对手的实力，据调查统计表明，大多数的进攻都以失败告终，进攻战只适用于最有决心和技巧的营销人员。

三、侧翼战

在一个市场中，并不是所有的非领先地位的市场主体都有能力发起进攻战，处于第二位或者第三位的主体能发起进攻战，但市场份额较少的、处于第四位或者第五位的主体却需要发动侧翼战。

侧翼战可以说是营销战中最有创新的战争形式，侧翼战与进攻战不同，在进攻战中，进攻的一方能投入并承接起更多的投资，因为你知道哪里是市场所在之处；而侧翼战通常却是投机的冒险行为，市场在何方是不确定的。对侧翼战者来说，有可能全盘皆输，也有可能大获全胜。因此，不管对于营销还是军事来说，侧翼战都是一种大胆的行动，就像是一场赌博，而且是一场豪赌，并且需要在每时每刻做出周密的计划。

《孙子兵法·势篇》中说：“凡战者，以正合，以奇胜。”即是说，在战争中要用正兵当敌，用奇兵制胜，就是用特殊的手段，以出人意料、变化莫测的斗争策略取胜于竞争对手。出其不意，攻其不备，才是取胜之道。

侧翼战，其实也是在研究竞争对手的情况下，从竞争对手的特点和劣势出发，谋求自己的胜利，这就是所谓的“因敌制胜”。对竞争对手而言，总有其防御的漏洞所在。在军事领域中，孙子很早就说过：“备前则后寡，备后则前寡；备左则右寡，备右则左寡；无所不备，则无所不寡。”在军事兵力配备中，只要有有备的地方，必有相对无备的处所。处处设防，无所不备，就必然处处薄弱，无所不寡。有众必有寡，有密必有疏，有实必有虚，总有弱点可找，总有间隙可乘。

营销中也同样如此，采用侧翼战一定要时刻注意市场，注意竞争对手的情势变化。故比起其他战略形式来说，侧翼进攻更需要掌握作战原则；进攻开始后，还要有预见战局发展的预测能力。

（一）侧翼战的作战原则

1. 在无人竞争的地区展开进攻

想在虎口夺食不是件容易的事，应尽量避免与敌人的正面交锋。敌人重兵包围，我军自当避其锋芒，在敌人的弱势地带发动进攻。这无疑也是兵力原则的运用。

市场营销中也是如此，需要在无人竞争的地区展开进攻。当然，你并不需要创造出与市场上所有产品不同的产品，但是，你的产品中必须有创新或者独特的部分，要在顾客的头脑中创造出你自己的独特性。即便如此，你的竞争对手也很可能阻击你，根本不承认你的独特性，使你的进攻计划功亏一篑。

传统市场营销中所讲的市场细分就是这种创新的思路，这种能力至关重要。在市场经济越来越发达的今天，我们必须时刻注意产品的细分，必须建立起自己独特的风格，抢占某一细分市场。如果不能建立起自己独特的风格，那么，生存和发展都将出现障碍。

在美国软饮料市场上，可口可乐和百事可乐纷争已久，就在两家可乐公司打得不可开交之际，七喜公司找到了软饮料市场的空缺，即不含咖啡因的饮料，以“七喜：非可乐”的市场定位迅速出击，使七喜公司大放异彩，从软饮料市场的第四位迅速升到了第三位。

海尔集团在实行国际化战略时采用的就是侧翼战。海尔集团在进军美国市场时，主要靠其小冰柜取胜。当时美国市场上有来自各个国家的名牌产品，质量款式均属一流，但普遍是大型冰箱、冰柜。海尔公司却开发了小型冰柜，可以分割，上面还可以载物，既节省了时间，又创造出“冰镇葡萄酒”的新型生活意识，从而使其国际化经营战略取得了成功。

2. 战术奇袭应该成为计划里的一个重要组成部分

从本质上说，侧翼战是一种奇袭战，侧翼战不同于进攻战和防御战，进攻战和防御战是可以预见的，而侧翼战是不可以预见的，侧翼战越是在竞争对手不防备的情况下发起，越有可能取得成功。兵法讲“兵贵神速”，突然从侧翼发动进攻，可以使竞争对手猝不及防，来不及做出反应，从而可以赢得胜利的宝贵时间。但是奇袭一旦惊动了竞争对手，就可能受到竞争对手的阻击拦截，最终使得侧翼战归于失败。

侧翼战有一个两难选择，即是否应该进行市场调查。如果进行市场调查，就可能惊动竞争对手，从而丧失继续进攻市场和巩固市场的机会；但如果不进行市场调查，整个活动就可能归于失败。所以，从某种意义上说，侧翼战像是一场大的赌博，失败或者成功都有可能。

3. 追击同进攻一样重要

对侧翼战者而言，绝不可以因为取得短暂的胜利而沾沾自喜，胜利后的追击同进攻本身一样重要。趁热打铁才可以加强顾客头脑中的影响，轻易地放松已经取得一定地位的市场不是明智的做法。但很多企业都习惯于弥补自己过去的营销失败，而不是培育未来更有赢利前景的项目或者品种。

如果你的一个产品通过侧翼战取得了优势，一定要继续在此产品上加大投入，把资源从落后产品配置到该产品上。扬长可以获利，又何必费劲地补短呢？

即使在优势产品上开足马力，你也很可能失败，因为你的成功吸引了竞争对手的目光，它们会对你围追堵截，抢夺你的市场，从而使你彻底失去机会。

（二）侧翼竞争的机会

1. 从产品方面考虑

产品可以有大有小，可以是男性产品，也可以是女性产品，产品的形状可以改变，产品的状态也可以改变。

德国大众汽车公司推出的甲壳虫是侧翼战的经典。在美国市场上，一直以来都是通用汽车公司生产的大型汽车占主流，而大众公司反其道而行之，推出了小型车甲壳虫，迅速占领了大片市场，使汽车工业格局发生了巨大的变化。

我国海尔公司的“小小神童”洗衣机也可以说是小型产品的侧翼战，海尔公司于1996年推出“小小神童”迷你全自动洗衣机。这种小洗衣机占地小，易搬动，能够即时洗涤，符合现代人生活节奏紧张、洗衣次数多的要求，所以获得了巨大的成功，小型产品一炮打响。

不仅从产品外形，从产品功效方面同样也可以找到侧翼进攻点。法国米其林公司开发新技术，抢先推出辐射轮胎，并打入美国市场。而这时的美国其他轮胎制造商（包括固特异、火石等）在制造辐射轮胎技术上，根本无法与米其林相比，在受到其侧翼进攻时，毫无招架之力。

2. 从价格方面进行考虑

从价格方面考虑，主要有低价策略和高价策略。

低价策略可以说在任何行业都是一种很明显的战略。根据经济学基本原理，价格与人们的需求成反比，价格低，明显地可以吸引更多的消费者。

美国西南航空公司实行的就是低成本进攻策略。成立于1971年的西南航空公司是由4家航空公司合并而成的，它在打入美国航空市场时就以低成本获得了成功。它不用昂贵的计算机预订机票，不设头等舱，检票员按先来后到的原则发放可重复使用的、编号的塑料登记卡，在飞机上不供应餐点，所有这些都使得竞争对手纷纷退出市场，不再与西南航空公司便宜的票价竞争。相比于其他大型的财力雄厚的竞争者，西南航空公司的低价位侧翼战取得了显著的成功。

当然，低价策略不一定都能取得应有的效果，低价产品往往会被顾客当作低价值的产品，所以低价策略要注意产品的质量和技术等因素。相对于低价策略，高价策略也有很广泛的运用，各行业中很少有不能用高价进行侧翼进攻的。例如，汽车行业的奔驰、服装业的皮尔·卡丹，几乎任何一种商品或者服务都有绝好的机会以高价发动进攻。

宝洁公司在进入中国市场时推出的就是高价策略，宝洁公司通过市场调研得知，中国市场上虽然牙膏品牌众多，竞争激烈，但基本都集中在低价位上，高价位是真空地带，宝洁公司随即以此为突破点，推出了高价位的品牌“佳洁士”，结果迅速占领了中国市场的高端。

当然，高价定位必须配合产品优质，而且产品的优质还必须明显，使顾客能够实实在在地感觉到，顾客才会认同产品的高价。否则，高价策略就会因为顾客认为“质次价高”而流产。

3. 从销售方式方面考虑

销售方式也可以是侧翼战的一个突破点，安利公司就是这方面的经典案例。安利公司现在已经是世界知名的家庭日用品生产商，多年来以其人员的直销方式获得了竞争力。一般的日用品都是摆放在百货商店、便利店或者超市进行销售，安利公司的直销方式为消费者提供了品质优良的日常生活用品及安坐家中购物的便利。就是这种直销的侧翼进攻方式，使得安利赢得了全球很多消费者的信任和赞赏，建立起了稳固的市场。

随着网络技术的发展，网上销售成为人们关注的焦点，这一切源于亚马逊在新的销售方式上的尝试。亚马逊是一家网上“虚拟”公司，为读者在网上提供各种各样的书籍，使得人们可以坐在自己的家中，通过电脑在网上向该公司定购自己所要的书籍，该公司再把书邮寄给用户，这是真正的无店铺销售，交易双方都节省了大量的成本，非常方便。这种新颖独特的销售方式获得了人们的认可，使得该公司的股价一路飙升。

除去上面的例子，还有很多从侧翼进攻的方式，但是侧翼进攻战略不是那些胆小或者拘谨的人可以驾驭的。侧翼进攻是一种赌博，发动进攻者需要独到的眼光和先见之明。即使市场调查的结果也不一定能反映市场的趋势，进攻者却需要把握这样的趋势。潜在的消费者无法知道如果将来他们的选择发生变化之后，可能会买到什么商品。因此，侧翼进攻要想成功，就得极力影响消费者的选择。

另外，发动侧翼战时，还要进行严密的计划和调查，要分析行业发展情况，了解领先者的动态。如果领先者公开反对某项计划，而你正好想在此处发动侧翼战，对你来说就是机会，因为领先者转变观念需要一定的时间。

四、游击战

在激烈竞争的市场上，有许许多多的小公司，这些公司没有能力发起进攻战或侧翼战，那么适合它们的作战形式是哪种呢？是游击战。

从中国到古巴再到越南，历史事实证明了游击战的威力。游击战有很多战术优势，使小公司也可以屹立于强者之林。当然，公司的规模大小是相对的，是与其竞争对手的规模相比较而言的。

《孙子兵法・虚实篇》中说道：“夫兵形象水，水之形，避高而趋下，兵之形，避实而击虚，水因地而制流，兵因敌而制胜。故兵无常势，水无常形，能因敌变化而取胜者，谓之神。”孙子在兵书中盛赞了能因敌制胜者，认为其已经达到了神妙的境界。对于小公司而言，它们市场生存的策略即是寻求大公司的盲点，寻找这些公司忽略或者放弃的细分市场，期待占据既安全又能获利的市场空缺。

这些小公司大多是专业化的公司，它们小心翼翼地试图避免与一些主要企业的市场重叠、发生冲突，并且常从竞争对手的角度出发来制定自己的战略。

（一）游击战的原则

1. 找一块可以守得住的细分市场

因为游击战是敌强我弱，所以要找一块细分市场，在该市场上小公司要争取获得相对的兵力优势，就是成为小池塘里的大鱼。当然，这个池塘要足够的小，小得不足以引起市场领先者的兴趣。

要达到这一目标，就需要用市场细分的方法来发现市场空白点。传统的方法是从地理方面入手，如沃尔玛；也可以从时间方面入手，如 7－11 便利店。小百货店的竞争激烈是众所周知的，7－11 便利店经营的产品大多是一些小件日用品和冷热速食品，但是却以其连续的长时间的经营打开市场缺口。“店还开着，很好！”适应了现代社会的需求，获得了成功。

游击战需要特别注意的是，在游击战初获成功之后，往往容易受到诱惑，就是偏离自己的阵地，扩大战线，将游击战改为侧翼战。换言之，就是企图从不为领先者注意的领域转到夺取领先者的市场。如果能够夺取领先者的阵地，当然可以。但如果企业资源不足，则一旦与领先者交锋，原来的相对优势就会捉襟见肘了，兵力分散会导致失败。

另外，如果游击战者定位不利，不能重新塑造品牌，就很容易跌进产品延伸陷阱。一个名称不能支撑两个不同的概念。就像在跷跷板上，一边上去了，另一边就要下来，最终削弱了原有品牌。劳斯莱斯是靠打高价格的游击战而生存的，它所占领的市场是价值近15万美元的高档轿车，那么劳斯莱斯为什么不推出便宜一点的汽车夺取市场呢？廉价的劳斯莱斯会削弱其高价产品的地位，而且，通常是廉价的产品也销售不出去，因为谁想买一辆廉价的劳斯莱斯呢？

这仍然是一个集中兵力的问题，从本质上说，游击公司的力量有限。为了生存，它必须顽强地抵制住分散力量的诱惑，否则，只能导致竞争灾难。

2. 不要使自己的行为像一个领导者

大有大的好处，小有小的优点。游击公司之所以能成功，与它简单精练的组织结构有关。它可以把全部力量投入前线，不留任何非战斗人员。这种优势可以使其灵敏快捷，节约成本，极大地提高游击战的速度，适应市场变化。而大公司却有许多后勤人员，通常一半以上的人员是为另一半人员服务的，公司员工只有较少的一部分被指派到公司外，同真正的敌人交锋。

当游击公司开始为老板配备凯迪拉克时，当游击公司投入巨资开辟市场时，当游击公司对成本的控制不再严格时，当游击公司开始扩张自己的组织机构时，当游击公司开始大规模扩张产品线时，总之，当游击公司的行为开始像领导者一样时，通常就是其衰败之时。

如果游击公司通过游击战积累了足够的实力，可以对领先者进行侧翼进攻，那它将遵循侧翼战的作战原则。但无论如何，不要使自己的行为像领先者。

1995年在央视首届广告招标中，山东孔府宴酒以3 079万元夺得标王。第二年，一个名不见经传的小厂“秦池”也以6 666万元的高价夺得“标王”，次年又以3.2亿元的天价连庄。但其衰败速度也快，“孔府宴”品牌2002年竟以零价格转让给山东联大集团，“秦池”至今仍未翻身。如此巨额的广告开支不是每个竞争者都能承担的。孔府宴酒和秦池都为广告所累，最终断送了自己的基业。故游击公司是不可以享受领先者的奢侈的，因为它没有相应的财力和实力，来实现自己高成本的产品宣传和研发投入等。

3. 一旦有失败的迹象要随时准备撤退

游击战并不是每一次都能成功的，一旦有失败的迹象，即应随时准备撤退。只要公司存在，就可以继续竞争。

如果有失败迹象还不撤退，游击公司就很可能一败涂地，再无生还的机会。中国有句古话，“留得青山在，不怕没柴烧”。而且游击公司“船小好掉头”，内部运作简单，不需要经过大公司冗长的决策程序，也没有大公司内部的争斗，可以快速地撤离战场，准备下一轮的战斗。

小公司开始下一轮竞赛也比较简单，一个人的灵感就足以推出一种新产品，而且能很快挺进市场，填补市场空缺。

所以在支撑不住时，一定要快速退出市场。

（二）几种游击战形式

1. 地理游击战

这是游击战中的经典方式，几乎所有知名的产品或服务都可能受到此种方式的攻击。游击公司因为力量有限，无力在全国或者全省推出自己的品牌，就可以在当地市场推出，使自己获得生存和发展的机会；如果力量进一步壮大，可以将品牌做大，向全国推进。

在我国，有青岛、燕京等全国知名的啤酒品牌，但是几乎所有省（市、自治区）都有自己的品牌，并且是当地市场的领先者。例如，哈尔滨啤酒、佳木斯啤酒、太原迎泽啤酒、包头鹿牌啤酒，各个啤酒品牌运用的就是经典的地理游击战略，而且取得了不小的成功。

地理游击战之所以能够取得成功，是因为公司缩小了战场规模，获得了兵力优势，而且公司提供的产品更能满足当地人的口味，又靠近市场，更容易掌握市场动态，做出相应的调整。

几乎所有的行业都可以运用游击战略，如商业银行业，虽然我国的四大国有商业银行占领了绝大部分市场，但是我国还是有 100 多家城市商业银行，这些银行主要服务于当地。

2. 人口游击战

吸引特定的人群，将人口细分，找到自己的目标顾客，从而在市场中立足，这是一种有效的游击战术。有很多企业就是借此种方法获得成功的。

在传媒业，有很多专业的期刊是靠吸引专业人士取胜的，如《计算机世界》针对的就是 IT 界人士。电视台的节目也是如此，像《经济半小时》《夕阳红》《中国证券》等栏目都有特定的目标人群，从而吸引针对这些人群的企业的目光，获得了大量的广告收入。

还有很多行业，如饮食业、服装业、化妆品行业都可以进行人口细分，划分的方法有根据性别的，有根据年龄的，还有根据文化背景、宗教信仰等进行细分的。只要能找准切入点，就是可以大量获利。

3. 行业游击战

另一种典型的游击战术是把力量集中于一种特定行业，如计算机行业的某个特定分支，这种策略也叫作纵向销售。

有些计算机企业正在选择一种行业，如广告业、银行业、印刷业或者商业系统，然后设计一整套计算机系统，解决只在那个行业出现的问题。

用友软件公司在开始起步时，就是针对会计行业开发财务软件，如用友财务软件和 UFO 财务报表软件。此后，用友逐渐深化、完善自己的财务产品并逐渐在财务软件上获得了巨大的成功，从两个人的小公司变成了今天中国最大的软件提供商。

当然，这种行业的纵向销售一定要窄而深，不能广而浅，立足某个行业就一定要把此行业的问题做深和做精，刚刚有点进步就迫不及待地想要转入其他行业是不可取的，产品延伸陷阱往往会断送企业的前途。

4. 其他形式的游击战

游击战的形式有很多，从产品方面，从价格方面，从经营方式方面同样可以打游击战。

当游击公司想要壮大自己的力量时，发展同盟也是一种不错的选择。兵力原则将会促使各个游击队伍联合起来，进行自我保护。

在战争中，游击战是一种针对弱势一方的有效战斗；在营销中，游击战同样是针对小公司的有效形式。在一个激烈竞争的市场中，有90%以上的公司需要进行游击战。大公司可能占据着新闻版面，小公司却占据着地形。

当然，以上所讲的几种作战形式，需要根据公司的具体情况而定。如果公司的战略正确，力量对比发生变化，就应该根据变化了的形势采取不同的战略形式，如从游击战改为侧翼战，或者从侧翼战改为游击战。但无论如何，都需要遵循正确的作战原则。

本章小结

本章通过对比战争与营销实践的相似之处，说明研究市场营销可以从研究战争和战略的角度加以把握。根据企业在市场竞争中的不同地位，本章将企业可以选择的营销战略划分为：防御战、进攻战、侧翼战和游击战，并分别进行了详细介绍。

【复习思考题】

1. 如何理解统帅在营销战争中的作用?
2. 战略目标在营销活动中的核心地位是如何体现的?
3. 如何解释战争中或者营销实践中以少胜多、以弱胜强的例子?
4. 总结游击战的优点与缺点。
5. 结合某一营销实例分析营销战的主要作战形式。

【实例】

韩国企业的跟随战略

韩国企业是成功的跟随战略的创造者。他们收集行业领先公司的全球市场和消费者信息，当领先公司投放产品的时候，韩国公司在市场需求开始出现的时候也快速切入。他们率先评估领先公司的产品，然后开发出更好的差异化产品。

跟随公司只需开发已经被市场证明有利润的产品，这样就可以投入相对较少的研发和营销费用，财务风险比较低。同时，也省去了早期阶段的一些成本，如可行性测试、市场培育和消费者引导费用等。

当然，如果缺少创新，没有哪一家公司可以从跟随者变为领跑者。通常的演变方式是模仿性公司专注于一个小的（国内）市场，通过跟随行业领先公司实现业务的飞跃。最终，该公司实现一系列短期增长目标后实现跨越。

那么三星、现代和LG公司的成功，都给我们带来了哪些启示呢？答案如下：

（1）领跑者思维和领导力：远大的抱负、重塑价值链、推行创新文化并有效运用企业资源。

（2）灵动的组织：协调跨职能的团队密切合作及快速行动能力。

（3）运转良好、灵活应变的生产流程。

（4）强大的创新流程体系。

（5）资源、竞争力和合作网络。

（6）企业文化：发挥员工的创造力和能动性，应对市场和技术的不确定性。

问题：企业怎样才能实现从模仿到跟随再到领跑的转变？

第十五章

市场营销策划

本章要点

1. 营销策划是策划者为实现特定的营销目标，采用科学的程序和方法设计企业的营销活动方案，并帮助企业实施这些方案的过程。

2. 营销策划的内容：市场调查、市场细分、目标市场选择、市场定位、市场营销组合。

3. 营销策划的程序：明确策划目标、进行市场分析、提出策划创意、设计策划方案、实施与评估方案。

4. 营销策划的方法：SWOT 分析法、波士顿矩阵、通用矩阵以及价值链分析法。

市场调查、分析与营销策划是营销管理过程中既互相区别又密切联系的不同阶段。市场调查与分析不是目的，是为营销策划服务的，是针对特定的营销决策，收集、整理、分析和研究有关的信息。营销策划是在市场信息收集和分析的基础上，围绕着营销目标设计行动方案，并帮助企业组织和实施方案。因此，可以说市场调查与分析是营销策划过程的一部分，是营销策划的基础和依据。

第一节　营销策划的基本内容

一、营销策划的概念

策划一词，按《辞源》中的解释意为“筹谋、计划”，其中，策指谋略、谋划，划指计划、打算。因此从字面上理解，策划就是为实现预期的目标而进行的出谋划策。

“策划”一词在欧美称为咨询，在日本称为诊断，在我国港台地区多称企划。策划活动涉及的领域和范围很广，很多学者从不同的角度对策划进行过定义。

美国学者威廉·纽曼（William H. Newman）在《组织与管理技术》一书中指出：“一般来说，策划是在事前决定做何事，计划是经过设计后的妥善的行动路线。”换句话说，策划就是在事前来决定、计划做何事以及怎样做。该定义强调策划应超前制定，并且要进行设计。

日本策划大师星野匡在《策划力》一书中写道：所有的策划或多或少都有所谓虚构的东西。从虚构出发，然后创造事实，加上正当的理由，而且要正大光明地去做，这就是策划。该定义认为策划是一种对将来的构想和创意，是人们的一种主观思维活动。

管理咨询国际协会欧洲联合会（FEACO）认为，策划是一种有关帮助解决经营管理问题的独立的顾问服务，典型地包括发现和识别问题和机会，推荐恰当的行动方案，以帮助实施这些方案。该定义强调策划是一种管理行为，是包含调查、分析、研究、预测等多种特征和要素的集合。

综合和借鉴以上的概念，我们认为**营销策划就是策划者为实现特定的营销目标，采用科学的程序和方法设计企业的营销活动方案，并帮助企业实施这些方案的过程。**一项完整的营销策划既包括了策划者、策划对象、策划方法、策划创意、策划方案、策划服务等多种要素，也包含了许多营销决策方面的内容，需要企业进行综合考虑和整体把握。

二、营销策划的主要内容

同市场调查一样，营销策划的内容也涉及市场营销的全部内容，包括分析市场机会、进行市场细分、选择目标市场、设计营销组合等。与其不同的是，营销策划还增加了一项内容，即首先要进行市场调查。

（一）市场调查

市场调查是营销策划的基础工作，是营销策划过程的第一步。它是指企业针对营销策划的目标，采用科学的方法对市场资料进行收集、整理、分析和研究的活动。市场调查的内容主要是调查市场营销环境、消费者需求、市场特征和结构、市场发展变化趋势等，目的是使企业了解环境对企业的影响，把握消费需求的变化，识别和选择与企业的资源相吻合的市场机会，并为企业进行营销策划和制定战略提供依据。

（二）市场细分

市场细分是在市场调查的基础上，依据消费者的需求和欲望、购买行为和购买习惯等方面的明显的差异性，把某一产品的市场整体划分为若干个消费者群的市场分类过程。市场细分有利于企业发现新的市场机会，也有利于增强自己的竞争能力，它是企业选择目标市场的基础。

（三）目标市场选择

目标市场是指企业决定进入并为其服务的特定的市场。企业在市场细分以后，还需要根据企业的资源能力、市场潜力、市场竞争状况，正确地选择目标市场，这是企业制定市场营销战略的主要内容和基本出发点。

目标市场选择策略主要有三种，即无差异营销、差异营销、集中营销。这三种策略模式各有利弊，适用于不同条件、不同规模的企业，企业要综合考虑资源条件、产品性质、市场性质、产品生命周期、竞争对手策略等因素加以决定。

（四）市场定位

市场定位就是根据竞争者现有产品在市场上所处的位置，确定本企业产品在目标市场上的地位和在目标顾客心目中的形象。市场定位也是企业营销战略的重要组成部分，它是企业在选定目标市场以后，要为产品塑造独特、鲜明的个性和形象，然后把这种形象传达给消费者，从而吸引更多的顾客购买产品。市场定位对于企业树立产品的特色、满足消费者需求偏好、提高企业竞争能力都具有重要意义。

（五）市场营销组合

企业在制定了营销战略以后，还需要针对目标市场的需求，将各种可能的营销策略和手段进行系统的组合，使它们相互配合起来发挥作用。这就是市场营销组合，通常它是由产品策略、价格策略、渠道策略、促销策略所组成。

产品策略是指企业做出与产品有关的计划和决策。价格策略是企业考虑成本费用、消费需求、竞争对手等因素，为产品制定合适的价格。渠道策略是指企业选择产品从生产者转移到消费者的途径。促销策略是企业运用广告、人员推销、公共关系、营业推广等手段，向消费者传递有关的信息，并促使其购买产品。

营销组合中的四个策略是企业可以控制的因素，它们互相依存并处于同等地位，都是围绕目标市场展开的。企业在制定营销组合方案时，要同时做出四个变量的决策，并对其进行系统的优化和组合。企业营销组合决策的好坏，在很大程度上决定了企业在目标市场上的竞争地位，也决定了企业的经营特色和营销效果。

总之，营销策划几乎涵盖了市场营销的所有内容，它是企业战略决策和战术决策的结合，是科学性和艺术性的统一。企业在实践中只有运用科学的方法，设计高质量的策划方案，并精心组织和实施，才有可能取得良好的策划效果，实现企业的预期目标。

第二节　营销策划的程序

由于市场调查、分析是营销策划的基础工作，是营销策划过程的一部分，所以在这里我们把市场调查、分析、策划看成一个整体，综合阐述它们的步骤和程序。营销策划的程序介绍如下。

一、明确策划目标

策划目标就是策划主题，是企业通过营销调查与策划所要了解和解决的问题。在市场营销实践中，企业经常会碰到各种各样的问题，如营销环境变化导致产品销售额下降，市场竞争加剧造成市场占有率降低等。面对这些问题、企业管理者有时会依据自己的判断进行处理，但更多的时候，特别是对于一些复杂的决策，经常会借助营销调查与策划的力量加以解决，通过调查和策划来发现问题、分析问题、选择问题和解决问题。

为了搞清楚企业营销中存在的主要问题，策划者经常会提出一系列“是什么”和“为什么”的问题，以使问题能由表及里、深入直观地表现出来。例如，美国管理学家德鲁克在为企业进行策划时，面对企业提出的各种难题不是一一解答，而是提出一连串反问：你最想做的事是什么？你为什么要做这件事？你现在正在做什么事？你为什么这样去做？他的做法不是立即替企业解决问题，而是帮助企业界定问题，并在众多的问题中找出企业最需要解决的问题，明确策划的主题和方向。

明确策划目标时要注意以下问题：一是策划目标应尽量具体和集中，不能笼统概括和主次不分。二是策划目标要尽可能数量化，便于企业贯彻执行。三是策划目标应切实可行，即企业经过努力可以实现。四是策划目标要有时间限制，要对策划过程和内容做出严格的时间规定。

当营销调查与策划是受企业委托开展时，策划者有时会将企业的决策目标直接作为策划的目标和服务对象。这样做有一定的合理性，它可以使企业直接"对症下药"，节省策划的时间和精力。缺点是容易造成"误诊"，使最后的策划方案变成漂亮的摆设，导致策划工作劳而无功，甚至给企业造成损失。

二、进行市场分析

市场分析就是针对影响企业市场营销的内外部环境和条件进行调查和分析，为企业制定策划方案提供支持和帮助。市场分析也是营销策划的重要步骤，它可以使企业了解环境对营销的影响，把握市场需求的变化，使企业制定的营销方案更具针对性和可靠性。

市场分析一般采用自上而下的方式，即首先进行宏观经济分析，其次是行业分析，最后进行公司分析和市场调查。

宏观经济分析是指对影响企业市场营销的宏观环境因素进行分析，包括经济、人口、政治、法律、社会、文化、自然、技术等因素。它的目的是使企业适应环境发展的要求，把握市场机会，并降低营销风险。

行业分析是指对企业所在行业的类型、结构、行业生命周期、行业发展变化趋势等进行分析。其目的主要是了解行业因素对营销策划的影响，并对企业的投资决策提供建议。

公司分析是指对企业自身的人力资源、市场营销、财务结构、发展战略、技术开发等因素进行分析。它的目的是找出企业的优势和不足，以便企业扬长避短、避实就虚地开展竞争。

市场调查是指对市场需求、市场竞争、消费者购买心理与行为、市场营销组合要素等进行调查。它的目的是使企业制定的营销策划方案更具市场营销导向，使企业的营销对策和措施既符合环境变化的要求，又能满足消费者的需要。

三、提出策划创意

创意是营销策划的重要组成部分，是策划方案的核心思想和灵魂。所谓创意，就是策划者在市场分析的基础上，针对某一营销问题提出的新的观点和设想。它是由人的思维活动产生的，是策划者采用联想、模仿、移植、对比、综合等思维方法产生的创造性的意念、创新的想法，以及巧妙的构思。

创意不同于咨询中的点子或主意，点子一般是指个人灵机一动产生某种独特的想法，是建立在个人的聪明和灵感基础上的；而创意则是策划者综合许多人的想法后提出的整体设想，是在市场调查和分析的基础上，依靠策划团队的集体力量提出的。它是灵感和理性的结合，是集体智慧和科学方法的统一。

（一）创意的理论

创意一词来源于广告，著名广告人詹姆斯·韦伯·扬在《广告创意的方法》一书中，最早提出了创意的概念、过程和方法。以后，创意的思想发展很快，并逐渐形成了许多理论流派。其中影响最大的有三种，即独特的销售主张、品牌形象论和定位论。

1. 独特的销售主张（USP 理论）

USP 理论是 20 世纪 50 年代由美国著名广告人罗瑟·瑞夫斯提出的，代表作是《实效的广告》。其基本要点是：

（1）每一则创意必须向消费者说一个主张，必须让消费者明白购买企业的产品可以获得什么具体的利益。

（2）所强调的主张是竞争对手做不到的或无法提供的，必须说出其独特之处，在品牌和说辞方面是独一无二的。

（3）所强调的主张必须是强有力的，必须聚焦在一个点上，集中优势力量打动、感动和吸引消费者购买自己的产品。

USP 理论是营销“产品至上时代”的主流理论。该理论的经典案例是 m&m's 糖衣巧克力的广告，一句“只溶在口，不溶在手”的 USP 流传了半个世纪，而且经久不衰。

2. 品牌形象论（BI 理论）

BI 理论是 20 世纪 60 年代由广告大师大卫·奥格威提出的，代表作是《一个广告人的自白》。其基本观点是：

（1）任何一个广告都是对品牌的长期投资。

（2）随着同类产品的差异性缩小，品牌之间的同质性增加，消费者选择品牌时的理性需求在减少。因此，广告宣传品牌的形象要比强调产品的具体功能更加重要。

（3）顾客购买商品时所追求的是实质利益与心理利益之和，所以广告要运用品牌形象满足消费者的心理需求。

BI 理论的经典广告是“戴眼罩的穿哈撒韦衬衫的男人”和“噪音来自电子钟的劳斯莱斯汽车”。由此，在广告界刮起了一股品牌形象论的旋风。

3. 定位论

定位论是 20 世纪 70 年代由美国营销学者艾·里斯和杰克·特劳特提出的，代表作有《定位》《营销革命》等。其基本观点是：

（1）创意是使某一品牌、公司或产品在消费者心目中获得一个据点，一个认定的区域位置或占有一席之地。

（2）广告创意应将火力集中在一个狭窄的目标上，在消费者心里创造出“第一说法、第一事件、第一位置”。因为创造第一，才能在消费者心中取得先入为主、难以忘怀的效果。

（3）广告表现的差异性，并不是指产品的具体特殊的功能利益，而是要显示产品和实现产品类的区别。

定位论是市场营销进入“定位至上时代”的代表性理论。定位论的经典之作是七喜汽水的“非可乐”的定位，该广告使七喜汽水销量陡升，很快发展成为世界第三大软饮料。

除此之外，创意的理论还有 CI（企业形象）、BC（品牌个性）、BOT（关联性、原创性和震撼性）等。每种理论都有自己独特的创意理念和创意哲学，也创造过震撼人心和经典的广告作品。

（二）创意产生的方法

创意产生的方法有很多，经常使用的主要有以下几种。

1. 头脑风暴法

头脑风暴法又称智力激励法，是由美国创造学家 A. F. 奥斯本 1939 年发明的，是指通过座谈会的方式，使策划人员充分发表自己的观点，产生智力碰撞，并获得创造性设想的方法。头脑风暴法是营销策划中最常见的产生创意的方法，它可以激发策划人员的想象力和创造性，可以使策划者集思广益，借助集体的智慧获得更多的创意。

（1）头脑风暴法的基本原则。

1）自由思考。即要求与会者尽可能解放思想，无拘无束地思考问题并畅所欲言，不必顾忌自己的想法是否符合常规和逻辑。

2）互不批判。即要求与会者不要对他人的创意品头论足，也不要做出判断性结论。对他人创意的不同看法要放在以后提出。

3）数量最大化。即鼓励与会者尽可能多地提出创意，因为创意的数量越多，所蕴含的有用创意就可能越多。

4）借题发挥。即鼓励与会者进行智力互补、思维互动，鼓励与会者把他人的创意综合起来提出更加新颖的创意。

（2）头脑风暴法的实施步骤。

1）明确策划主题。也就是明确营销策划所要解决的问题。

2）选择会议成员。参加会议的策划人员最好是 6 至 10 人，在性别、年龄、职务、性格等方面互相搭配，并且知识互补。

3）确定会议时间。会议时间通常控制在 60 分钟以内。

4）自由畅谈。即由策划人员畅所欲言，提出各种创意。

5）会议记录。要采用书面和录音两种方式记录各种创意。

6）加工整理。即将各种创意进行归纳分类，并进行可行性分析和论证，最后供决策者优化选择。

2. 水平思考法和垂直思考法

水平思考法是英国心理学家爱德华·戴勃诺博士提出的创意思考方法，是指在思考问题时应尽量摆脱已有经验和知识的束缚，打破常规，提出富有创造性的观点、设想和方案。水平思考法又称为发散式思维法。

垂直思考法是指按照一定的思考习惯和逻辑，在一个相对固定的范围内进行纵向思考而获得创意的方法。它又称为逻辑思考法，一般只是将过去的经验和知识进行重新组合而产生创意和设想。

3. 跳越联想法和转移经验法

跳越联想法是指为找到新颖独特的构思，而在两个看似毫无关联的事物之间构造出特定的关系，通过思维跳越而产生创意的方法。

转移经验法是指把已有的知识或经验移植到其他事物上，通过思维扩展而产生创意的方法。

四、设计策划方案

策划方案是指在产生创意的基础上，围绕企业的策划目标、内容、方法和程序等设计

的策划执行文件。策划方案兼有理论和实践两种特征，它既是企业营销决策的理论表述，又是营销计划的操作说明。它决定着企业营销策划的执行能力和效果。

（一）设计策划方案的原则

1. 突出重点

营销策划方案要围绕着策划主题进行设计，要有利于解决企业营销中最需要解决的问题，并针对问题提出相应的操作建议。

2. 符合实际

策划方案要从企业自身的条件和实际情况出发进行设计，要规定企业能够完成的指标，制订切实可行的操作计划和程序。

3. 容易操作

设计策划方案要注意去繁就简、避难求易，要尽量将复杂的问题简单化，以利于实践中的执行和推广。

4. 灵活应变

营销方案要有一定的弹性，要能够根据营销环境的变化及时进行调整，要有相应的应变措施和备选方案。

（二）策划方案的格式与内容

策划方案没有固定的格式，它通常是根据策划目的、对象来决定自身的格式和内容。其基本要素主要有以下几个方面。

1. 封面

封面是策划方案的外包装，也是策划方案的重要组成部分，其内容包括策划方案的名称、被策划客户、策划单位、完成日期等。其中最重要的是策划方案的名称，要尽量做到简单明确、立意深刻、新颖别致、引人注目，同时还要名实相符，要与营销策划的主题贴近和吻合。

2. 前言

前言是策划方案的开头部分，其内容包括策划主题、策划要求、策划背景、主要问题、操作难点等。前言是对营销策划项目的重点说明，是对策划方案内容的高度概括。撰写时要注意观点鲜明、行文流畅，要努力激发读者兴趣，要使人读后有进一步阅读策划方案全文的冲动和欲望。

3. 正文

正文是营销策划的主体部分，其内容包括：

（1）策划目标。指营销策划需要解决的问题和所要达到的具体目标。策划目标要注意准确性、现实性、可衡量性和时间性，要尽量采用标准、规范的专业术语，要有具体的完成指标，还要有严格的时间规定。

（2）策划项目。策划项目包括调查报告和解决方案两部分内容。具体有：各种调查资料和结论、企业环境和机会、主要问题与障碍、创意方法和内容、营销战略安排、营销策略制定、策划需要注意的问题等。策划项目的阐述要注意内容全面、深入具体，既要能覆盖营销策划的全部内容，又要能回答和解决企业存在的主要问题。

（3）策划方法。即选择营销策划的方式和手段，落实具体的实施措施。策划方法的选择要依据营销策划的内容、对象而定，要从企业的实际条件出发，遵循科学性和有效性原则，选择出企业最适宜的操作方法。

（4）策划条件。这包括营销策划的实施时间、运作阶段、人员分工、实施范围、内外环境、操作条件等。其中最重要的是人员安排，要事先确定各阶段的组织者、指挥者、参与者和责任人，明确责、权、利，以确保策划方案得到贯彻执行。

（5）费用预算。策划方案中需要详细说明策划费用的来源和支出情况，包括总策划费用、各阶段费用、具体项目费用等。策划费用必须进行周密和科学的预算，要力争以最少的花费取得最佳的效果。当然，也可以根据企业的资金条件，事先提出几种不同的方案供企业选择。

4. 结尾

结尾是策划方案的结束部分，是对营销策划的总结和建议，包括对策划方案的全文进行总结，对策划方案的问题进行估计，对策划方案的效果进行预测，对策划方案的执行提出建议等。

5. 附录

附录是策划方案的附件，主要包括参考资料、参考书目、注意事项、策划日程表、组织机构等。最后还应注明策划方案的设计单位和执笔人员，以及最终定案的时间。

上述五项内容是策划方案的一般格式和内容，在实践中策划者可根据具体情况灵活选择和增减。

五、实施与评估方案

策划方案不是纸上谈兵，不能用来画饼充饥。再完美的策划方案如果不被企业采纳，也是废纸一张，毫无用处。因此，策划方案设计完成之后应立即转入实施操作，通过实施操作实现营销策划的目标，并检验和评估策划方案的效果。

（一）实施操作

营销方案的实施操作是一项复杂的工作，如同打一场战役，需要做好战前准备、宣传动员、执行计划和战后总结等工作。

1. 准备工作

准备工作包括成立策划领导小组、组建策划实施操作团队、筹集资金和实物、制定规章制度等。策划方案设计以后，搭班子、选干部、定制度非常重要，它可以使企业统一指挥、协调行动，使操作人员有法可依、有章可循，从而保证策划方案能够紧张有序、优质高效地贯彻执行。

2. 宣传动员

宣传动员包括三项内容，首先，要将策划方案的内容、意图进行广泛宣传，以争取获得企业其他部门的支持和合作。其次，要对策划实施团队成员进行动员，让其清楚经过努力所能达到的目标和结果。最后，对策划实施人员进行培训，以提高他们的业务水平和技术操作能力。

3. 方案执行

方案执行的好坏直接关系到营销策划的成败。为保证策划方案的有效执行，需要做好实验操作和监督调整两方面的工作。

（1）实验操作。实验操作是指企业事先选择一些有代表性的单位或地区进行小规模的策划操作，以发现策划方案的不足，并对策划方案进行检验和修改。实验操作是大规模营销策划必须经过的步骤，它可以提高策划成功的几率，避免策划中出现大的失误，并降低操作失败的风险。

（2）监督调整。监督是指对营销策划的组织系统、实施内容、操作行为等进行实时的监督控制。调整是指对营销策划实施中出现的偏差和失误及时进行调整。在方案操作过程中，监督和调整是相互联系、有机统一的，通常是在监督基础上进行调整，在调整过程中开展监督。监督调整有助于企业及时发现问题，纠正错误，确保营销策划沿着正确的轨道实施。

（二）评估服务

策划方案得到实施并非就万事大吉了，还需要进行总结、评估和服务。

1. 策划评估

策划评估是指采用科学的方法对营销策划的方案内容、实施程序、操作方法、执行效果等进行判断和评价。策划评估是对营销策划过程的检查，是对营销策划结果的总结和鉴定，它有助于企业总结经验，吸取教训，不断改进策划技能，提高策划水平。

策划评估要坚持公平、严格、全面的原则。公平是指要一切从实际出发，公开透明，不能带有主观偏见和个人情感。严格是指要严格遵守评估操作程序，不能因人而异，随心所欲。全面是指要坚持辩证的观点，从多方面、多角度对营销策划进行评价，不能就事论事，以偏概全。

策划评估一般采用自我评分、专家评议、企业评审相结合的方式，通过三方的综合评价来衡量营销策划的效果，得出策划实施工作的成绩。

2. 策划服务

策划服务是营销策划过程的最后一环，是指在营销策划过程中为企业提供的各种帮助和服务。如同营销学中的产品整体概念一样，营销策划除了要向企业提供调研结果和策划方案以外，还要向企业提供各种有形或无形的帮助和服务。

策划服务的内容主要有：为企业提供各种营销咨询、帮助企业进行人员培训、协助企业执行营销方案、为企业做好各种顾问服务等。从一定意义上讲，策划服务是策划者为企业提供的超出企业预期的各种额外帮助，是企业获得的附加利益。它有助于得到企业的良好评价，维护和增进与客户的关系，从而提高企业在策划领域的竞争能力。

第三节 营销策划的方法

“工欲善其事，必先利其器。”选择正确的分析和操作方法，是营销策划成功的关键。营销策划的方法，是指企业为实现营销策划的目标而采取的具体分析模型和操作手段。营销策划包含了多种具体的分析方法，这些方法有些是管理学、营销学常用的模型和工具，有些则是营销策划独有的内容。其中最常见的有以下四种。

一、SWOT 分析法

（一）SWOT 分析法的内容

SWOT 分析法是一种综合考虑企业内部条件和外部环境的各种因素，进行系统分析和评价，从而选择最佳经营战略的方法。这里的 S 和 W 是指企业内部的优势（Strengths）和劣势（Weaknesses），O 和 T 是指企业外部环境的机会（Opportunities）和威胁（Threats）。

企业内部的优势和劣势是相对于竞争对手而言的，一般表现在企业的资金、技术设备、职工素质、产品、市场、管理技能等方面。判断企业内部的优势和劣势一般有两种标准：一是单项的优势和劣势。例如企业资金雄厚，则在资金上占优势；市场占有率低，则在市场上占劣势。二是综合的优势和劣势。为了评估企业的综合优势和劣势，应选定一些重要因素进行评价打分，然后根据其重要程度加权决定。

企业外部环境的机会是指环境中对企业有利的因素，如政府支持、高新技术的应用、良好的购买者和供应者关系等。企业外部环境威胁是指环境中对企业不利的因素，如新竞争者的出现、市场增长率缓慢、购买者和供应者讨价还价的能力增强、技术老化等。这是影响企业当前或未来竞争地位的主要障碍。

（二）SWOT 分析法在营销策划中的应用

在营销策划工作中，SWOT 模型主要用来制定企业发展战略。通常的步骤是，首先依据企业的目标，列表定出对企业营销活动和未来发展有重大影响的外部和内部因素，然后根据事前确定的标准，对这些因素进行评分和加权，以判断企业的优势和劣势、机会和威胁。在此基础上，画出 SWOT 分析图，根据列表评分的结果，选择企业相应的战略（如图 15－1 所示）。

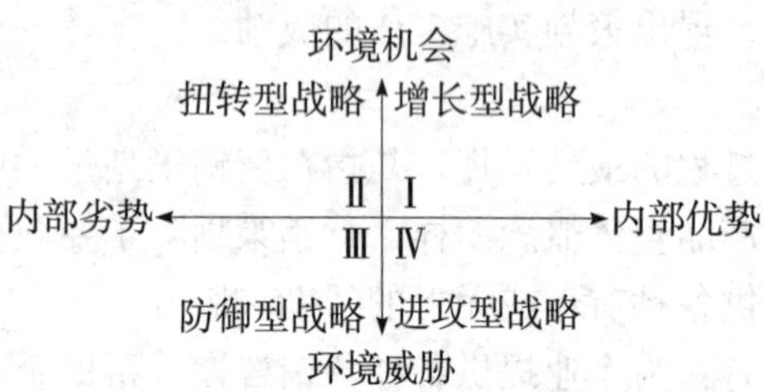

图 15－1　SWOT 分析图

从图 15－1 中可以看出，位于第Ⅰ象限的企业，具有很好的内部优势和众多的外部机会，应当采取增长型战略，如开发新产品、增加产量、扩张市场等。位于第Ⅱ象限的企业，拥有较多的外部机会，却受到内部条件的限制，应采用扭转型战略，充分利用环境带来的机会，设法消除劣势。位于第Ⅲ象限的企业，是内部存在劣势，外部面临环境威胁，应采取防御型战略，进行业务整合，设法避开威胁和消除劣势。位于第Ⅳ象限的企业，具有一定的内部优势，但外部环境存在威胁，应采取进攻型战略，集中优势兵力主动出击，在市场空隙中寻找长期发展的机会。

在营销策划过程中，SWOT 模型还经常用于企业营销诊断，即通过分析企业优势和劣势、环境机会和威胁，来发现企业营销战略与策略存在的问题，从而对症下药，采取相应的对策和措施。一般情况下，当企业发现是营销战略出现问题，就应重新制定或调整营销战略；如果是企业战术出现失误，则企业只对营销策略进行修改就可以了，无须对整体战略进行调整。

二、波士顿矩阵

(一) 波士顿矩阵的内容

波士顿矩阵是美国波士顿咨询公司（BCG）于1960年为一家造纸公司提供咨询时设计的一种分析模型，是采用"市场增长率—相对市场占有率矩阵"来分析和评价企业的所有产品或业务，以确定其市场地位的营销策划方法。 波士顿矩阵图如图15－2所示。

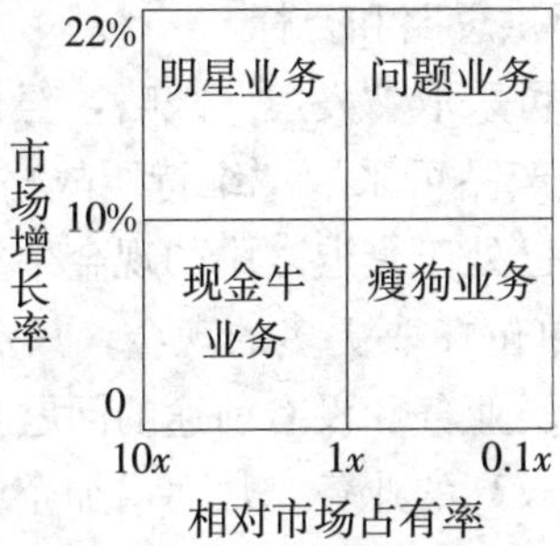

图15－2 波士顿矩阵图

矩阵中纵坐标上的市场增长率是指企业某项业务的年市场增长率，用数字表示是从0到22%，超过10%为高增长率，低于10%为低增长率。矩阵中横坐标上的相对市场占有率是指企业某项业务的市场占有率与市场中最大的竞争者的市场占有率之比。用数字表示就是从0.1到10，如果相对市场占有率是0.1，则表示本公司的市场占有率只相当于最大竞争者的10%，如果相对市场占有率为10，则表示本公司的市场占有率是最大竞争者的10倍。

如果纵坐标以10%为分界线，横坐标以1为分界线，则可以把企业的产品或业务单位分为四类。

1. 问题业务

在市场中处于高增长、低竞争地位。大多数业务最初都属于问题类业务，现金流状态很差，企业需要投入大量的资金支持其生产经营活动，通过添置设备、投入人力、分配资源、扩大生产规模，才能将其发展成为明星类业务。

2. 明星业务

在市场中处于高增长、高竞争地位。这类单位因为增长迅速，同时要击退竞争对手的进攻，就需要投入大量的现金，因而是使用现金较多的单位。由于任何产品都有生命周期，这类单位的增长速度会逐渐降低，最后会转入现金牛类。

3. 现金牛业务

在市场中处于低增长、高竞争地位。这类业务因为相对市场占有率高、赢利多，现金收入也多，可以提供大量的现金。企业可以用这些现金来支付账款，支援需要现金的问题类和明星类业务。

4. 瘦狗业务

在市场中处于低增长、低竞争地位，是市场增长率和相对市场占有率都很低的产品。

它通常既没有很好的发展前景，又不能为企业带来较大的利润，是企业需要大力缩减或者淘汰的业务。

（二）波士顿矩阵在营销策划中的应用

1. 可用于判断和调整企业的业务组合

波士顿矩阵可以用来判断企业的产品或业务组合是否合理，帮助企业确定有竞争力的业务结构。企业比较理想的业务组合是有较多的明星业务和现金牛业务，少量的问题业务和极少数的瘦狗业务。如果瘦狗业务和问题业务太多，则会大量吞噬企业的资金，影响到企业的长期发展。

2. 可为企业制定发展战略提供思路和目标

企业对问题类和明星类业务可采取“发展”战略，努力提高其相对市场占有率，为此宁可放弃短期收入。对现金牛类产品可采取“维持”战略，保持产品的相对市场占有率，击退竞争对手所发起的挑战。对已处于衰退之中的现金牛类业务或部分瘦狗类业务要采取“收割”战略，其目的是从这些单位榨取更多的现金，只需考虑短期利益，而不考虑长期后果。对于妨碍企业发展的瘦狗类业务和没有前途的问题类业务要采取“放弃”战略，目的是把有限的资金用于经营效益较高的业务，从而增加企业赢利。

三、通用矩阵

（一）通用矩阵的内容

通用矩阵是美国通用电气公司（GE）设计提出的，采用“行业吸引力—竞争能力矩阵”来确定企业产品和业务市场地位的营销策划方法。如图 15－3 所示，矩阵图中的 7 个圆圈代表了企业的 7 项业务，圆圈的大小表示市场规模而非企业业务的大小，圆圈内的阴影部分表示企业业务的市场占有率。例如，圆圈 D 表示该业务的市场规模很大，其市场占有率也很大。

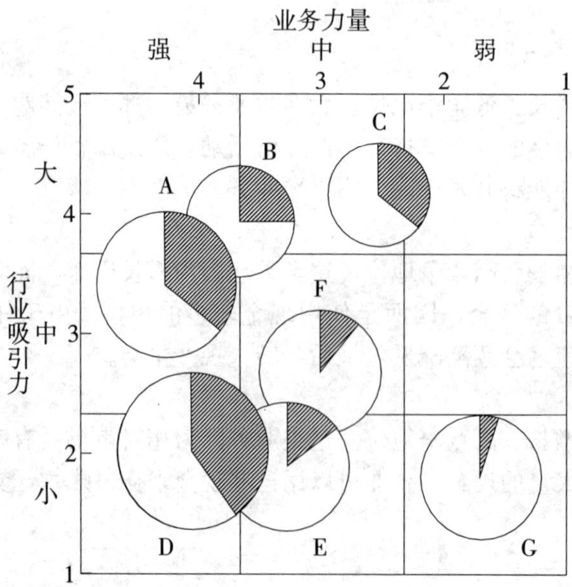

图 15－3　通用矩阵

通用电气公司认为，企业在对其产品和业务单位加以分类及评价时，除了要考虑市场增长率和市场占有率这两个因素之外，还要考虑许多其他因素，这些因素分别包含在行业吸引力和业务优势两个变量之中。

行业吸引力包括总体市场大小、年市场增长率、历史毛利率、竞争密集程度、技术要求、通货膨胀、能源要求、环境影响，以及社会、政治、法律等因素。而业务优势是指企业业务单位在市场上的竞争能力，包括市场占有率、市场占有率增长、产品质量、品牌知名度、分销网络、促销效率、生产能力、生产效率、单位成本、物资供应、开发研究绩效、管理人员等因素。

企业在评价行业吸引力时，首先要根据各种因素的相对重要程度定出权数；其次，对各种因素按其对产品经营的有利程度进行评级，通常是采取五级制；再次，用权数乘以级数得出每个因素的加权值；最后，将各个因素的加权值汇总，得到整个行业的吸引力值，并将其分成大中小三档。按照同样的步骤，再算出企业的优势值，并把它归纳成强中弱三档，画出行业吸引力和竞争能力要素评价表（如表 15-1 所示）。

表 15-1　　行业吸引力和竞争能力要素评价表

变量	要素	权数	级数（1～5）	加权值
行业吸引力	总体市场大小	0.20	4.00	0.80
	年市场成长率	0.20	5.00	1.00
	历史毛利率	0.15	4.00	0.60
	竞争密集程度	0.15	2.00	0.30
	技术要求	0.15	4.00	0.60
	通货膨胀	0.05	3.00	0.15
	能源要求	0.05	2.00	0.10
	环境影响	0.05	1.00	0.05
	社会、政治、法律	必须是可接受的		
		1.00		3.70
业务优势	市场占有率	0.10	4.00	0.40
	市场占有率增长	0.15	2.00	0.30
	产品质量	0.10	4.00	0.40
	品牌知名度	0.10	5.00	0.50
	分销网络	0.05	4.00	0.20
	促销效率	0.05	3.00	0.15
	生产能力	0.05	3.00	0.15
	生产效率	0.05	2.00	0.10
	单位成本	0.15	3.00	0.45
	物资供应	0.05	5.00	0.25
	开发研究绩效	0.10	3.00	0.30
	管理人员	0.05	4.00	0.20
		1.00		3.40

（二）通用矩阵在营销策划中的应用

1. 可用于制定企业产品或业务组合决策

在通用矩阵图中，位于左上角的 A、B、C 三种产品是企业最好的产品，企业应该采取扩张、增长和发展的战略，优先分配资源，增加投入，以保持其领先地位。位于左下角到右上角对角线上的D、E、F三种产品，是总吸引力处于中等状态的产品，企业应该采取维持或有选择的发展战略，保持原有的投资水平，维持其发展规模。位于右下角的G产品，是总吸引力最差的产品，企业需要采取收割或放弃战略，有计划地撤退，减少和收回投资。

2. 可帮助企业选择未来增长战略

企业可依据现有战略判断每种产品或业务单位在今后市场中的预期位置，预测其发展变化趋势，在此基础上，确定企业未来的投资计划，并选择相应的增长战略，如密集性增长、一体化增长、多元化增长等战略。

需要注意的是，并不是所有的企业都适合采用通用矩阵进行营销策划。对于小企业、经营业务单一的企业，并不适合进行这种复杂的战略分析；只有那些经营业务分散、采取多元化经营的大企业，才需要使用这种方法来分析、评价企业的经营状况，设计企业的营销战略。

四、价值链分析法

（一）价值链分析法的内容

价值链分析法是美国哈佛商学院教授迈克尔·波特提出的一种通过分析企业各种生产经营活动所创造的价值，来确定和评价企业竞争优势的营销策划方法。

迈克尔·波特认为，每一个企业都是在设计、生产、销售、送货和支持其产品的过程中进行的价值活动的集合体。所有的这些活动都可以用一个价值链来表明（如图15-4所示）。企业价值链反映了企业生产经营活动的历史、战略、实施其战略的方法，以及这些活动本身的经济效果。

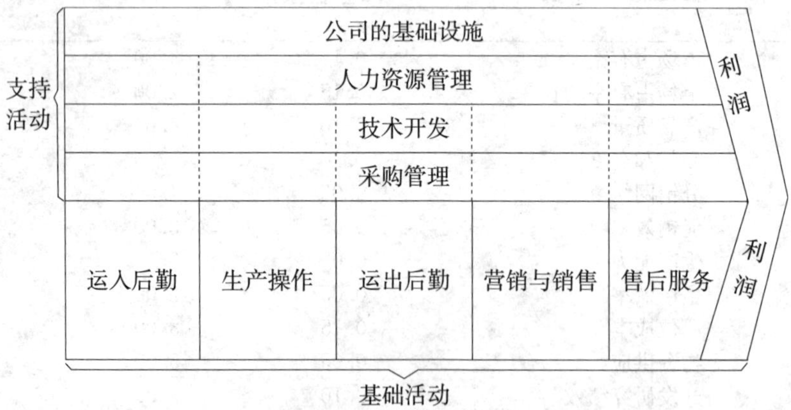

图15-4 一般的价值链

从图15-4可以看出，价值链将在某一特定行业中创造价值和产生成本的活动分解为在战略上相互关联的9项活动，这9项价值创造活动又分为5项基本活动和4项支持活动。

基本活动包括运入后勤、生产操作、运出后勤、营销与销售、售后服务。支持活动包括采购管理、技术开发、人力资源管理、企业的基础设施，它被用来辅助基本活动并相互支持。图中的虚线表示采购管理、技术开发和人力资源管理都可以与具体的基本活动相联系并支持整个价值链，企业的基础设施并不和具体的基本活动相联系，但它也支持整个价值链。

理解价值链理论需要把握的要点是：价值链分析的基础是价值，而不是成本；企业的价值链是由基本活动和支持活动构成的；每一项活动都可以继续进行细分，如市场营销活动；价值链的各环节之间是相互联系、相互影响的；不同行业、不同企业具有不同的价值链。

（二）价值链分析法在营销策划中的应用

1. 可对价值链模型进行分析，构造企业独特的价值链

企业可依据价值链模型对企业的生产经营活动重新进行审核，将每一项经营活动进行分解，找出具有差别化潜力和成本优势的项目，然后重点发展这些项目，并将一些处于劣势的项目剥离出去，从而构造出具有自己特色和竞争能力的价值链。

2. 与竞争对手的价值链进行比较，确定企业的竞争优势

企业只有在某一方面比竞争对手做得更好，才能获得竞争的优势。为此，企业首先要对竞争对手的成本和经营情况进行调查，然后将自己的情况与竞争对手的情况进行比较，了解在哪些环节上自己比竞争对手领先，在哪些项目上具有比较优势，或者能建立起竞争的优势，在此基础上，企业集中力量培育和发展这些优势，从而始终保持比竞争对手领先的市场地位。

3. 对价值链的各环节进行协调，培养企业的核心竞争力

企业的成功不仅取决于每个部门做得如何，还取决于各部门之间的协调程度，取决于价值链各环节之间的相互支持和配合。特别是对于企业的核心业务和重点产品，更需要企业协调各部门的关系，整合各种资源，发挥企业整体作战的优势，从而获得比竞争者更低的成本，创造出更高的效益。

本章小结

本章首先从营销决策的角度对企业营销策划的含义和内容进行了概括性描述，在此基础上，又介绍和分析了营销策划的程序，最后较详细地阐述了营销策划的方法。

【复习思考题】

1. 简述营销策划的含义和内容。
2. 试述营销策划的程序。
3. 简述头脑风暴法的基本原则和实施步骤。
4. 策划方案的内容主要包括哪些？
5. 试述营销策划的主要方法。
6. 试对你所熟悉的某种产品进行市场营销策划。

【实例】

脑白金与杜仲羊肉的营销策划

一、脑白金的营销策划

产品：以城市中老年人为主要对象，解决中老年人睡眠与肠道问题。

品牌命名：直观易记，使人联想，与众不同。

价格：68 元/盒，平均每天 7 元。

竞争：胶囊与口服液的复合体，避免了睡眠和肠道产品的跟进和竞争。

理论支持："松果体素"1995 年曾在美国引起轰动。

概念营销：最先创出年轻态概念。

礼品定位：调查显示礼品销量是功效销量的两倍。

软文宣传：新闻类《人类可以长生不老》，功效类《人体内有只"钟"》，科普类《生命科学的两大盛会》等。

广告轰炸：广告创意"差"，但迎合消费者重礼仪、孝敬老人的人文心理。

脉冲广告：每年两次高潮，春节和中秋。中秋倒推 10 天，春节倒推 20 天，共 30 天。不惜血本，狂轰滥炸。30 天后，顾客看到脑白金广告就感觉多，实际上量已很少。

一年半后，月销售额达 1 亿元，利润 4 500 万元。

问题：你认为脑白金的营销是否属于水平营销？营销策划有何创新和不足？能否在其他产品营销中借鉴和模仿？

二、河南龙须坡杜仲羊肉礼盒的营销策划

产品：加入龙须草、杜仲叶的杜仲羊肉。

品牌命名："龙须坡""杜仲羊"，独特，有故事，易记忆，使人联想。

包装：长方白色礼盒，高端、简约、大方、时尚。

价格：以政府机关、企事业单位白领为目标顾客，298 元/5 斤盒，168 元/3 斤袋。

理论支持：杜仲的功效与作用。

概念营销：美容、健康，降血压、调血脂。

礼品定位：礼品销售为主。

渠道：第三方平台、合建平台、微店、会展营销。

软文：《龙须坡农牧公司的帮扶经》《带您走进龙须坡》《休闲龙须坡，美味杜仲羊》。

文化体育营销：羊文化博物馆、杜仲羊肉体验馆、河南建业足球队餐厅指定羊肉。

广告促销：用广告对品牌长期投资，广告主题重礼仪、家庭，敬老爱幼。

问题：试对你所熟悉的某种产品和品牌进行市场营销策划。

第十六章

计算机在市场调查与分析中的应用

本章要点

1. 计算机应用的意义：节省人力、标准化、高效性、经济性。

2. 计算机应用的特点：运算速度快、具有记忆存储能力、信息处理量大、具有逻辑判断能力、可靠性高、增加了分析的手段。

3. Excel 的基本操作。

4. Excel 的主要功能：工作表管理、图表管理、数据库管理、数据分析、连接和合并等。

5. SPSS 数据分析的基本操作。

计算机是 20 世纪人类社会的重大科技成果之一，是信息技术的核心。计算机是一种能接收和存储信息，并按照存储在其内部的程序对输入的信息进行加工、处理，得到人们所期望的结果，然后把处理结果输出的高度自动化的电子设备。自 1946 年世界上第一台电子数字计算机诞生至今，计算机技术得到了飞速发展，计算机也在社会各个领域中得到了广泛应用。它实现了人类的生产管理自动化及信息处理智能化。它是人们对自身智能的开拓和补充，是信息社会的基础。

第一节　计算机的应用范围与意义

一、计算机的应用范围

在市场调查与分析中，计算机通过其精确、灵敏、高效的现代信息处理技术，将网络通信、信息处理、自动控制等手段综合地运用其中。网络通信解决了市场调查信息传递高速化和通道畅通的问题；信息处理解决了信息存储、处理分析的问题；自动控制解决了管理系统与前两项技术接口的问题，从而使计算机的应用在市场调查中更为协调、统一、顺畅。

计算机在市场调查中的应用主要表现在：计算机辅助问卷设计、异地网络问卷传输、文案调查的电脑自动信息搜索、计算机调查信息的整理加工、资料数据的电脑分析处理、数据的预测分析、计算机的调查报告生成等。计算机的处理方式基本上有两种：一是采用分散式的处理方法，计算机分布在基层用户网络，调查人员就地处理纷繁复杂的第一手资料，再由计算机中心进行局部网络的高层次的数据汇总、处理、分析；二是采用集中式的分析方式，把分散的调查资料集中在主电脑上，由计算机中心的专业技术人员集中处理数据资料。

二、计算机应用的意义

在市场调查中应用计算机的主要意义有如下几个方面。

（一）节省人力

与人工的调查相比，计算机的应用使整个市场调查过程所需的人力大大减少。计算机很大程度上提高了调查人员的效率，一般认为，计算机可以节省大约 1/3 的人力，而且计算的结果也更为精确。例如，对数据进行回归预测分析，用计算机的分析软件瞬时即可得出结论，并可以获得各种相关的分析指标，而对主成分分析这种手工无法进行的分析，计算机也能轻而易举地完成。

（二）标准化

计算机的使用要求市场调查工作要标准化、流程化。标准化的信息使对资料信息的加工处理更加方便。对于整个调查过程来讲，调查工作的标准化、流程化有利于整体工作的协调进行，而且调查上来的数据资料及分析结果都可以储存在计算机内，更容易查询和调用。

（三）高效性

计算机可以大大缩短市场调查的周期，由于调查的数据传输、资料处理、预测分析以及报告生成都由计算机来完成，提高了工作的效率，使市场调查更适应日益发展的市场经济的要求。

（四）经济性

随着市场的不断发展，市场信息的数量也不断增加，市场调查的规模也逐渐扩大，处理的资料越来越多，计算机在市场调查中所发挥的经济效益也越来越明显，它使人们摆脱了简单的运算工具和个人思维，更能适应大量资料的处理分析。

第二节　计算机应用的特点

计算机应用于市场调查中，不仅能缩短调查周期，提高结果精度，而且能利用其所具有的高速计算能力和大容量的储存能力，将计算机的工作流程与市场调查的一整套工作融为一体，使计算机成为市场调查人员的智能助手，将整个市场调查工作提高到一个全新的水平。计算机在市场调查应用中的主要特点表现在以下几个方面。

一、运算速度快

由于计算机是采用高速电子器件组成的，因此能以极高的速度工作。当今的计算机的运算速度已达到每秒几万条指令，甚至几千万次。这种数据处理速度是其他任何处理工具所无法比拟的。计算机可以使市场调查的全部过程大大缩短，保证了调查人员尽早得出调查结论，保证了调查的时效性。随着新技术的开发和应用，计算机的运算速度还在不断提高。这不仅提高了工作效率，还使许多更为复杂的数据分析和处理有了实现的可能。

二、具有记忆存储能力

计算机能够把大量的数据和程序存入存储器，并能把处理或计算的结果保存在存储器中。计算机可以把几万、几十万、几百万甚至几千万个数据和文档资料储存下来，当需要用到这些数据或资料时，能准确、快速地把它们取出，从而使调查的全过程更容易管理。

三、信息处理量大

因为每个人的能力有限，手工处理资料数据只能处理较少的调查资料，分析简单的数据信息，而且很容易出错。当数据量很大时，手工操作也很难保证信息处理的统一。计算机的应用解决了这个问题，它不仅大大提高了处理的速度，还提高了调查资料的利用程度。

四、具有逻辑判断能力

计算机可进行各种逻辑判断，如对两个信息进行比较，根据比较的结果，自动确定该做什么和怎样做。有了这种能力，再加上存储器可存储数据和程序，就使计算机能胜任各种过程的自动控制和各种数据的处理任务。

五、可靠性高

随着计算机可靠性的大大提高，计算机连续无故障运行的时间可以达到几个月，甚至几年，从而保证了整个调查分析过程的完整性和可行性。

六、增加了分析的手段

在手工调查的条件下，对调查资料进行多种标志交叉复合分组是非常困难的，但使用计算机就可以比较容易地解决这个问题。同时计算机提高了人们对于调查数据的高级处理能力，如聚类分析、回归分析、主成分分析等都只能由计算机来完成，手工对于这些方法基本上是无能为力的。

第三节 计算机软件与数据信息处理

一、信息处理

在电话、电报时代就已经有了信息的概念，但当时人们更关心的是信息的有效传输。随着社会的进步和发展，人们对信息的开发利用不断深入，信息量骤增，信息间的关联也日益复杂，因此，对信息的处理就显得越来越重要，而对大容量信息进行高速处理的计算机的出现，使得信息的有效处理成为可能。

计算机是目前最强大的信息处理工具，在市场调查过程中，信息处理实质上就是对计算机调查上来的信息数据进行处理的过程，即通过数据的采集和输入，有效地把数据组织到计算机中，由计算机系统对数据进行一系列存储、加工、分析和输出等操作。

在信息处理过程中，“输入”就是接受由输入设备提供的数据；“处理”就是对数据进行操作，按一定方式对它们进行转换和加工；“输出”就是在输出设备上输出数据、显示操作处理的结果；“存储”就是存储处理结果以供今后使用。

信息系统（Information System，简称 IS）是指由人员、设备、程序和数据集合构成的统一体，其目的是实现对各种数据的采集、处理、传播，最后产生决策信息，以实现预期目标。

二、数据处理软件——Excel

在市场调查过程中，使用表格来管理数据是一种比较常见和有效的方法。Excel 是微软公司 Office 办公组件中用于数据管理的电子表格软件。电子表格软件使用起来简捷方便，是数据资料信息处理的常用软件。

Excel 在基于行与列组成的二维表格中处理数据，能完成从数据输入到数据编辑、格式编排、数据计算，一直到输出直观反映数据之间关系的图表，打印出表格的整个处理过程。

（一）Excel 的功能

1. 工作表管理

Excel 提供了极其强大的工作表格操作手段，在一张空白的工作表上，用户可以随意地设计自己的报表，可以将一张现成的报表进行多种多样的修改。

在 Excel 里，进行页面布局和表格设计是很容易的，用户可以利用缩放功能放大或者缩小工作表，以便对表格进行精细的调整或浏览全图。Excel 不仅具有桌面出版软件所有的格式化功能，而且包括一个内置拼写检查器，通过这个检查器，用户可以对其输出的表格质量充满信心，不必为偶然的拼写错误而担忧。

此外，用户还可以利用 Excel 的打印预览功能，在开始打印前从屏幕上看到打印的效果。打印预览时，用户可以对预览的内容进行放大或缩小，以便仔细观察字符或图形位置的细节部分。用户还能在进行打印预览时对行列重新定位或改变打印使用的页边距。

2. 图表管理

Excel 可根据工作表中的数据迅速生成图表，并进行各种文字、图案、色彩、位置、尺寸等方面的编辑和修改。Excel 提供了 14 类 100 多种基本的图表，包括柱形图、饼图、条形图、面积图、折线图、气泡图以及三维图。图表能直观地表示数据间的复杂关系，同一组数据用不同类型图表表示也很容易改变，图表中的各种对象，如标题、坐标轴、网络线、图例、数据标志、背景等，能任意进行编辑，图表中可添加文字、图形、图像。总之，利用图表向导可方便、灵活地完成各种图表的制作。

利用 Excel 的“图表向导”来创建数据表格极为方便，用户可以随意选择 Excel 提供的多种图表格式，“图表向导”会引导用户执行创建图表的过程，通过简单的几步就可以完成数据表格的创建。

在市场调查中，调查者可以在一个工作表里嵌入一个图表，还可以从相同的或不同的工作表中提取数据来创建图表。当对数据进行修改时，这些嵌入的图表也会随着被更改，这样就使用户在对一个工作表进行任何页面布局设计时，可以对多张工作表或图表进行定位。调查者也可以用同样的方式来对这些工作表或图表进行页面布局设计，然后用桌面出版系统输出数据分析报告。

3. 数据库管理

数据库管理是 Excel 富有特色的功能。保存在工作表内的数据都是按照相应的列和行存储的，这种数据结构加上 Excel 提供的有关处理数据库的命令和函数，使得 Excel 具备了能组织和管理大量数据的能力，因而使得 Excel 的用途更加广泛。

对于存放在 Excel 里的数据，用户不必进行任何编程，就可以对数据进行检索、分类和筛选等操作，而且操作十分简单。Excel 还具有与其他不同格式的数据库进行链接的能力，这样，在 Excel 中，用户同样可以检索存储在大型机或局域网服务器上大型数据库中的数据。

4. 数据分析

Excel 除了可以做一般的计算工作以外，更可以做大量的分析与决策方面的工作，帮助用户进行优化和配置资源。

Excel 比其他电子表格提供了更多的分析工具。它包括几百个预定义的内置函数，这些函数可以通过增加“分析工具库”得到扩展。“分析工具库”也是一个 Excel 提供的加载宏。如果某个调查任务要求进行扩展的统计或者需要财务方面以及投资方面的分析计算时，那么在安装 Excel 时也要同时安装上“分析工具库”加载宏。

5. 连接和合并

通常情况下，每项工作在一个工作表内执行即可，早期的工作表软件都只能在一张工作表上执行。但在市场调查当中有时需要同时用于多个工作表。运用 Excel 可以很容易地将工作表连接起来进行汇总工作。在 Excel 内，一个工作簿可以存放多个工作表、图形，每个工作簿文件最多由 255 张工作表组成。

（二）Excel 的主窗口

Excel 启动成功后，出现如图 16－1 所示的界面，这个窗口实际上由两个窗口组成：Excel 应用程序窗口和当前打开的工作簿窗口。

1. 标题栏

Excel 主窗口最上面的一行称标题栏，显示当前应用程序名和工作簿名，如图 16－1 中的“Microsoft Excel-Book1”；用鼠标拖动标题栏可在屏幕上移动主窗口的位置。

2. 菜单栏

菜单栏在标题栏的下方，也称主菜单栏。其中包含“文件”“编辑”“视图”“插入”“格式”“工具”“数据”“窗口”和“帮助”9 个菜单项。大多数 Excel 操作命令包含在以上各菜单的子菜单中。

3. 常用工具栏

常用工具栏位于菜单栏的下方，其中包含许多命令按钮。所谓“常用”，意指在 Excel

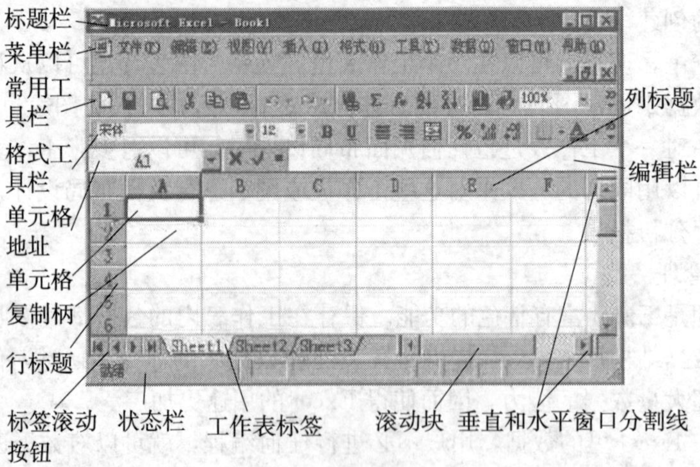

图 16-1　Excel 主窗口

操作中使用最频繁的一些命令，定义在这些按钮上，使操作方便快捷；用鼠标单击某一按钮，便会执行该按钮所对应的功能。例如，要打开一个文件，只需用鼠标单击“打开”按钮（即左边的第二个按钮）即可。

如果不知道某一个按钮所代表的功能，将鼠标指针指向该按钮，便会在按钮旁弹出一条简明注释，显示该按钮的功能。

常用工具栏可以显示在屏幕上，也可以被隐藏。

为了方便用户操作，Excel 提供了 20 多种工具栏，每种工具栏可以显示在屏幕上，也可以被隐藏。

4. 格式工具栏

格式工具栏位于常用工具栏下方，利用该栏中的按钮，可以设置文本的字体、字号大小及其修饰，设置数据的对齐格式及颜色等。

5. 编辑栏

编辑栏用于显示工作表中当前单元格的地址及数据。编辑栏最左边为“名称框”，显示当前单元格的地址，当向工作表当前单元格输入数据或进行数据修改时，在编辑栏中出现“取消”“输入”和“编辑公式”三个按钮，并将输入的数据或公式显示在编辑栏的右边。

其中，单击“取消”按钮将放弃用户的输入或修改，单击“输入”按钮将确认用户的输入和修改，单击“编辑公式”按钮将出现“公式选项板”，帮助用户输入函数和建立公式并进行计算。

6. 工作区

工作区位于编辑栏的下方，是由工作表区、滚动区和工作表标签组成。工作表是一个巨大的表格，有65 536行，其中行号在工作表的左端，从上到下顺序为 1，2，3…有 256 列，列号在工作表的上端。从左到右的顺序用 A，B，C，…，Z，AA，AB，AC，…，IV 表示。单元格地址用其所在的列号和行号描述，如单元格 C7 表示位于第 C 列第 7 行的单元格。

每个工作表有一个名字，称为标签。缺省情况下，一个工作簿中有 3 个工作表，其工作表标签分别为 Sheet1，Sheet2，Sheet3。任一时刻，工作区只显示一个工作表，该工作表称为当前工作表。当前工作表的标签被高亮度显示。

在工作区的右边和下边各有一个滚动条，分别称为垂直滚动条和水平滚动条。滚动条上的矩形称为滚动块，用鼠标拖动滚动块能快速移动窗口在工作表中的位置。在垂直滚动条和水平滚动条的两端有微动按钮"▲"，用鼠标单击可缓慢移动窗口；通过滚动块或微动按钮可使窗口在工作表中水平或垂直滚动，以查看整个工作表的内容。

在水平滚动条的右边有工作表标签和工作表滚动按钮，单击最左边的 Sheet1 标签，将第一个工作表选择为当前工作表；单击 Sheet3 标签，将第三个工作表选择为当前工作表。如果当前工作簿中有更多的工作表又没有显示出来，可通过标签滚动按钮使其滚出，再选择为当前工作表。

在垂直滚动条的微动按钮上面有一条水平窗口分割线，拖动水平窗口分割线可以将窗口分割为上下两个窗口，在两个窗口里可以分别显示工作表中的不同区域。在水平滚动条的微动按钮右边有一个垂直窗口分割线，拖动垂直窗口分割线可以将窗口分割为左右两个窗口。

7. 状态栏

状态栏位于应用程序底部，状态栏显示选定命令或按钮功能，以及当前工作表的状态。如果当前单元格准备接受数据，状态栏显示"就绪"；如果当前单元格输入数据，状态栏显示"输入"；如果修改当前单元格中的数据，状态栏显示"编辑"。

第四节 计算机分析工具——SPSS

SPSS（Statistical Package for the Social Science）是世界上著名的统计分析软件之一。SPSS 名为社会科学统计软件包，这是为了强调其社会科学应用的一面，因为社会科学研究中的许多现象都是随机的，要使用统计学和概率论的原理来进行研究。实际上 SPSS 在社会科学、自然科学的各个领域都能发挥巨大作用，并被广泛地应用于宏观与微观经济分析、管理决策制定、管理信息分析以及各种数据处理与分析工作中。

在 SPSS 的不断更新之中，出现了多个新增版本，目前为 24.0 版。下面主要介绍 SPSS 在市场调查中的应用。

一、SPSS 软件的基本操作

(一) SPSS 软件的特点

1. 集数据录入、资料编辑、数据管理、统计分析、报表制作、图形绘制为一体

从理论上说，只要计算机硬盘和内存足够大，SPSS 可以处理任意大小的数据文件，无论文件中包含多少个变量，也不论数据中包含多少个案例。

2. 统计功能囊括了统计学中大部分的项目

SPSS 的统计功能包括常规的集中量数和差异量数、相关分析、回归分析、方差分析、卡方检验、t 检验和非参数检验，也包括近期发展的多元统计技术，如多元回归分析、聚

类分析、判别分析、主成分分析和因子分析等方法，并能在屏幕（或打印机）上显示（打印）如正态分布图、直方图、散点图等各种统计图表。从某种意义上讲，SPSS 软件还可以帮助数学功底不够的使用者学习运用现代统计技术。使用者仅需要关心某个问题应该采用何种统计方法，并初步掌握对计算结果的解释，而不需要了解其具体运算过程，就能在使用手册的帮助下定量分析数据。

3. 操作简单，容易掌握

自从 1995 年 SPSS 公司与微软公司合作开发 SPSS 界面后，SPSS 界面变得越来越友好，操作也越来越简单。熟悉微软公司产品的用户对 SPSS 的操作很容易上手。SPSS for Windows 界面完全是菜单式，包括绘制图表、简单回归、相关分析等，很容易被掌握。但要进一步深入地研究 SPSS 的应用，理解如何进行结果分析及解释，还需要学习一些数理统计的基本知识，要多进行实践，在实践中了解各种调查统计结果的实际意义。

（二）SPSS 的主窗口

启动 SPSS 后，在屏幕上就显示出其主画面，如图 16－2 所示。此时屏幕上出现一个可扩展的平面二维表格，在这个表格的最上方平行排列出由菜单项组成的主菜单。当使用者利用“New Data”（新数据窗）输入数据或者读入一个数据文件后，即可使用主菜单中列出的各单项菜单拥有的特殊功能进行工作。这是一个可以由使用者根据自己的需要编辑数据文件的窗口，故称其为数据编辑窗“Data Editor”。这个窗口中含有各菜单项及功能。

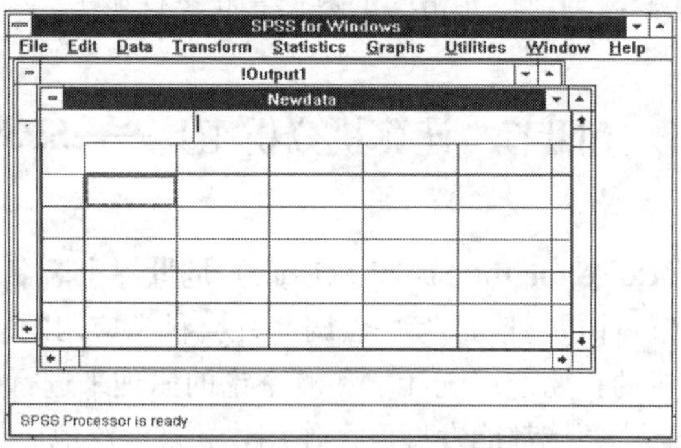

图 16－2　SPSS 的启动窗口

（1）“File”：文件管理菜单，用于有关文件的调入、存储、显示和打印等。

（2）“Edit”：编辑菜单，用于有关文本内容的选择、拷贝、剪贴、查找和替换等。

（3）“Data”：数据管理菜单，用于有关数据变量定义，数据格式选定，观察对象的选择、排序、加权，数据文件的转换、连接、汇总等。

（4）“Transform”：数据转换处理菜单，用于有关数值的计算、重新赋值、缺失值替代等。

（5）“Statistics”：统计菜单，包括一系列统计方法的应用。这是 SPSS 最有意义的一个菜单，它提供了强大、完备的统计方法，主要包括了以下子菜单：“Summaries”（基本统计分析）、“Custom Tables”（定义表）、“Compare Means”（比较平均）、“General Linear Model”（一般线性模式）、“Correlate”（相关分析）、“Regression”（回归分析）、“Loglinear”（逻辑线性分析）、“Classify”（聚类和判别分析）。此外，统计菜单中还包括：

“Factor”（因子分析）、“Nonparametric Test”（非参数检验）、“Time Series”（时间序列）、“Scale”（尺度分析）、“Multiple Response”（多元反应项）等，可谓应有尽有。

（6）“Graphs”：作图菜单，有关统计图的制作。

（7）“Utilities”：用户选项菜单，有关命令解释、字体选择、文件信息、定义输出标题、窗口设计等。

（8）“Windows”：窗口管理菜单，有关窗口的排列、选择、显示等。

（9）“Help”：求助菜单，有关帮助文件的调用、查询、显示等。

点击菜单选项即可激活菜单，这时弹出下拉式子菜单，用户可根据自己的需求再点击子菜单的选项。

（三）SPSS 的数据录入

1. 定义变量

在 SPSS 中输入数据之前，首先要定义变量。所谓定义变量，就是要定义变量名、变量类型、变量长度、变量标签和变量格式。

定义变量的步骤如下：先激活数据管理窗口，然后选“Data”菜单中的“Define Variable...”命令项，弹出“Define Variable”对话框，如图 16－3 所示，在“Variable Name”框内输入变量名，如本例为“x1”。输入完变量之后，先查看下面矩形框中对变量的描述，在其中的变量默认属性依次解释为：变量描述、变量类型、变量标签、缺失值和变量标签。

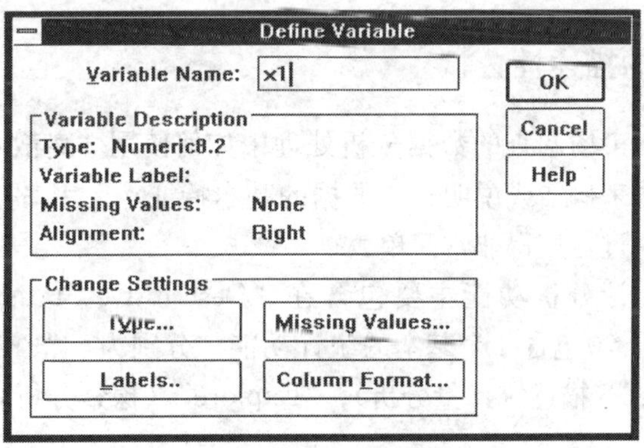

图 16－3 变量定义对话框

如果对这个矩形框中默认的变量描述不满意，还可以利用下边的改变设置矩形框中的四项功能设置变量属性。这四项功能分别是：设置变量类型、设置缺失值定义、设置变量标签和设置列格式。

2. 变量录入

定义了变量就可以开始输入数据了。有很多种操作的方法：可以定义了一个变量后就先输入这一个变量的值；也可以按观测量来输入，即输入完一个观测量的各变量值后再输入第二个观测的值。输入带有值标签的数据时，输入该值就可以显示输入值，也可以显示该输入值的标签。具体可由“Utilities”来进行选择。

还依据上例，向数据管理窗口键入原始数据。数据管理窗口的主要部分就是电子表格，横向为电子表格的行，其行头以 1、2、3……表示，即第 1、2、3……行；纵向为电子表格的列，其列头以“var00001”“var00002”“var00003”……表示变量名。行列交叉处称为单元格，即保存数据的空格。鼠标一旦移入电子表格内即呈十字形，这时按鼠标左键可激活单元格，被激活的单元格以加粗的边框显示；用户也可以按方向键上下左右移动来激活单元格。单元格被激活后，用户即可向其中输入新数据或修改已有的数据。图 16-4 即为一个已输入数据的数据管理窗口。为方便起见，用户亦可省略定义变量和数据格式化两个步骤，一启动 SPSS 即向数据管理窗口中键入原始数据，这时，变量名默认为“var00001”“var00002”“var00003”……

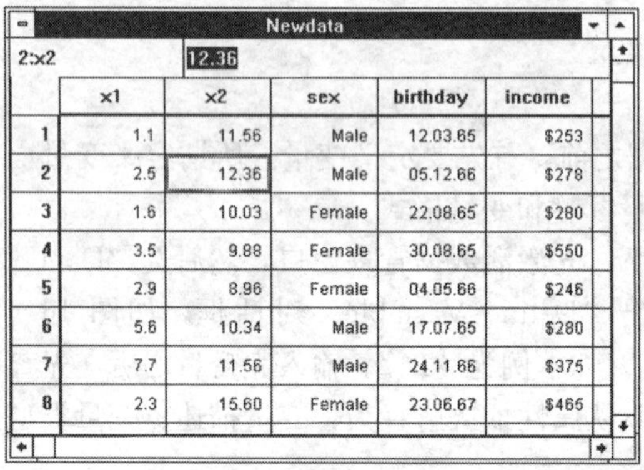
Newdata

2:x2 12.36

	x1	x2	sex	birthday	income
1	1.1	11.56	Male	12.03.65	$253
2	2.5	12.36	Male	05.12.66	$278
3	1.6	10.03	Female	22.08.65	$280
4	3.5	9.88	Female	30.08.65	$550
5	2.9	8.96	Female	04.05.66	$246
6	5.6	10.34	Male	17.07.65	$280
7	7.7	11.56	Male	24.11.66	$375
8	2.3	15.60	Female	23.06.67	$465

图 16-4　数据管理器

二、SPSS 软件的描述性分析

我们已经研究了在市场调查的数据分析处理中如何使用“离散趋势”“集中趋势”等描述性的统计分析方法来概括或说明整个数据的基本特征。运用 SPSS 对一个数据文件进行描述性分析会使解决过程变得非常简单。

SPSS 的描述性统计分析功能主要包含在“Descriptive Statistics”项的统计过程。“Descriptive Statistics”项包含 4 个基本的统计功能，分别为：“Frequencies”（单变量频数分析）；“Descriptive”（描述统计量分析）；“Explore”（探索分析）；“Crosstabs”（多维频数分布交叉表）。

下面我们就调用此过程中的“Frequencies”（单变量频数分析）来进行频数分布表的分析。频数分布表是描述性统计中最常用的方法之一，此外还可对数据的分布趋势进行描述。

例如，我们调查了 100 名大学生的日消费额情况，如表 16-1 所示，试作频数分析。

表 16-1　　100 名大学生日消费额情况表　　单位：元

7.43	7.88	6.88	7.80	7.04	8.05	6.97	7.12	7.35	8.05
7.95	7.56	7.50	7.88	7.20	7.20	7.20	7.43	7.12	7.20
7.50	7.35	7.88	7.43	7.58	6.50	7.43	7.12	6.97	6.80
7.35	7.50	7.20	6.43	7.58	8.03	6.97	7.43	7.35	7.35
7.58	7.58	6.88	7.65	7.04	7.12	8.12	7.50	7.04	6.80
7.04	7.20	7.65	7.43	7.65	7.76	6.73	7.20	7.50	7.43

7.35	7.95	7.35	7.47	6.50	7.65	8.16	7.54	7.27	7.27
6.72	7.65	7.27	7.04	7.72	6.88	6.73	6.73	6.73	7.27
7.58	7.35	7.50	7.27	7.35	7.35	7.27	8.16	7.03	7.43
7.35	7.95	7.04	7.65	7.27	7.72	8.43	7.50	7.65	7.04

激活数据管理窗口，定义日消费额变量名为 x，然后输入每人消费额的原始数据，结果如图 16－5 所示。

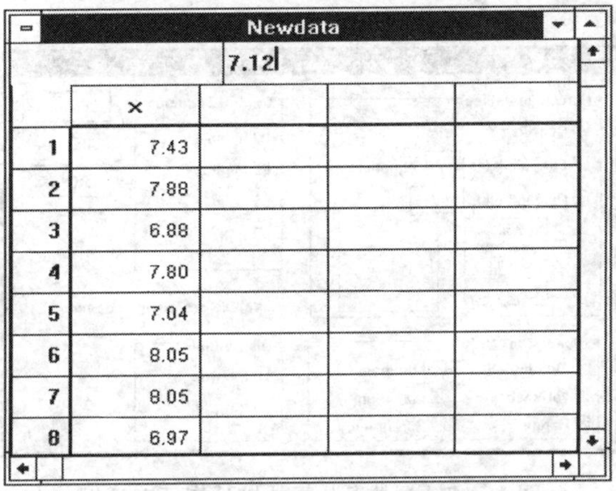

图 16－5　每人消费额的原始数据

激活“Statistics”菜单，选“Summarize”中的“Frequencies...”命令项，弹出“Frequencies”对话框，如图 16－6 所示。我们要对学生日消费额进行频数表分析，故在对话框左侧的变量列表中选 x，点击箭头钮使之进入“Variable (s)”框。同时可点击“Format...”钮弹出“Frequencies：Format”对话框。在“Order by”栏中有四个选项：“Ascending values”（根据数值大小按升序从小到大作频数分布）；“Descending values”（根据数值大小按降序从大到小作频数分布）；“Ascending counts”（根据频数多少按升序从少到多作频数分布）；“Descending counts”（根据频数多少按降序从多到少作频数分布）。在“Page Format”栏中可定义结果输出的格式。我们这里选“Ascending values”项，然后点击“Continue”钮返回“Frequencies”对话框。

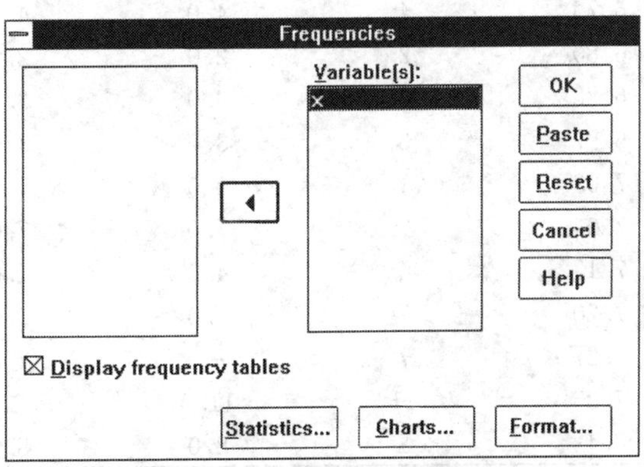

图 16－6　频数表分析对话框

点击“Statistics...”钮，弹出“Frequencies：Statistics”对话框（如图 16－7 所示），可点击相应项目，系统可以在作频数表分析的基础上，附带作各种统计指标的描述，特别是可进行任何水平的百分位数计算。本例要求计算四分位数（Quartiles）、均数（Mean）、中位数（Median）、众数（Mode）、总和（Sum）、标准差（Std. deviation）、方差（Variance）、全距（Range）、最小值（Minimum）、最大值（Maximum）、标准误（S. E. mean）、偏度系数（Skewness）和峰度系数（Kurtosis），选好后点击“Continue”钮返回“Frequencies”对话框。

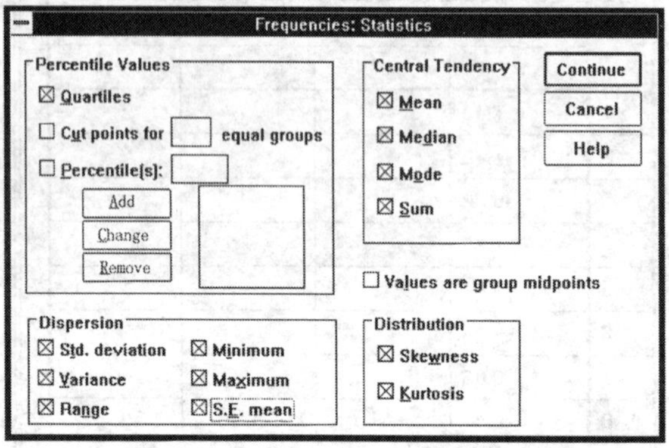

图 16－7 频数表分析的统计指标对话框

这时，在输出结果窗口中将看到如下统计数据（如表 16－2 所示）。

系统对变量 x 的原始数据作频数分布表，“Value”为原始值，“Frequency”为频数，“Percent”为各组频数占总例数的百分比，“Valid percent”为各组频数占总例数的有效百分比，“Cum Percent”为各组频数占总例数的累积百分比。

表 16－2 统计数据表

X Value Label	Value	Frequency	Percent	Valid Percent	Cum Percent
	6.43	1	1.0	1.0	1.0
	6.50	2	2.0	2.0	3.0
	6.72	1	1.0	1.0	4.0
	6.73	4	4.0	4.0	8.0
	6.80	2	2.0	2.0	10.0
	6.88	3	3.0	3.0	13.0
	6.97	3	3.0	3.0	16.0
	7.03	1	1.0	1.0	17.0
	7.04	7	7.0	7.0	24.0
	7.12	4	4.0	4.0	28.0
	7.20	7	7.0	7.0	35.0
	7.27	7	7.0	7.0	42.0
	7.35	11	11.0	11.0	53.0
	7.43	8	8.0	8.0	61.0

续前表

X Value Label	Value	Frequency	Percent	Valid Percent	Cum Percent
	7.47	1	1.0	1.0	62.0
	7.50	7	7.0	7.0	69.0
	7.54	1	1.0	1.0	70.0
	7.56	1	1.0	1.0	71.0
	7.58	5	5.0	5.0	76.0
	7.65	7	7.0	7.0	83.0
	7.72	2	2.0	2.0	85.0
	7.76	1	1.0	1.0	86.0
	7.80	1	1.0	1.0	87.0
	7.88	3	3.0	3.0	90.0
	7.95	3	3.0	3.0	93.0
	8.03	1	1.0	1.0	94.0
	8.05	2	2.0	2.0	96.0
	8.12	1	1.0	1.0	97.0
	8.16	2	2.0	2.0	99.0
	8.43	1	1.0	1.0	100.0
	—	—	—	—	—
	Total	100	100.0	100.0	

接着输出各基本统计指标（如表 16－3 所示），其中均数为 7.366，标准误为 0.039，中位数为 7.350，众数为 7.350，标准差为 0.394，方差为 0.155，峰度系数为 0.034，峰度系数的标准误为 0.478，偏度系数为 0.06，偏度系数的标准误为 0.241，全距为 2.000，最小值为 6.430，最大值为 8.430，25％位数为 7.120，50％位数为 7.350，75％位数为 7.580，共 100 个观察值，无缺失值。

表 16－3　基本统计指标

Mean	7.366	Std. err	0.039	Median	7.350
Mode	7.350	Std. dev	0.394	Variance	0.155
Kurtosis	0.034	S E Kurt	0.478	Skewness	0.060
S E Skew	0.241	Range	2.000	Minimum	6.430
Maximum	8.430				
Percentile	Value	Percentile	Value	Percentile	Value
25.00	7.120	50.00	7.350	75.00	7.580
Valid cases	100	Missing cases	0		

三、SPSS 软件的预测分析

（一）相关分析

前边我们讲过，相关分析就是一种测度统计事物之间统计关系强弱的手段和工具，旨在衡量事物之间或者说变量之间线性关系程度的强弱。这是数据分析人员进行的一项重要工作。

但在实际操作中，最大的麻烦就是艰巨复杂的数据计算分析过程。运用 SPSS 的相关分析功能，可以轻而易举地解决这个难题。

在 SPSS 中，相关分析是由“Statistics”下拉式菜单中的“Correlate”项完成的。“Correlate”菜单包括三项主要功能：“Bivariate”用来进行两个变量的相关分析；“Partial”进行多个变量的偏相关分析；“Distances”用于距离分析。

（二）方差分析

方差分析用于两个及两个以上样本均数差别的显著性检验。由于各种因素的影响，研究所得的数据呈现波动状，造成波动的原因可分成两类，一是不可控的随机因素，二是研究中施加的对结果形成影响的可控因素。方差分析的基本思想是：通过分析研究不同来源的差异对总变异的贡献大小，从而确定可控因素对研究结果影响力的大小。

SPSS 拥有强大的方差统计分析功能，它提供了“One-Way ANOVA”过程、“Simple Factorial”分析过程、“General Factorial”分析过程、“Multivariate”分析过程。

“One-Way ANOVA”过程，只能进行单因素方差分析，即完全随机设计资料的方差分析。

“Simple Factorial”过程可对资料进行方差分析或协方差分析。在方差分析中，可按用户需要做单因素方差分析或多因素方差分析；当观察因素中存在着很难或无法人为控制的因素时，则可对之加以指定以便进行协方差分析。

“General Factorial”过程可对完全随机设计资料、配伍设计资料、析因设计资料、正交设计资料等进行多因素方差分析或协方差分析。

“Multivarite”过程能够进行多元方差分析。此外，对于一元设计，如涉及混合模型的设计、分割设计（又称列区设计）、重复测量设计、嵌套设计、因子与协变量交互效应设计等，此过程均能适用。

（三）回归分析

在 SPSS 中，“Statistics”菜单中的“Regression”项用于回归分析。单击该项，在“Statistics”的右拉菜单中，我们就可以选择需要的分析功能。它包括：“Linear”（线性回归）、“Curve Estimation”（曲线回归）、“Binary Logistic”（二元逻辑分析）、“Multinomial Logistic”（多元逻辑分析）、“Ordinal”（序数分析）、“Probit”（概率分析）、“Nonlinear”（非线性估计）、“Weight Estimation”（加权估计）、“2-Stage Least Squares”（二阶段最小二乘法）。

本章小结

Excel 和 SPSS 是市场调查与分析中应用非常普遍的计算机应用软件，它们拥有强大的数据处理和分析能力，不仅可以大大减少调查分析过程中的人工计算量，提高工作效率，而且可以提高运算结果的精确程度，保证调查结论的质量。

【复习思考题】

1. 简述计算机应用的主要特点。
2. 简述 Excel 界面主窗口的构成。
3. Excel 的主要功能有哪些?
4. SPSS 软件的主要特点是什么?
5. 通过实际应用，了解和掌握 SPSS 软件对调查数据进行统计分析的基本操作。

【实例】

亚马逊的云计算与数据营销

亚马逊是数据挖掘和分析领域的领先者，由于采用了大数据技术和营销方法，亚马逊更好地优化了物流系统、商品陈列和价格，对客户行为进行预测，推出有前瞻性的促销，从而为顾客提供了卓越的个性化购物体验。

1. 大数据与云计算

大数据（Big Data）是指无法在一定时间范围内用常规软件工具进行捕捉、管理和处理的数据集合，是需要新处理模式才能具有更强的决策力、洞察发现力和流程优化能力的海量、高增长率和多样化的信息资产。

大数据的“4V”特征：Volume（大量）、Velocity（高速）、Variety（多样）、Value（价值）。

云计算（Cloud Computing）是一种按使用量付费的模式，这种模式提供可用的、便捷的、按需的网络访问，进入可配置的计算资源共享池（资源包括网络、服务器、存储、应用软件、服务），这些资源能够被快速提供，只需要投入很少的管理工作，或与服务供应商进行很少的交互。

对海量数据的挖掘和分析必须依托云计算的分布式处理、分布式数据库、云存储和虚拟化技术。

2. 亚马逊的数据营销

2015 年 7 月，亚马逊市值首次超过了沃尔玛，目前亚马逊市值已达 4 760 亿美元，是沃尔玛的两倍，同时也超过了美国所有主要上市实体零售商的市值总和。

2017 年 5 月 30 日，亚马逊的股价突破了 1 000 美元，是其 1997 年 5 月 15 日在纳斯达克上市时的股价的 660 倍。

(1) 美国第一在线零售商。

1995 年 7 月，亚马逊网络书店开业，后发展成为全能型电商，有数百家零售商通过其平台销售。

在电商领域，亚马逊是当之无愧的龙头。据市场研究机构 Slice Intelligence 发布的报告，2016 年亚马逊在线销售额占美国在线销售市场总额的 43%，占美国电商销售额增量的 53%。另据《华尔街日报》的数据，亚马逊的零售额甚至超过了美国其他 12 家最大在线零售商的零售额之和。

（2）云计算市场领军者。

亚马逊2006成立了云计算部门（AWS），并向市场推出云计算服务。

如今亚马逊的AWS已成为全球云市场最大的服务商，客户覆盖数十万家企业。据市场研究公司Synergy的数据，AWS云服务占全球IaaS（基础设施及服务）公开市场45%的份额，高于微软、谷歌和IBM的份额总和。

亚马逊2016年四季度AWS云业务收入为36.6亿美元，运营利润8.9亿美元，增速达42%。目前AWS的年收入已达到140亿美元，成为亚马逊公司旗下最赚钱的业务。

云服务收入未来可能超过其核心零售业务。

（3）大数据分析和应用。

亚马逊利用20亿用户账户的大数据，通过预测分析140万台服务器上的10亿GB的数据来促进销量的增长。

亚马逊数据应用方法包括以下几个：

第一，分布式计算。通过多种工具在云端扩展其大数据应用，如数据储存、数据收集、数据处理、数据分享和数据合作。

第二，个性化推荐。这包括向用户推荐商品、为销售商分析销量和库存、推荐产品最佳配送模式、提出预期产品需求建议。

第三，动态价格调整。动态定价算法每小时会调整几次每件商品的价格。

第四，供应链优化。运用大数据权衡供应商和客户间的邻近度，挑选最合适的数据仓库，最大化降低配送成本。

第五，预测式购物。根据消费者的购物偏好，提前将他们可能购买的商品配送到距离最近的快递仓库，降低了货物运输时间。

亚马逊股价上涨使创始人杰夫·贝佐斯的个人资产接近850亿美元，超过了沃伦·巴菲特，与首富比尔·盖茨的差距不到40亿美元。

问题：企业如何利用计算机开展市场调查与数据营销？

参考书目

1. 阿尔文·C. 伯恩斯. 营销调研：第2版. 北京：中国人民大学出版社，2001.

2. 小卡尔·迈克丹尼尔. 当代市场调研：第4版. 北京：机械工业出版社，2000.

3. 戴维·J. 鲁克. 市场营销调研学. 福州：福建人民出版社，1989.

4. P. M. 奇兹诺尔. 营销调研. 北京：中信出版社，1998.

5. 保罗·海格. 市场调研——计划、方法与评估. 北京：中国标准出版社，2000.

6. 樊志育. 市场调查. 上海：上海人民出版社，1995.

7. 菲利普·科特勒. 营销管理——分析、计划、执行和控制：第12版. 上海：上海人民出版社，2006.

8. 纪宝成. 市场营销学教程. 北京：中国人民大学出版社，2002.

9. 迈克尔·波特. 竞争战略：第2版. 北京：华夏出版社，2012.

10. 迈克尔·波特. 竞争优势. 北京：华夏出版社，1997.

11. 凯文·莱恩·凯勒. 战略品牌管理. 北京：中国人民大学出版社，2014.

12. 里斯，特劳特. 定位. 北京：中国财政经济出版社，2002.

13. 里斯，特劳特. 营销战. 北京：中国财政经济出版社，2002.

图书在版编目（CIP）数据

市场调查与市场分析/李国强，苗杰主编．—3 版．—北京：中国人民大学出版社，2017.10
21 世纪高等继续教育精品教材．经济管理类通用系列
ISBN 978-7-300-24829-5

Ⅰ.①市… Ⅱ.①李…②苗… Ⅲ.①市场调查-成人高等教育-教材②市场分析-成人高等教育-教材 Ⅳ.①F713.52

中国版本图书馆 CIP 数据核字（2017）第 199064 号

21 世纪高等继续教育精品教材·经济管理类通用系列
市场调查与市场分析（第三版）
主编　李国强　苗　杰
Shichang Diaocha yu Shichang Fenxi

出版发行	中国人民大学出版社		
社　　址	北京中关村大街 31 号	**邮政编码**	100080
电　　话	010－62511242（总编室）		010－62511770（质管部）
	010－82501766（邮购部）		010－62514148（门市部）
	010－62515195（发行公司）		010－62515275（盗版举报）
网　　址	http://www.crup.com.cn		
经　　销	新华书店		
印　　刷	北京昌联印刷有限公司	**版　　次**	2005 年 6 月第 1 版
规　　格	185 mm×260 mm　16 开本		2017 年 10 月第 3 版
印　　张	17	**印　　次**	2022 年 1 月第 7 次印刷
字　　数	392 000	**定　　价**	39.00 元